사회복지행정론

박용순 · 김성철 · 김세원 · 이명남

창지사

머리말

현대사회는 급속한 사회경제적 환경변화를 맞이하면서 예견할 수 없을 만큼 다양하고 복잡한 사회문제에 직면하고 있다. 그리고 사회복지환경의 변화에 따라 사회적 약자들의 심리적 고통과 경제적 어려움은 더욱 증가되고 있으며, 국민들의 일상생활도 삶의 질에 있어서 불만족스러운 현실에 직면하고 있다. 이제 사회복지분야는 사회적 약자의 욕구에 대응하기 위해 시장지향적이고 관리지향적인 서비스기술의 필요성이 제기되고 있다. 따라서 사회복지서비스는 개인의 기본적 욕구충족에서 인간다운 삶의 질을 높여 주고 경제적, 사회적, 가치적, 문화적인 활동목표의 달성을 위해 계획적이고 조직적으로 접근해야 한다.

최근에 사회복지분야의 규모가 확대되고 사회복지조직의 양적 증대로 인하여 사회복지행정의 접근으로서 체계적인 운영과 관리가 요청되고 있다. 이에 사회복지행정의 새로운 방안으로서 특수한 욕구를 지닌 사회적 약자는 물론, 일반 국민들의 욕구를 충족시키기 위한 거시적 접근인 행정관리와 서비스기술의 필요성이 강조되고 있다. 특히 사회복지행정은 대부분의 대학에서 사회복지 전공필수과목으로 개설되어 있으며, 사회복지사(2급) 자격증을 취득하기 위한 필수과목으로 지정되어 있다. 그리고 사회복지행정은 사회복지의 전문성을 강화하고 사회복지사의 자질을 향상시키기 위해 국가고시를 통한 전문사회복지사(1급) 자격시험 과목으로 채택하고 있다.

본서의 사회복지행정은 교육현장에서 학생들은 물론, 실천현장의 사회복지 전문가들을 위한 지식과 실천의 안내서로 중요한 자리매김을 해야 한다고 본다. 이에 저자는 지난 수년 동안 「사회복지행정론」을 강의해 오면서 사회복지행정의 새로운 시각과 현장중심의 접근으로 교재의 필요성을 갖게 되었다. 특히 사회복지행정의 중요성을 감안하여 전공한 교수들과 사전에 협의하여 공동으로 교재집필을 하게 되었다. 본서의 공동집필에 있어서 각자의 서술방식이나 견해가 다른 부분들이 있었지만, 수차례 서로 토의하고 논의를 거쳐 공통된 합의점을 도출하려고 노력하였다.

본서의 구성은 사회복지행정의 이론과 실천을 통해 학생들과 독자들이 포괄적이고 체계적이며 쉽게 이해할 수 있도록 구성하는 데 역점을 두었다. 그리고 교재집필의 의도는 가능한 한 사회복지행정을 체계적이고 종합적으로 정리하여 사회복지의 전공자는 물론, 부전공자, 일반 대학생이나 사회복지실무자 등의 독자들에게 쉽게 이해하기 위한 목적으로 서술하였다. 본서는 전체 3부로 구분하여 「사회복지행정의 총론」, 「사회복지행정의 과정론」, 「사회복지행정의 관리론」 등으로 분류하였다.

제1부 사회복지행정의 총론에서는, (1) 사회복지와 사회복지행정, (2) 사회복지행정의 개념, (3) 사회복지행정의 역사, (4) 사회복지행정의 기본이론, (5) 사회복지행정의 전달체계 등으로 구성하여 제시하였다.

제2부 사회복지행정의 과정론에서는, (6) 리더십, (7) 의사소통, (8) 조직관리, (9) 인사관리, (10) 재정관리, (11) 정보관리 등으로 구성하여 제시하였다.

제3부 사회복지행정의 관리론에서는, (12) 사회복지행정의 프로그램, (13) 사회복지행정의 평가와 책임성, (14) 사회복지조직의 마케팅과 홍보, (15) 사회복지행정의 미래전망 등으로 구성하여 제시하였다.

특히 독자들에게 유익한 사회복지행정을 제공하기 위해 나름대로 노력함에도 불구하고 저자들의 지적인 한계로서 미흡한 부분이 많음을 솔직히 고백하지 않을 수 없다. 독자 제현들의 진정한 비판적 충고와 넓으신 학문적 가르침을 진심으로 기대코자 한다.

본서를 출간함에 있어서 먼저 학문적으로 인격적으로 신앙적으로 서로 격려하며 함께 협력해 주신 모든 집필자에게 깊은 감사를 드린다. 또한 본서가 나오기까지 세심한 교정과 자료정리를 해준 대학원생 김선희, 최서연, 박현숙 조교에게 매우 고맙게 생각한다. 항상 저자에게 학문적 지지와 격려를 아끼지 않으신 학부 교수님들에게도 뜨거운 감사를 드린다.

끝으로 본서의 출판을 적극적으로 맡아 주신 창지사 김기섭 사장님, 출판을 위해 많은 협조와 수고를 아끼지 않으신 이상대 부장님과 편집부 모든 직원들에게도 깊은 감사를 드린다.

2010년 8월
수리산 기슭의 연구실에서
저자대표 박 용 순

차 례

CHAPTER 05 사회복지행정의 전달체계

제2부 사회복지행정의 과정론

CHAPTER 06 리더십

CHAPTER 07 의사소통

CHAPTER 08 조직구조

제 1 부

사회복지행정의 총론

CHAPTER 01

사회복지와 사회복지행정

Social Welfare Administration

사회복지는 기본적인 이념으로서 인간의 행복을 추구하고 바람직한 사회를 이룩하는 데 있다. 특히 사회복지의 기능은 사회복지대상자에게 인간의 존엄성에 입각하여 스스로 자립을 유도하고 사회에 적응토록 하는 것에 궁극적인 목적이 있다. 이를 위해서 사회복지행정은 기관조직의 구성원들을 통해 효율적이고 효과성이 있도록 간접적인 접근방법이 요구되고 있다. 그렇다면 사회복지의 한 분야로서 사회복지행정이 언제 대두되었고 왜 필요하게 되었는지, 그리고 사회복지행정의 영역을 분명히 구분하는 것이 매우 중요하다. 따라서 본 장에서는 첫째, 사회복지의 본질, 둘째, 사회복지행정의 동향, 셋째, 사회복지행정과 일반행정의 구분 등을 중심으로 살펴보고자 한다.

제1절 사회복지의 본질

1. 사회복지의 의미

사회복지(social welfare)의 의미는 사회적, 시대적 변천에 따라 다양한 분야에서 사용되어 왔다. 공통적으로 논의되는 사회복지의 의미는 휴먼서비스(human services)로서 '사람을 돕는 것'(helping people)으로 설명하고 있다

(Mehr, 2000). 즉, 휴먼서비스의 제공은 욕구를 지닌 사람에게 물질적이거나 정신적인 것 등을 공급하는 것이며, 이러한 서비스를 통해 개인은 보다 행복해질 수 있고 사회는 보다 건강해 질 수 있다는 것이다. 따라서 사회복지는 물질적인 것과 정신적인 것을 제공함으로써 건강한 인간과 바람직한 사회를 만들고자 하는 휴먼서비스라 할 수 있다.

사회복지에 대한 정의는 학자마다 다양하기 때문에 쉽게 규정하기가 어렵다. 하지만 일반적으로 사회복지는 인간의 기본적인 욕구를 충족시키고 사회적 기능을 유지 또는 증진시키기 위한 모든 사회적 개입을 의미하고 있다(Dolgoff & Feldstein, 2000:4-5). 로웬버그(Lowenberg)에 의하면, 사회복지는 인간의 정서적, 지적, 신체적, 사회적 기능 등을 향상시키고 유지하는 것을 일차적 임무로 하는 사회제도라고 설명하였다(Lowenberg, 1974:44). 이는 사회복지를 인간의 기본적 욕구를 충족시키는 데 필요한 대책으로서 법, 프로그램, 급여 및 서비스로 강조하고 있다. 그리고 자스트로(Zastrow)는 사회복지를 정책과 법에 의거해 있는 사회제도로서 개인, 집단, 가족, 조직, 공동체의 복리(well-being)를 향상시키기 위해 사회문제를 예방, 완화, 해결하는 데 목적이 있다고 정의하였다(Zastrow, 2000:5). 이상에서 사회복지는 인간의 행복을 추구하기 위해서 개인의 신체적, 정신적인 면은 물론, 국가정책을 통해 서비스를 제공하는 사회적 제도라 할 수 있다.

사회복지는 이념적 측면에서 인간의 생활을 가장 이상적인 행복한 상태로 유지시키려는 인간중심의 가치가 전제되어 있다. 인간이라면 누구나 동등하게 인간으로서의 삶의 행복을 누릴 수 있는 권리가 있다는 것이다. 이는 사회복지가 궁극적으로 도달하려는 목적개념으로서 인간의 가치와 존엄이 최고도로 존중되는 사회실현을 그 목적으로 하고 있다. 이런 측면에서 사회복지는 인간에게 바람직한 이상세계를 실현시켜 그것이 실제로 가능한 사회를 목표로 하고 있는 실천학문이라 할 수 있다(유공순 외, 2007:20).

우리나라 사회복지는 전통적으로 그 범위를 좁게 보느냐 넓게 보느냐에 따라 협의의 개념과 광의의 개념으로 구분하고 있다(김만두, 1982:11-19).

1) 협의적 개념

사회복지의 협의적 개념에서는 사회복지를 보다 한정된 사회적 약자나 요보호대상자들에 대한 실천적 활동을 의미하고 있다. 이와 같은 사회복지의 실천적 측면에서 접근한 대표적인 학자는 윌렌스키와 르보(Wilensky & Lebeaux)이다. 윌렌스키와 르보(Wilensky & Lebeaux)는 사회복지를 잔여적 개념(residual)과 제도적 개념(institutional concept)으로 구분하였다. 즉, 전자는 실천적 사회복지의 개념으로서 가족이나 시장기능으로부터 이탈된 자들에게 정상적인 사회활동을 유지할 수 있도록 보호치료의 정책이나 방법을 활용한다고 주장하였다. 그리고 후자는 보편적 사회복지의 개념으로서 모든 사람에게 정상적인 제일선의 기능을 통해 정당한 서비스의 제공을 강조하고 있다.

2) 광의적 개념

사회복지의 광의적 개념에서는 국민의 복리와 사회질서의 기능유지를 강화하거나 보장하는 법, 프로그램, 급부 및 서비스 등의 체계를 강조하고 있다. 던햄(Dunham)은 사회복지를 전체 또는 일부 사람들의 경제적 조건, 건강 또는 상호간의 능력 등을 증진시키거나 유지시킴으로써 사회적 안녕을 증진시키고자 하는 조직적인 활동이라고 설명하고 있다(A. Dunham, 1970:14). 그리고 위컨덴(Wickenden)은 사회복지란 사람들의 복지를 위하거나 또는 사회질서를 확립하기 위해 지원하거나 보장해 주는 대비책으로서 일련의 법제, 프로그램, 급여, 서비스 등의 체계라고 강조하였다(Wickenden, 1965:Ⅶ).

따라서 여러 학자들을 통해 다양한 사회복지의 정의를 종합해 보면, 사회복지의 개념은 협의적, 광의적 중 어느 것으로 해석하든 간에 기본적으로 원조(assistance), 사회개혁(social reform), 사회통제(social control) 등의 세 가지 기능을 보유하고 있다(황성철 외, 2008:16).

2. 사회복지의 기능

사회복지의 중요한 기능은 개인의 대처능력을 향상시키고 환경을 개선하는 일에 초점을 두고 있다. 즉, 사회복지의 관심은 인간과 사회의 상호작용에 두고 있다. 개인과 그 환경은 서로 다른 두 개의 실체로 구분되어 보는 것이 아니라, 인간과 환경 간의 상호교환을 통하여 바람직한 방향으로 개선하는 데 있다. 여기서 사회복지사는 인간과 사회환경 간의 상호작용을 촉진하고 문제를 경험하고 있는 대상자를 원조하는 데 우선적으로 강조점을 두고 있다. 따라서 사회복지사의 개입전략을 몇 가지 제시해 보면, ① 개인에 대한 변화전략을 지향해야 하고, ② 환경에 대한 변화전략을 지향해야 하며, ③ 개인과 환경 간의 상호작용에 대한 변화전략을 지향해야 한다. 이를 위해서는 사회복지의 본질적인 요소인 '지식', '기술', '경험', '가치' 등을 적절히 활용하여 접근할 필요가 있다.

일반적으로 사회복지는 사회적 약자를 '돕는 과정'(helping process)으로 정립되고 있다. 여기서 돕는 과정이란 '의도적으로 변화를 도출하는 과업'으로서 사회복지행정과 맥락을 같이 하고 있다. 이에 사회복지행정은 어떤 상황 속의 인간과 환경 간의 상호작용을 통해 계획적으로 변화시키는 거시적 실천과정을 의미하고 있다.

따라서 사회복지는 사회복지사의 개입(intervention)을 통해 상호작용의 변화를 유도하는 것으로서, 그것은 상호작용을 구성하고 있는 개별적 주체나 환경의 변화에 초점을 두고 있다. 여기서 '개별적 주체'(individual subject)는 개인, 가족, 집단, 조직, 지역사회 등을 포함하고 있으며, '환경'(environment)이란 개별적 주체의 외적 요인으로서 사회적 조건들을 총칭하고 있다. 특히 '변화'(change)란 매우 다양한 의미로서 전문적인 개입에 의해 사회복지행정의 목표성취로서 상호작용의 회복, 수정, 예방 등을 나타내고 있다.

핀커스와 미나한(A. Pincus & A. Minahan)은 사회복지의 기능을 단순히 인간의 욕구나 자원체계의 문제에만 두는 것이 아니라, 인간과 자원체계와의 상호작용과 자원체계 간의 상호작용에도 두고 있다. 따라서 사회복지의 실천을 수행함에 있어 사회복지의 기능을 몇 가지 제시하면 다음과 같다(A. Pincus & A. Minahan, 1990:17-33).

(1) 사회복지는 인간문제(human problems)의 해결능력과 처리능력을 향상시키는 데 있다. 인간은 자신의 생활과제를 처리하지 못하고 신체적, 정서적, 경제적, 사회적 문제 등으로 인한 고통을 경험해야 하기 때문에, 사회복지사는 그들 스스로가 문제해결과 처리능력을 고취시키도록 적극적으로 개입해야 한다.

(2) 사회복지는 인간과 자원체계(resource system) 간의 연결을 구축하는 데 있다. 인간은 자원의 도움이 필요함에도 불구하고 자원이 희소하기 때문에, 공식적 및 비공식적 자원체계와의 연결이 미흡하다. 이에 사회복지사는 인간과 자원체계 간을 적절히 연결해 주는 기능을 수행해야 한다.

(3) 사회복지는 인간과 사회체계(social system) 간의 상호관계를 수립하는 데 있다. 사회적 약자와 자원체계가 어느 정도 연결되더라도 대상자의 욕구에 불충분하거나 필요한 도움을 제공하지 못한 경우, 이에 사회복지사는 그들의 상호작용을 건설적으로 촉진시켜 수정하거나 새로운 관계를 수립해야 한다.

(4) 사회복지는 사회체계(social system) 내의 상호작용을 촉진시키는 데 있다. 특히 사회복지사는 주요한 역할로서 사회체계 간의 협력관계를 모색하는 동시에, 사회체계 내 구성원들의 욕구를 충족시키도록 바람직한 상호작용을 촉진해야 한다.

(5) 사회복지는 현존 사회정책(social policy)에 영향을 주는 데 있다. 사회현상에서 개인에게 미치는 사회문제를 취급하고 사회체계 내의 구성원이 보다 책임 있게 자신의 일을 수행하도록 영향을 줄 수 있다. 이에 사회복지사는 공식적 및 비공식적 자원체계와 사회체계 내의

구성원들을 위한 사회정책의 수립에 영향을 주도록 노력해야 한다.

(6) 사회복지는 사회통제(social control)를 위한 매개체의 역할을 하는 데 있다. 사회체계는 사회법규나 규범에 벗어나는 자들을 통제할 수 있는 권한을 부여받았으며, 타인의 행동으로 인하여 피해 당하는 자를 보호할 필요가 있다. 따라서 사회복지사는 자원체계 내에 소속되어 통제역할을 인정받아 권한을 행사하는 것은 물론 그 외의 기능과 과업, 활동 등에 관여해야 한다.

이상과 같이 사회복지의 기능과 사회복지사의 역할을 연계하여 제시하였다. 따라서 사회복지는 인간복지를 위한 분야, 제도, 프로그램 등을 포괄하는 반면, 사회복지행정은 이와 같은 분야, 제도, 프로그램의 체계 등을 전달하고 수행하는 거시적 개입체계로 이해할 수 있다.

3. 사회복지의 목적

사회복지의 일반적인 목적은 인간의 존엄성 확보, 인간다운 생활의 보장, 자립적인 생활의 촉진, 인간의 건강한 성장과 발달의 보장, 정상화 이념의 확보, 사회적인 통합의 촉진 등을 들고 있다(김만두·한혜경, 1993:179-189). 따라서 사회복지의 궁극적인 목적이 되는 '인간의 존엄성', '개인의 자립성', '개별적 성장' 등을 중심으로 제시하면 다음과 같다.

1) 인간의 존엄성

인간의 존엄성(dignity)은 개인이 인종, 종교, 연령, 성별, 교육수준, 사회적 신분 등의 차이에 관계없이 한 인간으로서 존엄한 가치를 지닌 존재라는 것을 의미하고 있다. 인간의 존엄성 사상은 오랜 역사적 기원을 가지고 있지만, 특히 현대사회에서 중시되고 있는 사상이며 가치로 간주되고 있다. 사회복지는 역사적 변천에 따라 사회적 약자들의 생활상 곤란과 문제를 해결하는 것과 모든 국민의 인간다운 생활을 확보하는 데 있다. 우리나라도 헌법의 내용에서 인간의 존엄성을 확보하기 위해 구체적으로 사회복지의 관련규정을 설정해 놓고 있다. 헌법 제34조에 의하면, “모든 국민은 인간다운 생활을 할 권리를 갖는다”라고 명시되어 있다. 이것은 사회복지의 목적이며 기본가치로서 중요한 의미를 지니고 있는 것이다. 즉, 인간다운 생활을 통해서 인간의 존엄성이 유지되고 확보되는 것을 사회복지의 최고 목표로 두고 있다.

2) 개인의 자립성

개인의 자립성(self-reliance)은 사회복지의 목표로서 타인에 의한 의존으로부터 벗어나 자기 스스로 삶을 영위하도록 하는 데 있다. 자립의 목표는 한 개인이 스스로 자신의 생활을 결정하고 영위할 수 있는 데까지 이르도록 하는 사회복지실천의 목표를 의미하고 있다. 즉, 사회복지의 개입목표에 있어서 문제를 가진 클라이언트가 자신의 문제원인과 그 의미를 스스로 인식하여 해결할 수 있도록 개입하는 것을 말한다. 그리고 전문사회복지사가 주관적이고 권위적으로 해결하지 않아야 된다는 사회복지실천상의 개입원리는 자립성의 유지라는 목표를 분명하게 보여주는 예가 되고 있다. 특히 개인의 자립은 일정한 교육을 통해서 동기가 유발될 수도 있으나, 중요한 것은 자신의 능력에 따라 일(work)에 흥미를 가지고 긍정적인 태도로서 열심히 노력하도록 유도하는 것이 사회복지의 목적이라 할 수 있다.

3) 개별적 성장성

개별적 성장성(growth)은 사회복지가 인간의 문제를 해결하고 예방하는 것은 물론, 한 개인, 가정, 집단, 지역사회, 국가 등이 성장하고 발전할 수 있는 잠재력을 갖도록 하는 데 있다. 특히 각 개인은 타고난 재능을 지니고 있음에도 불구하고 이를 충분히 활용하지 못하고 있는 것이 현실이다. 예컨대, 개인적 소질로서 지식적 능력, 예능적 능력, 문화영역의 능력, 기타 분야의 능력 등을 최대한 발휘할 필요가 있다. 따라서 사회복지의 목적은 개별적으로 지닌 잠재역량을 발견하고 이를 활용하도록 성장시키는 데 있다. 즉, 모든 사람들이 개인적으로 각자 능력에 따라 성장하고 발달할 수 있는 잠재력을 발휘할 수 있도록 원조하는 데에 초점을 두어야 한다. 이에 리플(L. Ripple)은 개인의 성장을 위해 '동기-능력-기회'(MCO) 이론을 제시하면서, 개인은 자신의 성장을 위해 하나의 개념이 성공적이면 다른 개념들이 연쇄적으로 성공을 이룰 수 있다는 이론을 설명하고 있다.

따라서 사회복지의 목적을 실현하기 위해서는 현존 사회문제를 어떻게 접근하여 해결하느냐가 중요하다. 이에 사회복지의 접근방법으로서 정책적 접근, 기술적 접근, 통합적 접근 등을 제시하면 다음과 같다(김덕준 외, 1970:10-16).

(1) '정책적 접근'은 사회제도의 결함으로 생긴 사회문제를 해결하는 사회정책으로 보는 견해를 말한다. 이것은 사회문제가 개인의 책임에 있다기보다는 국가나 사회의 책임으로서 국가정책에 의해 사회복지가 전개되어야 한다는 것이다. 따라서 사회정책의 연구대상은 빈곤문제, 노동문제, 계층문제, 사회구조문제 등에 관심을 두고 거시적인 맥락에서 접근하고 있다.

(2) '기술적 접근'은 개인의 성격결함에 대한 인간관계의 조정기술로 보는 견해를 말한다. 이러한 관점은 인간의 욕구를 위기나 문제적 상황으로 규정하고 문제의 소재를 부적응이나 욕구불만에서 일어난다고 보고 있다. 이 접근방법은 주로 개인의 탈선행위, 심리적 부적응, 정신질환의 문제에 관심을 두고, 심리요법이나 환경조정 등을 통해서 해결하고 있다.

(3) '통합적 접근'은 정책적 접근과 전문적 접근을 절충적인 해결방법으로 보는 견해이다. 이러한 관점은 주로 사회해체, 일탈문제, 이혼문제, 빈곤문제 등을 예방하고 치료하는 데 역점을 두고 있다. 특히 현존의 사회문제는 정책적 접근방법이나 기술적 접근방법 중 한 가지에 의해 해결될 수 있는 것이 아니고, 이 두 가지의 방법이 동시에 통

합적으로 적용되어야 해결이 가능함을 강조하고 있다.

이상에서 사회복지는 나름대로 특정 상황에 따라 문제해결을 위해 접근하지만, 현실적인 사회문제의 상황으로 볼 때, 한 가지 방법에 의해 해결하기는 한계가 있을 수 있다. 그러므로 개인, 가족, 직장, 지역사회 등의 특정 문제에 대해 두 가지의 방법이 동시에 적용되기도 하고, 세 가지의 방법이 절충되어 통합적으로 접근해야 하는 경우도 있다.

제2절 사회복지행정의 동향

1. 사회복지행정의 대두

사회복지행정은 사회복지의 거시적 맥락에서 중요한 분야로 자리매김하고 있다. 일반적으로 행정은 인간활동의 모든 영역에서 활용되고 있다. 현존 사회활동에 있어서 행정을 하지 않도록 선택할 수는 있으나, 전혀 행정에 대해 피하는 것을 선택할 수는 없다. 대부분 사회복지조직에서는 모든 업무가 사회복지행정으로 이루어지고 있다. 따라서 사회복지조직의 전문적인 업무를 처리하는 데 있어서 사회복지행정은 필수적인 요건이 되고 있다.

대부분의 사람들은 공식적인 지침 없이 개인적인 행정활동을 하게 되며, 어느 정도 시행착오와 비공식적인 학습을 통해서 행정을 터득하게 된다. 지금까지 사회복지조직에서도 많은 행정업무들이 동일한 방식으로 시행착오를 겪으면서 주먹구구식으로 수행되어 왔다. 이전에는 사회복지조직에서 행정의 중요성을 거의 인식하지 못하였고, 스스로가 행정활동을 수행하기 위해 준비하지 못한 것이 사실이다. 그리고 행정지식이 없으면서 행정결정을 내리고 결과적으로 자신들의 행정은 실패를 거듭해 왔다. 그러나 사람들은 가끔 행정의 실패한 이유를 인식하기 위해 어디서부터 어떻게 접근해야 하는지에 대해 고민해 왔다.

최근 사회변화에 따라 사회구조가 확대되고 각종의 사회복지조직이 늘어나면서 조직을 유지하고 발전시켜 나가기 위한 행정의 중요성을 인식하기 시작하였다. 사회복지조직에 있어서 기획(planning), 조직(organizing), 인사(staffing), 통제(controlling), 지도(leading) 등과 같은 행정기능이 없다면 조직에 어떤 현상이 나타날 것인가를 짐작할 수 있다. 따라서 사회복지행정의 기능부재에 따른 몇 가지 결과를 제시하면 다음과 같다(Weinbach, 1990: 19-20).

(1) 클라이언트와의 관계에서 계획대로 접근하며 종결하지 않는다.
(2) 일상업무에서 다른 사람들과 유기적인 관계를 맺지 않는다.
(3) 자신의 업무 또는 다른 사람의 업무에 대해 책임을 지지 않는다.
(4) 클라이언트에 대한 어떤 프로그램이나 서비스를 평가하지 않는다.
(5) 기관조직의 역할과 미래에 대해서 관심을 갖지 않는다.
(6) 다른 사람과 어떤 정보도 함께 공유하려고 하지 않는다.
(7) 기관조직의 바람직한 결정에 관심을 갖지 않는다.
(8) 어떤 행동을 지도할 목표와 사명감을 갖지 않는다.
(9) 지식과 기술을 향상시킬 어떤 수단(vehicle)도 갖지 않는다.
(10) 기관조직의 과업과 위임에 전혀 관심을 갖지 않는다.

사회복지조직에서 이상과 같은 현상이 나타난다면 사실상 그것은 이미 조직기능이 상실되었다고 할 수 있다. 이와 같이 사회복지행정이 존재하지 않으면 사회복지조직은 효과적인 운영에는 한계가 있다. 따라서 사회복지행정의 대두는 사회복지조직의 운영에 필요불가결한 것이고 필연적인 것이며, 사회구성원들이 사회복지조직을 계획 없이 제멋대로 활동하는 단순한 건물과 같은 존재로 만들지 않으려는 노력의 과정에 기인하고 있다.

2. 사회복지행정의 필요성

사회복지행정은 인간복지에 대한 관심으로서 모든 국가 또는 사회적 차원에서 접근할 필요가 있다. 사회적 차원에서 인간복지에 대한 관심을 갖게 된 것은 산업화 이후로 볼 수 있다. 기존의 사회는 인간복지가 개인이나 가족의 책임 하에 해결되었으나, 산업화로 인한 각종 사회문제들이 사회적 전반에 확산되면서 계획적이고 조직적인 해결방안이 요구되었다. 특히 사회복지행정은 개인이나 가족차원에서 소득문제, 의료문제, 교육문제, 주택문제, 고용문제, 특별보호 등의 현실적 문제를 해결하기 위해 사회제도적 차원에서 개입이 필요하다. 이에 사회복지행정의 정당성이 존재하게 되며 사회적 과정으로 인정되고 있다.

사회복지조직에서 사회복지행정을 어떻게 운영하느냐에 따라 사회복지서비스의 질에 결정적으로 영향을 미치게 된다. 이와 같이 사회복지행정과 사회복지서비스 간의 불가분의 관계성 때문에, 사회복지조직의 서비스 질은 사회복지행정의 내용에 크게 좌우된다고 볼 수 있다(Trecker, 1977:25). 특히 현대 산업사회에서 각종 사회문제의 발생으로 인해 충족되지 않은 사회적 욕구가 증가하면서 사회복지조직으로부터의 사회복지서비스의 기대가 그 어느 때보다도 고조되고 있다. 따라서 효과적인 사회복지서비스를 위해 사회복지행정이 중요하다는 인식이 사회복지학계와 사회복지전문가들에게 보편화되어 가고 있다. 이에 사회복지행정의 필요성을 몇 가지 제시하면 다음과 같다.

(1) 사회복지행정은 복잡한 현대사회와 새로운 사회문제의 해결에 필요하다. 산업화로 인한 사회변화는 빈곤문제, 소득문제, 의료문제, 주택문제, 교육문제 등의 다양한 사회문제를 야기하였고, 이에 따라 사회복지행정의 차원에서 모든 사회분야에 대한 사회복지제도와 정책적인 개입이 필요하게 되었다.

(2) 사회복지행정은 사회체계와 인간상관성을 위해 필요하다. 인간은 사회적인 체계와 관계 속에서 존재하고 있으며, 현대사회에서는 혼자 존재할 수 없다는 점이 강조되고 있다. 이에 따라 사회복지행정은 지역사회 내의 상호연관성을 통해 인적, 물적 자원의 합리적이고 효

율적인 동원과 활용에 기여하게 되었다.

(3) 사회복지행정은 효과성과 효율성의 활용에 필요하다. 사회복지조직은 목표달성을 위해 무엇보다도 인적, 물적 자원의 적절한 획득과 활용이 매우 중요하다. 이에 사회복지행정은 사회복지의 다양한 자원을 효율적으로 활용하여 효과성을 극대화하는 역할을 한다. 따라서 클라이언트에게 필요한 사회복지서비스를 적절히 제공하고 서비스의 효율성과 효과성을 높이는 데 사회복지행정의 과정이 필요하게 되었다.

(4) 사회복지행정은 사회복지서비스의 재정운영에 대한 효율적인 관리를 위해 필요하다. 사회복지조직에 있어서 사회복지재정 부문의 효율성과 효과성을 높이기 위해서는 사회복지행정의 관리가 요청되고 있다. 특히 클라이언트의 다양하고 복합적인 문제해결을 위해서 사회복지행정을 통한 가장 계획적이고 체계적인 사회복지서비스 제공이 필요하다.

따라서 사회복지행정은 인간의 생활수단이 사회적 기능으로 전환하면서 사회조직체계와 관련하여 접근할 필요가 있다. 사회복지행정은 사회변화와 함께 조직관리에 초점을 두면서 사회복지기관이나 시설 등의 관리측면에 효과적으로 대응할 수 있다. 즉, 사회복지서비스의 효과성은 인적, 물적 자원으로만 성취될 수 없으며, 이러한 자원을 효율적으로 활용할 수 있는 합리적인 행정과정을 통해서 성취될 수 있다. 그러므로 현존의 인간생활에 요구되는 제반 사회복지서비스를 적절히 전달하기 위해서는 사회복지행정의 개입이 요청되고 있다.

제3절 사회복지행정과 일반행정의 구분

1. 사회복지행정의 영역

일반적으로 행정(administration)의 의미는 공공행정(public administration)

을 지칭하고 있다. 공공행정은 대부분 국가조직에서 수행되어지는 포괄적인 행정과정을 말하며, 이러한 행정은 기업, 학교, 병원 등의 여타 조직에서도 이루어지고 있다. 이에 따라 행정과정이 기업조직에서 이루어지면 기업행정, 학교조직에서 이루어지면 교육행정, 병원조직에서 행해지면 보건행정이라 할 수 있다. 따라서 사회복지행정과 일반행정의 구별에 대해서는 학자들 간에 논란이 되어 왔다(Sarri, 1987; Patti, 1983; Spencer, 1959). 이에 사회복지행정과 일반행정을 비교분석하여 사회복지행정의 고유한 특성을 제시하면 다음과 같다.

(1) 사회복지행정과 일반행정의 차별성을 크게 부각하지 않는 학자는 고유한 행정의 기능을 강조하고 있다. 즉, 서비스 대상인 클라이언트의 유형에 차이는 있지만, 조직목표를 달성하기 위해서 기획관리, 예산관리, 인사관리 등 기본적인 행정기능은 공통적으로 수행된다는 것이다. 사회복지기관도 여타 조직과 마찬가지로 조직목표를 달성하고 일정한 서비스결과를 산출하는 조직체로서 일반적인 행정기능의 공유를 주장하고 있다. 예컨대, 미국과 한국의 경우에도 사회복지기관의 관리자는 전문경영인으로서 행정경험을 가진 자들을 선호하고 있다는 사실은 고유한 행정의 논리를 반증해 주고 있다.

(2) 사회복지행정과 일반행정이 본질적으로 구별된다는 학자는 사회복지조직의 독특성을 강조하고 있다. 이는 사회복지전문성을 부각시키는 경향을 보이고 있다. 사회복지기관은 조직의 특성으로서 목적, 가치, 활동 등을 고려한다면 여타 조직과 다른 관리방법이 요구되고 있다는 것이다. 사회복지기관은 본질적으로 휴먼서비스(human service)조직으로서 클라이언트의 생활과정, 사고유형, 행동양식, 가치관 등에 입각하여 접근하는 독특한 조직이라 할 수 있다. 즉, 일반행정의 과정이 그대로 적용되기는 어렵다는 것을 제시하고 있다. 그리고 사회복지기관의 관리자는 사회적 약자인 클라이언트를 다루는 조직

이기 때문에 일방적으로 지시하고 통제하는 데에는 상당한 한계가 있음을 뒷받침해 주고 있다.

2. 유사점과 차이점

사회복지조직에서는 다양한 전문직종의 인력이 혼재되어 근무하고 있기 때문에 내부적인 목표설정과 활동방향에 대한 합의를 도출하기가 쉽지 않다. 또한 사회복지서비스를 제공하는 이외에 클라이언트 집단의 이익을 대변하고 옹호(advocacy)해 주는 역할을 수행해야 하므로 일반행정의 원리를 적용하기가 어렵다는 사실이다. 따라서 사회복지행정과 일반행정의 기본적인 전제를 바탕으로 유사점과 차이점을 제시하면 다음과 같다.

1) 유사점

(1) 기본적으로 동일한 문제해결과정을 수행한다. 일반적으로 행정은 문제해결과정(problem solving process)을 내포하고 있다. 따라서 사회복지행정도 사회복지조직이 당면한 인적자원, 재정관리, 프로그램 및 서비스의 전달 등의 문제를 규명하고 대안을 모색하여 선택한 후 평가하는 일반적인 문제해결과정의 절차를 거치고 있다.

(2) 공통적으로 요구되는 조력의 역할을 수행한다. 행정은 조직 내의 개인과 집단이 조직목표를 달성할 수 있도록 도와주는 조력(enabling)의 역할이 요구되고 있다. 사회복지조직의 관리자는 전문 사회복지사들이 능력을 최대한 발휘하여 최선의 서비스를 클라이언트에게 제공될 수 있도록 동기부여와 자립의욕을 고취시키는 데 있다. 따라서 사회복지조직의 관리자는 조력자(enabler)로서 중요한 역할을 수행하고 있다.

(3) 사회자원을 동원하고 활용하는 업무를 수행한다. 행정은 최적의 서비스를 제공하기 위하여 인적, 물적 자원을 동원하고 활용(practical use)하는 것에 초점을 두고 있다. 사회복지조직도 바람직한 사회복지서

비스를 산출하기 위해 효과적이고 효율적으로 자원을 동원하고 있다. 그리고 기관조직의 부서를 팀제로 형성하여 적절한 인력배치와 프로그램 수행에 필요한 예산을 관리하는 기능을 수행하고 있다.

(4) 공공의 이익을 실현시키기 위한 목적을 수행한다. 사회복지기관은 사회적 필요성에 의해서 설립되고 유지되고 있다. 사회복지기관은 비영리조직의 형태로 존재하면서 정부기관이나 공동모금회의 지원에 의존하는 경우가 있다. 이는 사회복지기관의 운영이나 프로그램 실천을 위해 정부의 공공자원을 지원하는 것은 궁극적으로 공공의 이익을 실현시키는 데 있다. 따라서 사회복지기관은 주로 비영리민간법인에 의해 운영되고 있지만 일반행정과 마찬가지로 공공의 사업을 대행하는 모습은 준공공적(semi-public) 성격을 지니고 있다. 즉, 사회복지기관의 행정은 표면적으로 민간기관의 행정이면서도 내용적인 측면에서 공공성의 행정을 공유하고 있다.

2) 차이점

(1) 사회복지행정이 산출하는 서비스는 독특한 성격을 지니고 있다. 사회복지행정은 본래 클라이언트를 대상으로 서비스의 즉흥성과 소멸성을 지니고 있기에 일반행정과 관리의 원칙에 차이가 존재한다. 특히 클라이언트가 어떤 서비스를 요청할 때 즉흥적으로 제공해야 하기 때문에 서비스를 보관할 수도 없는 성격의 차이가 있다.

(2) 사회복지행정은 운영관리에 관한 지식을 초월하는 경우가 있다. 사회복지행정은 지역사회 내에서 발생하는 각종 사회문제의 해결과 지역주민의 욕구충족을 위해 존재하고 있다. 따라서 지역사회 내에 환경관리의 문제가 대두되면 범위를 환경영역으로 확대되어 정치적, 경제적, 사회적 변화에 관한 다양한 지식과 관리기술을 요구하는 것의 차이가 있다.

(3) 사회복지행정은 관리자와 구성원들에 의해서 이루어지고 있다. 사

회복지행정의 주체는 관리자를 포함한 조직구성원들에 의해 복잡하고 다양한 행정관리의 과정에 참여하고 있다. 즉, 일반행정은 대부분 최고관리자에 의해서 관리기능이 수행되지만, 사회복지행정은 비록 조직구성원들이 조직의 하층부에 위치해 있더라도 많은 재량권을 가지고 직접 프로그램 및 서비스 관리의 업무를 수행하는 차이가 있다.

(4) 사회복지행정의 과정은 사회복지사의 직무수행에 크게 의존하고 있다. 사회복지조직은 주로 사회복지사의 전문성과 자율성을 통해 다양한 클라이언트 집단에게 서비스를 제공하고 있다. 따라서 사회복지조직은 사회복지사의 업무수행능력과 자질 등에 의해 조직의 성패를 좌우하기 때문에, 사회복지사의 전문성을 인정하는 업무에 차이가 있다.

이상에서 사회복지행정과 일반행정의 유사점과 차이점을 분류하여 살펴보았다. 사회복지조직도 일반조직과 마찬가지로 조직의 목표를 설정하고 인력과 재정을 관리하는 기본적인 행정과정으로서, 기획(planning), 조직(organizing), 인사(staffing), 지시(directing), 조정(coordinating), 보고(reporting), 재정(budgeting), 평가(evaluating) 등을 포함하는 유사성을 인정하고 있다. 그러나 사회복지행정은 사회복지조직의 고유의 특성으로서 클라이언트의 문제해결에 초점을 두고 사회복지전문직의 역할수행과 밀접히 관련되어 있기에 일반행정과의 차별성을 주장하고 있다. 본서의 사회복지행정은 일반행정과의 근본적인 유사성을 인정하면서 사회복지의 학문적 특수성에 입각하여 차별성을 지니고 있다.

사회복지행정은 행정력을 기반으로 휴먼서비스 제공이라는 사회복지의 목적을 효과적으로 달성하기 위한 거시적 실천 혹은 응용행정 영역이라 할 수 있다(허만형, 2004:10). 이상의 내용을 토대로 사회복지행정과 일반행정을 요약하여 비교해 보면, ① 사회복지행정은 분야로서 응용행정에 초점을 두지만, 일반행정은 순수행정에 초점을 두고 있다. ② 사회복지행정은 종류로서 휴먼서비스에 역점을 두지만, 일반행정은 포괄서비스에 역점을 두고 있다. ③ 사회복지행정은 수단으로서 행정기술에 우선을 두지만, 일반행정은 행정능력에 우선을 두고 있다. 따라서 사회복지행정과 일반행정의 비교를 제시하면 〈표 1-1〉과 같다.

〈표 1-1〉 사회복지행정과 일반행정의 비교

구분	사회복지행정	일반행정
① 분야	응용행정	순수행정
② 종류	휴먼시비스	포괄서비스
③ 수단	행정기술	행정능력

자료: 허만형(2004). 『사회복지행정론』. 법문사. P.10. 재인용.

생각해 볼 문제들

1. 사회복지의 본질을 간략히 설명하시오.
2. 사회복지의 기능 여섯 가지를 제시하시오.
3. 사회복지의 목적 세 가지를 제시하시오.
4. 사회복지행정의 필요성에 대해 설명하시오.
5. 사회복지행정과 일반행정을 비교하여 설명하시오.

참고 문헌

김덕준 외 (1970). 신사회사업개론. 서울: 한국사회복지연구소.

김만두·한혜경 (1993). 현대사회복지개론. 서울: 홍익재.

허만형 (2004). 사회복지행정론. 서울: 법문사.

황성철 외 (2009). 사회복지행정론(개정판). 파주: 학현사.

Dolgoff & Feldstein. (2000). *Understanding Social Welfare (5th ed.)*. Needham Heiglhts, MA:

Allyn and Bacon.

Dunham, A. (1970). *The administration of Social Agencies.* in Social Work Yearbook. Vol.16. New York: Russell Sage Foundation.

Patti, R. (1983). *Social Welfare Administration : Managing Social Programs in a Developmental Context*. Englewood Cliffs. New Jersey: Prentice-Hall.

Pincus, A. & Minahan, A. (1990). *Social Work Practice : Model and Method.* Itasca. Illinois: F. E. Peacock Publishens Inc.

Sarri, R. (1987). *Administration in Social Welfare*. Encyclopedia of Social Work (18th ed.). Vol.I.

Spencer, S. (1959). *The Administration Method in Social Work Education*. New York: Council on Social Work Education.

Trecker, H. (1977). *Social Work Administration : Principles and Practice*. New York: Association Press.

Weinbach, R. (1990). *The Social Work as Manager: Theory and Practice (2nd ed.)*. Needham Heights. MA: Allyn & Bancon.

Wickenden, E. (1965). *Social Welfare in a Changing World.* Washington. D.C.: Public Affairs Press.

Zastrow, C. (1999). *The Practice of Social Work (6th ed.)*. Pacific Grove. CA: Brooks & Cole.

CHAPTER 02

사회복지행정의 개념

Social Welfare Administration

사회복지행정의 개념은 우리의 생활과 관련하여 매우 중요하게 취급되고 있다. 사회복지행정은 사회변화에 따라 그 필요성이 증대되어 왔다. 즉, 전통적 사회복지대상자의 욕구는 단순하여 단편적인 서비스로 전수되어 왔고, 현대적 사회복지대상자의 욕구는 다양하고 복잡하여 체계적이고 계획적인 서비스로 전환되어 왔다. 사회복지행정의 개념이 무엇인가에 대한 질문에 그 해답은 간단하지 않다. 특히 사회복지행정이 무엇이며 어떤 특징이 있고 어떻게 접근하는가에 대해서는 학자들 간에 다양하게 해석하고 있다. 따라서 본 장에서는 첫째, 사회복지행정의 정의, 둘째, 사회복지행정의 특성, 셋째, 사회복지행정의 가치, 넷째, 사회복지행정의 이념, 다섯째, 사회복지행정의 접근방법 등을 중심으로 살펴보고자 한다.

제1절 사회복지행정의 정의

사회복지학에서 행정(administration)의 의미는 국가의 사회복지정책을 구현하기 위한 정부 또는 지방단체의 공행정과 국가 또는 개인이 설립한 사회복지법인이 그 설립의 목적에 따라 효율적으로 운영하기 위한 행정기술을 강조하고 있다. 이에 따라 사회복지행정은 사회복지대상자의 삶의 질 변화와 성장을 촉진하고자 하는 사회복지실천의 한 영역으로서 공행정과 사행정을 포함하여 정의하고 있다(최성재·남기민, 1993 원용). 따라서 사회복지행정은 여러 학자들의 견해에 따라 다양하게 제시되고 있지만, 그 중에 대표적인 학자들의 정의를 중심으로 제시하고자 한다.

키드네이(Kidneigh)에 의하면, 사회복지행정은 사회정책을 사회복지서비스로 전환시키는 과정으로서 사회정책을 구체적인 서비스로 전환시키고 그 경험을 다시 정책수행에 반영하는 양 방향의 과정 속에 있는 것이라고 정의하였다(Kidneigh, 1950:58). 스테인(Stein)은 사회복지행정을 사회복지조직이 조정과 협력의 활동체계를 통해서 조직목표를 설정하고 달성하는 과정이라고 정의하였다(Stein, 1970:7). 패티(Patti)에 의하면, 사회복지행정은 사회복지실천의 한 방법으로서 조직목표를 달성하기 위해 관리자가 수행하는 상호의존적 업무과업, 업무기능, 업무활동 등의 체계적인 개입과정으로 정의하고 있다(Patti, 1983:24-25). 그리고 티트머스(Titmuss)는 사회복지행정을 사회적 서비스가 클라이언트들에게 전달되기 위한 인적조직과 기구로 정의하고 있다(Titmuss, 1974).

사회복지행정은 크게 현존 사회복지대상자를 위해서 ① '무엇'(what)을 제공할 것인지에 대한 결정을 하고, ② 사회정책과 함께 사회문제를 '어떻게'(how) 해결할 것인지를 다루는 데 있다. 즉, 사회복지행정은 목적을 다루는 사회정책으로 표현된 추상적인 것을 구체적인 유형의 서비스로 전환하여 사회복지대상자에게 전달하는 수단을 다루는 모든 행정과정을 의미한다. 사회복지행정은 우선 조직목표를 다루는 정책형성이 이루어진 후 정책목표가 달성되도록 지원(support)과 통제(control)를 동시에 수행하고 교류하는 성향을 가진다(허만형, 2004:13-14 원용).

사회복지행정은 사회복지의 어떤 분야보다도 충분한 인적, 물적 자원의 획득은 물론, 효율적이고 효과적인 활용에 대해 중요하게 다루고 있다. 그러나 사회복지자원의 투입만으로 소기의 성과를 이룰 수 없으며, 자원들을 효율적으로 활용할 수 있는 합리적인 행정과정을 통해서 조직목표를 달성할 수 있다(장인협 외, 1999:118). 즉, 사회복지행정은 자원과 프로그램을 관리하는 일련의 과정을 말한다. 그리고 사회복지행정의 과정은 사회복지조직의 관리자만이 수행하는 기능이 아니라, 모든 조직구성원들의 협력적이고 역동적인 과정으로서 조직을 변화시키고 발전시키는 사회복지실천의 개입방법이라 할 수 있다(황성철 외, 2008:22-23 원용).

이상의 학자들의 견해를 종합적으로 정의해 보면, 사회복지행정은 사회복지정책을 사회적 서비스로 전환하는 공적·사적 사회복지조직의 총체적인 활동이라고 할 수 있다. 그리고 사회복지행정은 사회문제를 해결하기 위하여 국가나 지방단체, 사회복지기관 등이 수행하는 제반 활동을 의미하고 있다.

사회복지행정은 광의와 협의의 개념으로 크게 두 가지로 분류할 수 있다. ① 광의적 의미의 사회복지행정은 공공기관 및 민간기관의 업무를 포함해서 사회복지조직의 활동과정에 기여하는 조직구성원들의 협동적이고 조직적인 총체적인 활동을 의미한다. ② 협의적 의미의 사회복지행정은 대부분 사회사업행정에 국한하여 사회사업의 지식, 가치, 기술 등을 적용하여 사회복지기관의 특정한 목적을 달성하기 위해 목표를 설정하고 프로그램을 기획하며 자원을 활용하고 평가하는 전반적인 활동을 의미한다.

제2절 사회복지행정의 특성

사회복지행정은 휴먼서비스 조직으로서 사회복지조직의 독특한 특성으로 인해 여타 일반행정의 원리를 그대로 적용하기 어렵다. 사회복지조직은 휴먼서비스의 주원료가 인간이며 전문가와 클라이언트 간의 상호작용을 중시하고 있다. 사회복지조직에 다양한 전문직종의 인력이 혼재하므로 내부적 목표설정과 이해관계자의 사이에 합당한 타협을 도출하기가 쉽지 않다. 사회복지서비스의 효과성은 제도적 측면보다 인간가치의 측면에서 판단하게 된다. 특히 사회복지행정은 클라이언트와 지역사회, 정치적,

경제적, 사회적 변화 등의 환경영역으로 확대되어 다양한 지식과 관리기술이 요구된다(황성철 외, 2008:26-28 원용). 따라서 스키드모어(R. Skidmore)가 강조한 사회복지행정의 특성을 네 가지 제시하면 다음과 같다(Skidmore, 1983:14).

(1) 사회복지행정은 국가의 이념이나 정책방향에 따라 결정된다. 사회복지행정은 사회복지가 지니는 공적인 성격에서 연유되고 있으며, 국가의 이념에 따라 사회복지행정의 실천과 방향이 다르게 나타날 수 있는 특성이 있다.
(2) 사회복지행정은 사회적으로 인지된 욕구를 충족시키는 데 우선된다. 사회복지행정은 클라이언트의 서비스제공을 위한 가용자원을 동원하고 활용할 수 있도록 하는 실천방법을 활용하는 특성이 있다.
(3) 사회복지행정은 결정된 일련의 절차와 과정에 따라 운영된다. 사회복지행정은 이윤추구나 권력을 목적으로 하는 것이 아니라, 다양하고 복합적인 클라이언트의 욕구충족에 우선순위를 두는 특성이 있다.
(4) 사회복지행정은 사회정책에서 결정된 목표를 구체적으로 실행한다. 사회복지행정은 사회정책의 성격, 내용 등과 밀접한 관련성을 가지고 클라이언트의 급여수준, 실천과정, 운영방법 등을 구체적으로 전달하는 특성이 있다.

이상에서 사회복지행정의 특성은 사회적인 책임성, 조직적인 활동, 사회복지대상자와의 관련성, 복지욕구의 우선순위 등을 결정하는 데 사회적 책임성이 강조되고 있다. 사회복지행정에 있어서 사회적 책임성은 사회적으로 취약한 계층들을 중심으로 행정과정을 집행해야 하기 때문이다.

사회복지행정의 특성을 파악함에 있어서 단순히 행정의 기술적인 측면과 프로그램의 측면을 강조하는 학자도 있으나, 사회복지조직의 구조와 기능을 결정하는 사회정책을 사회복지서비스로 전환시키는 과정을 주요 기능으로 보는 시각에 동의하고 있다(Gates, 1980). 사회복지행정은 사회복지조직의 다양성으로 인하여 상호갈등을 야기할 수 있는 목표설정과 목표달성의 내부적 조정과 협력활동을 강조한 내부적 특성을 지니고 있다. 이에 사회복지조직의 관리자는 자신에게 부여된 특정한 과업과 기능을 원만히 수행하면서 사회복지실천을 통해 체계적이고 합리적인 사회복지행정을 관리해야 한다. 따라서 사회복지조직의 목표달성을 위한 사회복지행정의 특성을 몇 가지 제시하면 다음과 같다.

(1) 사회복지조직을 중심으로 사회정책이 사회복지서비스로 전환되는 과정이다. 사회복지행정은 본래 사회정책을 집행하는 수단으로 수행하게 된다. 즉, 사회복지행정은 사회정책을 집행하기 위해서 합당한 사회복지프로그램을 계획하고 사회복지서비스를 산출하는 과정이라 할 수 있다. 따라서 사회복지기관의 관리자는 전반적으로 조직의 중심적 역할을 담당하면서 매우 중요한 부분인 사회복지서비스 전달체계에 전문성을 발휘해야 한다.

(2) 사회복지조직의 목표를 달성하기 위한 인적·물적 자원을 관리하는 과정이다. 사회복지행정은 사회복지조직의 존립근거와 설립취지에 근거하여 수행하게 된다. 즉, 사회복지기관의 목표로 달성하기 위해서 자원을 동원하고 관리하는 전반적인 과정을 의미한다. 따라서 사회복지기관의 관리자는 특정한 사회복지조직의 목표를 계획하고 성취하기 위해서 필요한 자원과 프로그램을 관리하는 데 역점을 두어야 한다.

(3) 사회복지조직의 관리자와 모든 조직구성원이 협력하는 역동적 활동의 과정이다. 사회복지행정은 단지 관리자만이 업무를 수행하는 것이 아니라, 중간관리자와 일선 사회복지사들이 상호 협력하여 수행하게 된다. 즉, 사회복지기관의 관리자의 성격에 따라 조직운영을 주관적으로 이끌어 가면 어려운 국면을 맞게 된다. 따라서 사회복지기관의 관리자는 합당한 리더십을 통해 조직구성원들이 조직목표를

효과적으로 성취하도록 역동적인 활동을 유도해야 한다.

(4) 사회복지조직을 변화시키고 발전시키는 사회복지실천 개입의 과정이다. 사회복지행정은 거시적 실천방법으로서 사회복지조직을 표적체계로 삼고 개입하여 수행하게 된다. 즉, 사회환경의 변화에 따라 사회복지조직도 끊임없이 발전을 위해 도전을 받고 있다. 따라서 사회복지기관의 관리자는 조직구성원에 동기를 부여하고 사회변화에 적응하여 기관조직을 발전시키는 데 일조할 수 있도록 적절히 개입해야 한다.

제3절 사회복지행정의 가치

사회복지행정을 담당하는 전문가는 사회복지기관의 모든 결정과 행동에 있어서 신념, 태도, 가치 등의 내면화가 강조되고 있다. 즉, 그것이 의식적인 과정이든 무의식적인 과정이든 본질적인 가치의 문제를 사회복지행정에서 다룰 필요가 있다. 따라서 사회복지행정의 속성을 탐색하는 데 있어 쟁점이 되는 가치를 다섯 가지 제시하면 다음과 같다(Weiner, 1990:15-21 원용).

1. 인간의 존재성

사회복지행정의 맥락에서 인간은 사물(things)인가 살아있는 존재(beings)인가에 대한 논의가 필요하다. 현존 사회에서 인간은 살아있는 존재보다 사물을 중시하는 정치적, 사회적, 경제적 요소들에 둘러싸여 있다는 사실이다. 사회복지행정의 속성을 담고 있는 기본적인 가치 중의 하나가 인간은 독특하고 살아있는 존재라는 것이다. 즉, ① 개인은 하나의 가치 있고 독특한 실체로서 존재한다. ② 개인은 사물지향적 가치보다 존재지향적 가치가 우세하다. ③ 인간은 살아있는 존재로서 사물로 취급하지 않는 인간상을 지향한다. 따라서 인간의 가치는 추상적인 의미가 아니라 사회 속에서 상호간 실제로 공유하는 요소라 할 수 있다.

인간은 독특한 존재로서 사물이 아니라 존재 속에서 '너와 나라는 사고'가 내재하고 있다. 즉, 우리는 다른 사람에게 인간다운 면을 보여주고 개인적인 관계를 맺고 교제하는데, 이러한 상황에서 '나와 너의 관계'(I-Thou relationship)가 존재한다는 것이다. 그러나 대인관계에서 정당한 인간관계를 공유하지 못하고 다른 사람을 사물로서 대한다면 '나와 그것의 관계'(I-It relationship)가 형성될 수 있다. 따라서 사회복지행정의 전문가는 클라이언트 대상으로 어떤 행동결정에 있어서 그들을 사물로 접근할 것인가 그렇지 않으면 가치 있는 존재로서 접근할 것인가의 중요한 선택을 해야 한다.

2. 인간의 본질성

인간은 동물(animal)인가, 신과 같은 존재(godlike)인가에 대해 언급해 왔다. 최근 사회변화와 문명발전으로 인하여 인간을 동물처럼 취급하는 탈인간화(dehumanization) 현상이 만연하고 있다. 즉, 1940년대 유럽에서의 잔인하고 엄청난 유태인 집단학살이라든지, 1970년대에 발생했던 캄보디아의 무차별 인종학살 등은 당시 정치적 방편으로서 용납되어 온 사례로 들 수 있겠다. 지금도 지구촌에서는 여전히 인간을 동물과 다름없는 존재로서 인식하고 취급하는 현상이 나타나고 있다. 이는 사회변화의 과정에서 물질만능주의와 인간경시사상이 지배하면서, 현존하는 모든 죄악적 요소는 인간을 동물과 다름없는 존재로 보는 시각에서 비롯되고 있다.

사회복지행정의 기본적인 가치는 인간을 동물적으로 보는 것이 아니라, 고귀한 인간의 본질로서 계속적인 성장과 발전의 존재로 인식하는 것이다. 따라서 사회복지행정의 전문가는 모든 클라이언트를 동물적 존재가 아니라 신과 같은 존재로 간주하면서 접근할 필요가 있다. 즉, 클라이언트는 자신이 독특한 존재이고 고귀한 존재로 성장하기 위해 부단히 노력하며, 인간성에 대한 본질이 사회복지행정의 근간을 이룰 수 있다.

3. 인간의 독자성

인간은 개인의 독자성(uniqueness)을 추구하는 존재로 볼 수 있다. 모든 인간은 각자 개성이 다르며 어느 누구에게도 갖고 있지 않는 독특한 무엇을 지니고 있다. 우리는 일생을 살아가는 데 있어 어떤 수단에 불과한 자신이 수행하는 역할에 큰 비중을 두고 살아가고 있다. 즉, 자신의 지위, 권력, 부 등과 같은 현실적인 문제에 관심을 가지면서 삶을 영위하고 있지만, 그것은 인생을 가치 있게 산다고 볼 수 없다. 그러므로 사람들은 실제적인 인생의 단계에서 수행하는 역할과 지위가 구별되는 독자성의 삶의 과정을 인식해야 한다는 것이다.

사회복지행정의 전문가는 클라이언트 개개인의 독자성을 일반적인 가치로서 받아들이는 것이 중요하다. 즉, 사회복지행정을 수행하는 전문가로서 자신의 역할이 클라이언트의 독자성을 인정하고 사회적응력을 키우기 위한 방안을 강구해야 한다. 따라서 전문가는 자신과 관계하고 있는 클라이언트에게 개별화된 방식으로 접근하여 그들에게 합당한 사회복지서비스를 제공할 수 있도록 새로운 원조전략을 적극 활용할 필요가 있다.

4. 인간의 의미성

인간의 의미성(meaning) 추구는 어떤 문제를 해결함에 있어서 중요한 단초가 되고 있다. 우리에게는 일반적으로 인간관계나 일상생활에 있어서 불합리하며 의미가 없다고 주장하는 경우들이 존재하기도 한다. 즉, 인생에는 의미가 없기 때문에 현존 사회에 대한 새로운 희망이나 어떤 미래의 이상이 전혀 없다고 불평하는 사례를 흔히 볼 수 있다. 이에 인간의 의미성은 보다 나은 사회를 이룩하기 위해 창조적이거나 혁신적인 사고를 도출할 수 있다. 즉, 의미성을 부여한다는 것은 현존 사회의 불합리하고 어려운 상황에서 보다 나은 사회를 건설하기 위해 노력할 수 있는 계기가 된다는 것이다.

사회복지행정의 전문가는 클라이언트의 의미탐구를 통해 자신의 삶의 의미를 갖게 하고 일차적인 기본욕구를 해결하는 데 역점을 둘 필요가 있다. 즉, 클라이언트 자신의 의미는 스스로의 힘으로 찾아야 하고 성취해야 하며 이것으로 자신의 새로운 삶의 방향을 모색해 나가는 것이다. 그리고 전문가는 사회복지기관을 통해 업무를 수행하면서 부차적으로 인생의 의미를 찾을 수 있을 뿐 아니라, 사회적 공동선(共同善)에 기여하는 데 일조할 수 있다.

5. 인간의 잠재성

인간의 잠새성(potential) 개발은 자신의 능력을 최대한 발휘하고 자아실현을 가능하게 하는 중요한 가치가 되고 있다. 모든 인간은 발전할 수 있는 창조적 잠재력을 갖고 있기 때문에, 기본적 가치로서 자신의 잠재력을 어떻게 개발하고 적절히 활용하느냐가 관건이 될 수 있다. 최근 신(新)인간 잠재력 운동은 전체 삶에 대한 총체적 접근과 육체, 정신, 영혼 등에 있어서 인간의 잠재력 개발을 위한 운동을 전개하고 있다. 로저스(Karl Rogers)는 인간의 잠재력 운동을 개인의 자아형성은 물론 정신과 육체의 풍요로움을 제공하고 성별, 종족, 지위, 소유 여부와 관계없이 현재 있는 그대로를 존중하는 것에 초점을 두고 있다.

사회복지행정의 전문가는 클라이언트를 대상으로 잠재력을 개발하여 낙관적 사고를 고취시키며 희망적인 삶을 영위하게 해야 한다. 대부분의 클라이언트는 그들의 능력과 잠재력을 극히 일부분만 사용하고 있기에, 사회복지행정의 가치로서 클라이언트의 잠재력을 일깨우고 성취해 가는 것은 매우 중요하다. 따라서 사회복지행정을 통해 클라이언트로 하여금 자신의 창조적 잠재력을 최대한 개발하여 자립심을 고취시키고 스스로 삶을 터득할 수 있도록 가치관을 확립해 줄 필요가 있다.

제4절 사회복지행정의 이념

사회복지행정의 이념은 사회복지행정이 추구하는 기본적인 방향으로서 당대의 가치, 철학, 사상 등이 총체적으로 내포된 표준적인 행동규범을 의미하고 있다. 즉, 사회복지행정이 나아가야 할 방향과 지침을 결정해 주는 중요한 안내판의 역할을 한다는 것이다. 따라서 사회복지행정의 이념을 구체적으로 제시하면 다음과 같다.

1. 효과성

효과성(effectiveness)은 사회복지조직에 있어서 클라이언트의 욕구와 문제를 충족하기 위해 제공된 서비스나 프로그램 등이 그들에게 의도되거나 기대한 것과 같이 적절하게 성취되었는가를 판단하는 기준을 말한다. 즉, 효과성은 계획된 사회복지행정을 집행한 이후에 실질적으로 경제적 자립을 달성한 사람이 몇 명이나 되며 그 비율은 어느 정도인가의 결과를 도출하는 것이다.

2. 효율성

효율성(efficiency)은 사회복지조직에서 최소의 비용을 투입하여 최대의 능률을 추구하는 성향을 말한다. 사회복지행정의 자원이 희소한 현실에서 사회복지서비스의 집행에 중요한 기준이 되고 있다. 즉, 사회복지행정의 효율성을 제고함으로써 주어진 예산으로 보다 많은 서비스를 적절히 공급하는 방안이 될 수 있다는 것이다.

3. 형평성

형평성(equity)은 동등한 상황에 있는 클라이언트에게 유사한 수준의 서비스를 공평하게 제공하는 것을 말한다. 롤즈(J. Rawls)는 유사한 출발선상에서 출발하는 것이 형평성을 제고할 수 있다고 주장하며, 특히 사회구성원이 가지고 있는 원래의 지위를 회복해 줌으로써 형평성 있는 사회와 정의로운 사회를 이룩한다고 주장하였다(Rawls, 1971).

4. 접근성

접근성(accessivity)은 클라이언트가 활용 가능한 사회복지서비스가 어디에 있으며, 어떤 경로를 거쳐 그 서비스를 편리하게 이용할 수 있는가의 정도를 말한다. 즉, 접근성을 높이기 위해서는 기관위치, 교통수단 등의 물리적 요소뿐 아니라, 서비스의 비용, 서비스의 홍보 등에 대해서도 충분히 고려해야 한다. 그리고 접근가능성을 높일 때 보다 많은 클라이언트가 다양한 서비스를 활용할 수 있고 기대한 효과를 이끌어 낼 가능성이 높다.

5. 책임성

책임성(responsibility)은 사회복지행정의 목적에 충실히 임하고 집행과정에서 법을 준수하였는지의 여부에 대한 기준을 말한다. 즉, 사회복지행정에서 책임성이 제고되면 목적성과 합법성을 향상시킬 수 있으며, 클라이언트가 사회복지서비스를 받도록 함으로써 당면문제를 어느 정도 해결할 수 있다는 것이다.

제5절 사회복지행정의 접근방법

사회복지행정은 국가나 지방단체, 공공기관 등이 중심이 되어 사회서비스를 제공할 경우 공행정의 영역에 속하며, 순수한 민간기관이 비영리의 목적으로 사회복지를 제공할 경우 사행정의 영역에 속하게 된다. 이에 사회복지행정은 사회복지서비스를 제공하는 주체가 누구이며 어떤 관점에서 접근하느냐에 따라 그 방향이 틀려지게 된다. 따라서 사회복지행정의 접근방법은 크게 관료적 접근방법, 민주적 접근방법, 혼합적 접근방법의 세 가지를 제시하면 다음과 같다(장인협·이정호, 2003 원용).

1. 관료적 접근방법

관료적 접근방법은 사회복지조직에 있어서 피라미드구조의 명령계통을 특징으로 운영하는 방식을 강조하고 있다. 사회복지조직의 업무체계는 기관조직에 의해 설정된 절차와 규칙, 전문화에 기초한 활동의 분업, 기술적 능력에 기초한 채용과 승진, 조직의 인간관계에 있어서의 비인격성 등으로 이루어지고 있다. 즉, 사회복지조직은 다양한 전문가로 구성되어 있으므로 그들의 판단기준으로 의사결정이 분권화되어 있고 상호간 조정되지 않는 업무가 빈번히 나타나고 있다.

사회복지행정의 학문적 배경은 일반행정의 관료적 조직이론을 도입하여 일부 응용적으로 구축되었다. 사회복지행정에 있어서 관료적 방식은 사회복지사의 자율성 존중과 기관의 정책방향 사이에서 갈등적 요소를 야기할 수 있다. 그리고 사회복지조직의 경직된 부분에 대해 조정기술을 표준화하기가 쉽지 않다. 따라서 사회복지행정은 조직운영에 있어서 사회복지의 특수성을 감안하여 관료적 접근을 반영하되 인간관계 중심으로 활용할 필요가 있다.

2. 민주적 접근방법

민주적 접근방법은 관료적 방식의 위계조직과는 달리 조직구성원의 자발적인 참여와 의사결정을 기초로 하고 있다. 사회복지조직의 운영은 조직목표와 계획 및 절차에 대해 조직구성원의 다수가 참여하고, 직원과 이사회 및 위원회의 협력을 조성하여 합리적인 조직운영에 역점을 두고 있다. 그러나 사회복지조직의 운영에 민주적 방식의 한계점은 조직구성원이 자칫 자율성이 지나쳐서 업무의 매너리즘에 빠지고 안일한 업무태도로 인하여 조직목표를 달성하는 데 저해요인으로 들 수 있다.

사회복지행정은 조직운영에 있어서 민주적 방식을 최대한 활용하되 조직구성원의 업무동기를 부여하여 합당한 업무활동에 이탈하지 않도록 접근해야 한다. 즉, 조직구성원의 다양한 능력과 경험에 기초한 인센티브를 통해 기관조직뿐 아니라, 각 구성원의 개인적 발전을 도모하고 집단이나 팀워크에 기초한 협력적인 업무관계를 형성하도록 노력할 필요가 있다.

3. 혼합적 접근방법

혼합적 접근방법은 관료적 접근방법과 민주적 접근방법을 절충한 방식을 활용하고 있다. 사회복지조직은 고정적이고 이상적인 조건에서만 조직운영이 이루어질 수 없기 때문에, 양자의 특성을 혼합한 조직구조로서 업무의 발전에 기여해야 한다. 혼합적 조직구조는 조직구성원의 위계적인 피라미드형의 명령계통을 포함하면서 관리자의 권위를 어느 정도 완화시키는 운영체계를 말한다.

사회복지행정은 조직목표를 달성하기 위해서 양면적인 접근방식을 적극 적용할 필요가 있다. 즉, 기관조직은 전체적인 입장에서 조직목표의 결과를 지원주체인 지자체와 법인이사회에 보고해야 한다. 그리고 기관조직의 각 구성원들은 나름대로의 개인적 목표를 지니고 기관에 대해 요구하게 된다. 이상의 관점에서 사회복지행정의 혼합적 접근방법을 통해 기관의 목표와 개인의 목표를 동시에 충족시킬 수 있도록 노력해야 한다.

생각해 볼 문제들

1. 사회복지행정의 정의를 설명하시오.
2. 사회복지행정의 특성 네 가지를 제시하시오.
3. 사회복지행정의 가치 다섯 가지를 제시하시오.
4. 사회복지행정의 이념을 설명하시오.
5. 사회복지행정의 접근방법을 간략히 설명하시오.

참고 문헌

장인협 외 (1999). 사회복지학. 서울: 서울대학교 출판부.

장인협·이정호 (2003). 사회복지행정론. 서울: 서울대학교 출판부.

최성재·남기민 (2006). 사회복지행정론. 서울: 나남출판.

허만형 (2004). 사회복지행정론. 서울: 법문사.

황성철 외 (2009). 사회복지행정론(개정판). 파주: 학현사.

Gate, B. (1980). *Social Program Administration the Implementation of Social Policy*. Englewood Cliffs. New Jersey: Prentice-Hall.

Kindeigh, J. (1950). *Social Work Administration : An Area of Social Work Practice?* Social Work Journal 31.

Patti, R. (1983). *Social Welfare Administration : Managing Social Programs in a Developmental Context*. Englewood Cliffs. New Jersey: Prentice-Hall.

Skidmore, R. (1983). *Social Work Administration : Dynamic Management and Human Relationships*. Englewood Cliffs. New Jersey: Prentice-Hall.

Stein, M. (1970). *Social Work Administration.* in Harry A. Schatz (ed.). Social Work Administration : A Resource Book. New York: CSWE.

Weiner, B. (1980). *Human Services Management : Analysis and Application (2nd ed.)*. Belmont. CA: Wadsworth Publishing.

CHAPTER 03

사회복지행정의 역사

Social Welfare Administration

사회복지행정의 역사는 지난 과거의 활동과정의 사실을 살펴보는 일이며, 현존의 사실에 대한 보다 객관적이고 올바른 이해를 갖는 데 있다. 특히 사회복지행정의 역사를 통하여 활동과정이 과거에 어떠한 모습으로 진행되었으며, 오늘에 이르기까지 어떤 역사과정을 밟아 왔는지를 살펴보는 것은 매우 중요하다. 이에 사회복지행정이 이루어내야 할 사회문제의 해결을 위해 그동안 전개되어 온 역사적 흐름에 대한 주체적이고 보편적인 합의를 이끌어 낼 수 있는 안목이 필요하다. 따라서 본 장에서는 첫째, 사회복지행정의 역사연구, 둘째, 사회복지역사의 동향, 셋째, 영국의 사회복지역사, 넷째, 한국의 사회복지역사 등을 중심으로 살펴보고자 한다.

제1절 사회복지행정의 역사연구

사회복지행정의 역사를 고찰하는 것은 사회복지의 한 분야로서 인식하고 역사연구를 할 필요성이 있다. 사회복지와 사회과학의 연관성에서 사회과학은 경험성, 역사성, 실천성, 전체성을 지니는 원리로서 사회현상의 흐름을 연구대상으로 하는 영역이라 할 수 있다. 그러므로 사회복지행정은 사회현상에 내재되어 있는 사회문제를 대처하기 위한 사회적 실천영역이며, 즉, 학문으로서의 실천적 성격을 지닌다고 할 수 있다(사회복지사연구회, 1990:17). 이에 사회복지행정은 사회과학의 역사성과 실천성을 지닌 학문으로서 역사적 경험을 과학적으로 인식하고 분석하는 것이 중요하다.

사회복지행정의 역사는 역사적 현상이나 단순한 이념적 측면에서 조명하는 것이 아니라, 공통적인 사회현상의 역사 속에서 어떻게 생성되고 확립되며 전개되어 왔는가를 고찰하는 데 있다. 이에 사회복지행정의 역사연구는 사회과학의 역사연구와 함께 일정한 사회현상에 대한 체계적 접근의 시도로서 공통된 의미를 지니고 있다. 특히 사회복지행정의 역사연구를 통해 일정한 법칙을 이루는 변수를 도출해 보고, 과거의 역사적 경험에 대한 분석을 통해 미래의 전망을 조망하는 데 역사적 의의가 있다고 본다.

사회복지행정에 대한 역사연구의 방법은 대부분 시대구분의 연구중심으로 이루어지고 있다. 사회복지행정의 역사를 인식함에 있어서 시대적으로 구분하는 것은 단지 편의적인 기술상의 요구에 의해 제기되는 것이 아니라, 행정의 역사를 어떻게 인식할 것인가라는 본질적인 문제의식에서 출발하고 있다. 일반적으로 사회복지역사의 연구는 시대구분적 연구중심으로 이루어지고 있지만, 이러한 역사적 연구는 포괄적인 연대사의 흐름과 변천에 대한 결정요인의 연구가 병행하여 이루어질 필요가 있다.

사회복지행정의 역사에 대한 학문적 가치를 위해서는 역사연구의 방법을 시대구분적 연구중심으로 전개해야 한다고 강조하고 있다(지윤, 1985: 11-12 원용). 즉, 사회복지행정의 역사적 연구는 단순히 사회복지행정의 이론들을 발생적 연대에 의해 나열하는 것은 별 의미가 없다는 것이다. 역사적으로 사회복지행정의 역사를 체계화하기 위해서는 발전적 상황에 대응하여 그 역사적 특성을 규명하고 상호연관성을 탐구하며 역사적 구분으로 배열하는 것이 필요하다. 이와 같이 기본적인 역사적 구분에 의하여 사회복지행정의 역사시기를 구분할 수 있으며, 역사시기의 구분은 사회복지행정의 역사를 구성하는 중추적 조직을 이룰 수가 있다

따라서 사회복지행정의 시대구분적 접근을 위해서는 인간역사의 변화

과정을 발전적으로 인식할 필요성이 있다. 인간의 삶은 정치적, 경제적, 사회적, 문화적, 이데올로기 등 극히 복잡한 내용들이 유기적으로 구성되어 있으며, 이들 상호간의 인과관계를 통해 발전해 간다고 하는 인간역사에 대한 총체적 인식이 요구되고 있다. 특히 사회복지행정의 역사를 논의함에 있어서 ① 사회복지행정의 발달을 가져오는 결정적인 요소가 무엇인가를 고찰해야 하고, ② 사회복지행정은 어떠한 역사적, 시대적 단계를 거쳐 발달해 왔는가에 대해 통사론적으로 접근할 필요가 있다.

제2절 미국 사회복지행정의 역사

미국에서는 초창기 사회복지행정에 대한 인식이나 관심이 그다지 높지 않았다. 미국의 사회복지행정에 대한 역사는 단적으로 언급하면 지연된 발달과정이라 해도 과언이 아니다(Sarri, 1987). 미국 사회복지행정의 발달이 지체된 원인을 크게 두 가지로 요약하면 다음과 같다(김영종, 2000). ① 초기 미국 사회를 대변해 온 보수적인 정치성향으로 볼 수 있다. 당시 미국의 개척주의 시대를 통해 전수된 자유방임과 개인주의의 철학은 대부분 관료적이고 조직적인 성향에 대해 거부감을 가져 왔다. ② 초기 미국의 사회복지는 사회사업실천의 강조를 들 수 있다. 당시 미국의 사회복지 흐름은 개인과 환경이라는 이중적인 관심에서 주로 개인적 치료의 접근에 관심이 집중되었다. 이는 사회복지실천으로서 개별적 치료접근의 성향이 미국 사회복지의 접근성향을 결정하게 되었다.

이후 미국 사회복지행정의 역사는 사회변화와 함께 사회복지의 여건이 확대됨으로써 점차 조직적인 개입의 필요성에 기인하고 있다. 오스틴(Austin)은 초기 미국 사회복지행정의 역사적 발전에 크게 영향을 미치는 요인으로서 비영리민간조직의 설립, 사회복지전문교육의 발전, 공공복지행정의 출현 등을 강조하였다(Austin, 2000:27). 그러나 사회복지행정의 개입이 요청되고 조정된 시기는 1970년대 이후이며, 본격적으로 정착된 시기는 1990

년대 이후로 볼 수 있다. 따라서 미국 사회복지행정의 역사를 시기별로 구분하여 제시하면 다음과 같다.

1. 사회복지행정의 태동시기(1870년대~1930년대)

1870년대부터 미국의 민간 사회복지기관이 출현하여 근대적인 사회복지가 등장하게 되었다. 남북전쟁 이후 급속한 산업화와 공업화가 진전되면서 반대급부로 사회복지의 수요가 증대하기 시작하였다. 특히 공업화로 인한 도시의 도시집중, 유럽으로부터의 이민, 경기변동과 같은 사회구조적 요인 등에 의해 다양한 사회문제들이 나타나게 되었다. 즉, 사회문제로서 빈민과 실업자의 대량발생, 도시의 슬럼화와 열악한 공중위생, 정신질환의 급증과 범죄의 증가 등은 기존의 전통적인 안전망으로서 가족이나 지역사회가 해결하기가 어렵게 되었다. 이와 같은 사회적 상황에서 민간주도의 사회서비스기관들이 설립되어 문제해결에 적극 참여하게 되었다. 그러나 사회복지서비스의 증가로 대부분 사회복지서비스 조직들의 운영은 기업가나 그 가족들에 의해 이루어졌다.

1877년에는 미국 동부의 버팔로에서 자선조직협회(C.O.S)가 설립되어 체계적인 민간 사회복지기관이 시작되었다(Day, 2000:207). 당시 자선조직협회의 관리자는 대부분 개인기업가로서 자선행정의 효율성을 강조하는 사회복지행정의 특성을 보여주고 있다. 즉, 자선조직협회에서의 활동경험을 토대로 직접서비스의 원리를 최초로 도입한 리치몬드(Mary Richmond), 미국 최초의 연방정부 구호프로그램의 책임자였던 홉킨스(Harry Hopkins), 헐하우스(Hull House)의 창시자였던 아담스(Jane Adams), 미연방아동국(Children's Bureau)의 초대국장을 지낸 래트롭(Julia Lathrop) 등은 대규모 사회프로그램을 개발하고 실행하였다. 그리고 공공기관에 의해 운영되는 각종 사회복지시설들은 클라이언트의 재활과 보호라기보다는 사회적 일탈자들에 대한 수용에 두고 있었다.

1900년대 초기에는 공공이나 민간 사회복지기관의 복지재원 조달과 배분에 있어서 대부분 중요한 역할을 담당하던 기업가 집단으로 구성된 이사회에 의해 이루어졌다. 초기의 사회복지전문가들은 전적으로 행정에서 배제된 것이 아니라, 오히려 인보관이나 사회복지기관에서 개인적 경험을 토대로 행정을 통해 대규모 사회프로그램을 수행하였다. 그러나 당시 대부분 사회복지전문가들은 사전에 교육을 받지 않고 수행함으로써 전문성의 가치에 입각한 사회복지행정으로 보기가 어렵다. 한편 사회복지서비스를 제공하기 위해 자원봉사자, 시민지도자, 사회개혁가, 직장동호인, 조직관리자 등이 자발적으로 참여하였다(Patti, 1983:1-5). 이후 사회복지전문화가 시작되면서 병원, 법원, 학교 등에도 사회복지가 도입되었다. 그 결과 전문분야에 종사하는 자들을 교육시키기 위해 대학에 사회사업학과가 개설되었고, 사회사업가협회도 설립하게 되었다. 특히 사회사업방법론의 전문적 기초를 제공한 리치몬드(M. Richmond)의 저서『사회진단』(Social Diagnosis, 1917)은 당시의 노력들이 결집되어 나타난 결과라 할 수 있다.

1920년대에는 민간 사회복지기관의 행정분야에 있어서 많은 변화가 일어났다. 즉, 민간 사회복지기관의 직원들에 대해 전문적 교육과 경험이 있는 직원을 충원하여 재정과 행정의 업무를 담당하게 하였다(Kirschner, 1986). 그리고 미국의 사회복지에 대한 인식은 정신치료 분야에서 활동했던 전문가들의 영향에 의해 전문성을 인정받게 된 계기가 되었다. 한편 초기 미국의 사회복지분야를 지배하는 가치와 방법론은 전문직의 발전에 영향을 받아 대부분 대인적 접근과 직접서비스 중심으로 이루어졌다. 이에 따라 사회복지의 체계적인 개입을 통해 사회복지실천이 강조되면서 체계적인 사회복지행정의 접근방법에 대해서 주목을 받지 못하였다.

2. 사회복지행정의 형성시기(1930년대~1970년대)

1930년대는 미국의 대규모 사회적 변화에 따라 공공사회복지가 발전하는 시기였다. 당시 세계대공황 이후 대량실업과 빈곤속출로 인하여 1935년에 사회보장법(Social Security Act)을 마련하게 되었다. 연방정부는 사회보장법을 통해 빈민, 장애인, 노인 등에 대해 공적부조 관련 프로그램을 집행하면서 공공복지기관들이 점차 증가하게 되었다.[1] 즉, 사회보장법으로 인해 빈민에 대한 구호사업을 공공기관이 주로 담당하게 되면서 민간기관들은 사회복지활동을 점차 축소하게 되었다. 이에 따라 민간기관은 빈민 구호사업보다 전문화된 실천서비스에 집중하게 되었고, 사회복지서비스의 제공에 있어서 민간기관과 공공기관의 역할들이 분리될 수 있었던 계기가 되었다. 그러나 새로운 공공복지기관은 연방정부의 규제에 의해서 관료적이고 위계적인 규칙에 의해 통제되는 유형으로 조직되었다. 이는 대부분 주정부나 지방정부에서 실시하던 엽관제도의[2] 경영방식에서 탈피하기 위한 노력으로 볼 수 있다.

1935년대는 사회보장법(Social Security Act)을 제정하여 사회보험과 공공부조를 비롯한 다양한 사회복지프로그램을 확대하였다. 미국 최초의 공공부조 프로그램인 ADC(Aid To Dependent Children), 노인 및 장애인 프로그램과 사회개혁을 주도했던 헐하우스(Hull House), 인보관(Settlements) 등은 루즈벨트(F. Loosevelt) 대통령의 자문가인 홉킨스(H. Hopkins)의 주도적인 노력에 의해서 이루어졌다(Austin, 1995:35). 그리고 급격히 창출된 공공 사회복지프로그램들이 사회서비스 분야에 엄청난 인력을 요구하게 되었다. 연방정부의 자금지원에 의해 개발된 공적부조 프로그램의 기획과 집행 등을 위해서 사회복지전문가가 공공부문 활동에 참여하게 되었다. 기존의 전문가들은 주로 민간부문에서 직접서비스를 수행했지만, 공공부문의 사업이 확대되면서 사회복지행정에 대한 관심이 높아져 전문가의 참여가 요청되었다.

1940년대는 제2차 세계대전 이후에 많은 귀환자들이 전쟁후유증으로

---

1) 당시 ADC(Aid to Dependent Children), OAA(Old Age Assistance), AB(Aid to the Blind) 등이 있었고, ADC는 빈곤가족에 대한 지원책으로서 AFDC(Aid to Families with Dependent Children)로 바뀌었다.

2) 엽관제도(獵官制度, spoils system)는 당파적 정실에 따라 공직의 임면(任免)이 좌우되는 제도를 말한다.

정신질환을 갖게 되어 정신분석이론이 지배하였다. 이에 전통적 방법론인 개별사회사업(casework)과 기반이 다른 사회복지행정에 대해 미약하지만 어느 정도 관심을 나타내기 시작하였다. 그리고 사회복지행정을 사회사업의 가치와 규범에 맞추는 작업을 진행하였다. 그러나 사회환경적인 변화에 따른 사회복지행정의 개입을 위한 많은 노력에도 불구하고, 사회복지행정에 대한 전문교육 과정이나 전문성 확보를 고취시키는 데는 한계가 있었다.

1950년대는 사회복지행정의 기본적 지식, 기술, 가치 등의 토대에 일반행정의 이론과 기법이 접목되어 어느 정도 체계화되는 과정이었다(Patti, 1983: 9). 당시 사회복지행정은 일반행정과 분명히 구별되면서 개별사회사업과 대인관계기술 등이 행정분야에 적용되어 직원에 대한 리더십과 동기부여에 활용되었다. 그리고 사회복지행정은 기관조직에서 민주적이고 참여적인 특성이 강조되어 업무의 효율적인 관리와 운영에도 많은 영향을 끼쳤다. 그리고 전국적으로 공동모금회(Community Chest)가 확산되어 민간 사회복지기관의 수가 늘어나고 활동규모도 점점 확대되면서 사회복지기관 관리자들의 역할과 책임성이 강조되었다.

1960년대는 연방정부에 의해 선포된 '빈곤과의 전쟁'(War on Poverty)과 관련해서 각종 시범사업들이 지원되었으며, 주정부와 지방정부의 후원으로 도시 중심에 설립된 지역사회행동(community action) 기관들이 나타나게 되었다. 이들 기관들은 지역사회에 기반을 두면서 관료제적인 구조를 최소화하기 위해 노력하였고, 기관의 의사결정에 서비스 이용자들을 참여시켜 활동하였다. 이러한 시범사업의 특성에 따라 사회복지의 배경을 가진 기관관리자들이 참여하게 되는 계기가 되었다. 이후 연방정부는 공공부조사업인 AFDC(Aid to Families with Dependent Children)의 수혜자 범위를 확대하여 대도시 중심에서 농촌 지역에도 적용시켰으며, 전문가의 상담에도 비용을 지불하여 공공복지행정가와 사회복지전문가의 업무활동을 더욱 촉진시켰다. 그리고 정부가 지원하는 지역사회정신보건센터(CMHC,

Community Mental Health Centers)에 사회복지전문가가 참여하였고, 다양한 분야의 배경을 가진 관리자들이 경영리더십을 활용하여 새로운 조직의 발전과 프로그램혁신 영역에 참여하는 기회를 갖게 되었다.

1970년대에 들어서서 미국의 사회복지분야는 행정이론과 실천이론의 발전에 적합한 분위기를 형성하였다. 당시 급속하게 증가하는 사회서비스 프로그램들로 인해 전문가들이 새로운 프로그램들을 기획하고 관리할 수 있는 많은 기회가 제공되었다. 그러나 사회복지행정에 대한 관심은 여전히 낮게 나타나고 있었다. 1971년에 미국의 사회사업대학 학생들 중 사회복지행정을 전공하는 학생은 전체 석사과정의 약 2%에 불과하였다. 1970년까지는 미국 전체에서 단지 7개의 학교에서만 사회복지행정 전공과정이 개설되고 있었다. 이는 당시의 미국사회가 갖고 있던 행정에 대한 일반적인 무관심의 원인으로 볼 수 있다. 특히 새로운 세대가 기성세대에 대한 반감을 강하게 표출하던 시기로서 각종 대규모 조직과 제도들 전반에 대한 불신이 팽배하고 있었다. 따라서 사회복지분야에서는 사회복지행정의 발전보다 오히려 전통적인 사회사업의 전문적 가치에 더욱 충실하려는 경향이 나타났다.

3. 사회복지행정의 조정시기(1970년대~1990년대)

1970년대 초기에는 미국 연방정부의 사회복지프로그램의 확대로 인하여 조정과 관리의 문제가 대두되면서 효율적인 사회복지서비스의 제공이 요구되었다. 즉, 뉴딜(New Deal) 정책에 기반을 두고 다양한 사회복지분야에 폭발적인 신장을 가져오게 되었고, 사회보장법에 따른 공적부조와 관련된 다양한 사회복지프로그램이 급속하게 확대되었다. 한편 이러한 사회복지사업의 확대는 당시 사회복지에 대한 반사작용으로써 사회적 반감을 초래하였다. 예컨대, 사회적 약자에 대한 무조건적 복지에 대한 타인의 의존성이 심화되는 현상을 우려하였다. 이에 따라 1960년대 말부터 사회복지자원의 절대 부족현상을 나타내면서 사회복지프로그램을 억제하는 시도들이 나타나기 시작하였다.

1970년대 중반에는 확대된 사회복지프로그램에 대한 공공의 관심이 증대되면서 사회복지프로그램의 효과성과 효율성에 대한 사회적 책임성이 강하게 대두되었다. 이에 사회복지기관들은 적극적으로 조직운영에 대해 대처해야 할 필요성을 갖게 되었다. 지금까지 사회복지프로그램의 확장과 유지에 주된 관심을 두었던 것을 조직운영의 효율성과 사회적 책임성을 강조하는 행정관리에 관심을 두게 되었다. 즉, 사회복지기관의 운영에 있어서 비용-효과 분석이나 프로그램 평가와 같은 기술적인 경영체계가 도입되었다. 일부 공공 사회서비스조직들은 조직운영의 효율성에 대한 강조로서 직접서비스 실천가와 슈퍼바이저들을 대상으로 경영관리의 기술에 대한 재교육이나 직원개발 프로그램을 시도하였다.

1970년대 말기에는 정부기관이나 민간기관의 사회복지전문가를 공공행정이나 기업행정의 배경을 가진 관리자들로 대체하는 것에 대한 논의가 이루어졌다. 그리고 사회복지기관의 운영에 있어서 자원감소, 감축경영, 탈구분화 등에 대한 관심이 집중되었다(Austin, 1995:1645).[3] 즉, 일반행정직이 사회복지행정가를 대체하게 되는 현상은 사회복지전문직이 행정을 등한시 한 결과로서 사회복지전문직 자체를 위협하는 요인으로 나타나게 되었다(Patti, 1983:1-23). 이러한 맥락에서 미국 사회복지전문가들에게 행정에 대한 교육이 필요하다는 공감대가 형성되었다. 기존의 사회복지사들이 활동하던 자리를 박탈당하는 위협보다 사회복지가 추구해 온 목적이 전도되었다는 점이다(Austin, 1995:1642-1658). 따라서 1975년에 전체 약 84개의 사회사업대학들 중 19개가 사회사업행정에 대한 교과과정을 갖게 되었고, 1976년에는 『Administration in Social Work』라는 교과서가 출판되었다. 그리고 1977년에는 약 35개의 교과과정이 급격히 늘어나면서 각종

3) 탈구분화는 공공서비스 기관에서 직원을 채용할 때 사회사업교육의 이수자들에 한정했던 필수 요건을 삭제하는 것을 의미한다.

대학 및 전문직 협회 등에서 사회복지행정에 대한 관심이 증대되었다(Patti, 1983:1-23).

1980년대 초기에는 레이건 행정부에 의해서 연방정부의 사회복지 역할 축소에 대한 시도가 가속화되었고, 이로 인해 사회복지행정에 중대한 변화를 맞이하게 된다. 즉, 연방정부의 사회복지사업에 대한 조정기로서 복지예산이 크게 삭감되어 사회복지프로그램의 민영화(privatization)가 시도되었다(Kamerman & Kahn, 1989). 여기서 민영화정책은 사회서비스의 다양성과 범위를 확대하되 공공조직을 운영하지 않고 대신에 사업보조금(grants)이나 서비스구입(purchase-of-service) 등의 방법으로 민간조직의 사회서비스 역량을 활용하려는 의도였다(M. Bendick, 1992, Austin, 1995 :1945). 따라서 당시 사업보조금에 의해 유지되는 많은 민간기관들을 양산하게 되었고, 요보호아동과 노인을 대상으로 이윤추구를 목적으로 하는 다양한 이익단체들이 사회서비스에 동참하게 되는 결과를 초래하였다. 그리고 대부분의 민간기관들이 사업보조금과 서비스구입 계약으로 재정적 자원을 확보하게 되었고, 민간기관에서는 행정적 전문지식을 갖춘 관리자들의 능력이 더욱 요구되었다.

1980년대 후반에는 사회적 환경변화로 인해 사회복지전문가들이 행정관리자로서 활동할 수 있는 기회와 여건이 마련되었다. 기존에 사회복지기관의 관리를 사회복지사가 일부 전담해 오면서 사회복지교육에 행정지식을 다루어야 할 당위성이 높아졌다. 당시의 모순점이 존재하는 것은, 대학에서 전문직의 교육을 받고 사회복지분야에 채용되는 대부분의 인력들은 직접서비스를 담당하는 개별사회사업가(caseworker)로서 역할을 수행하고 있었다(김영종, 2000). 즉, 이들 중에서 행정능력을 인정받는 전문가가 기관조직에 발탁되어 관리자로서 역할수행을 위한 지식이나 기술은 기존의 개별사회사업과 별다른 관계가 없다는 점이다. 그러나 사회복지행정은 하나의 사회복지방법으로서 중요한 위치를 차지하게 되었고, 사회복지교육이나 실천에서 행정이론을 접목하는 노력들이 가속화되었다.

4. 사회복지행정의 정착시기(1990년대 이후)

1990년대 초기에 미국사회에서 나타나고 있는 보수적인 성향은 지속적인 사회복지사업에 대해 예산긴축을 주장하였다. 당시 미국에서는 공적부조와 관련한 사회복지프로그램의 감축이 계속 진행되었다. 즉, 복지국가의 위기 이후에 도래된 빈곤자들을 위한 사회복지서비스의 취지와 목적이 막연한 논리와 정당성으로 유지되기가 힘들게 되었다. 기존에 주어진 사회적 자원의 활용에 따른 책임성은 사회복지 전문직의 당연한 논리로 지배되어 왔다. 특히 사회적 약자에게 무조건적 베푸는 복지에서 생산적 복지의 차원으로 사회복지예산을 효율적으로 관리하고 집행하여 효과성이 나타나도록 사회복지행정 지식의 필요성을 강조하게 되었다. 그리고 사회복지전문가들의 직장이동이 하나의 특징적인 현상으로 나타났다. 지방정부와 연방정부에서 사회복지행정 관리자들을 사회복지관련 고위관리직에 임명하기 시작하면서 사회서비스 전달체계에 있어 공공조직과 민간조직의 구분 없이 혼합적인 조직들이 등장하였다. 새로운 형태의 혼합적 조직들은 전통적 민간기관, 관립민영기관, 공공기관 등의 구분이 사라지게 되었다. 즉, 기존의 중앙집중적 관료조직들은 점차 기능적으로 탈집중화되고 새로운 서비스조직들에 의해 대체되기 시작하였다. 특히 새로운 조직의 특징은 개인서비스조직, 비영리서비스조직, 영리서비스조직 등과 같은 다양한 조직들과 서비스구입의 방법으로 서비스를 제공하였다.

1990년대 중반에는 그동안 추진해 온 민영화의 결과가 본격적으로 나타나기 시작하면서 전통적인 민간 사회복지기관의 규모가 점차 커지고 민간기관들이 다양한 프로그램과 자원제공처를 갖게 되었다. 이들 민간기관들 중에는 위계적 경영진의 조직구성을 갖추고 영리기관과 동일하게 운영하기 시작하였다. 그리고 정부기관과 관련성이 점차 증대됨에 따라 공공기관과 유사한 역할을 수행하였다. 사회서비스 네트워크(network)에 대한 관심도가 높아지면서 정부나 비영리조직들은 유사한 컴퓨터시스템을 공유하여 급격하게 변화하는 정보교환 기술에 대해 합의를 도출하였다. 특히 사회복지기관에서도 행정과정에 있어서 책임성을 부여하는 절차들이 필수적인 것으로 인식되고 있었다. 그리고 미국의 사회복지행정과 관련하여 사회복지환경을 제시해 보면, ① 공공조직은 직접 담당했던 기획업무에서 서비스전달이 후퇴되고 있다. ② 민간조직은 계약이나 서비스구입의 방법이 활성화됨에 따라 직접 서비스전달의 역할이 증대되고 있다. ③ 공공과 민간조직들 간에 명확한 조직업무의 구분이 퇴조되고 있다. ④ 다양한 사회서비스조직들을 연계하기 위해 서비스 전달체계의 통합이 필요하다는 인식이 확산되고 있다 ⑤ 사회복지서비스의 책임성을 구체화할 수 있는 행정실천의 노력이 요구되는 것으로 나타났다. 이러한 사회복지의 환경변화는 당시 사회복지행정의 중요성을 더욱 부각하는 것으로 볼 수 있다.

1990년대 후반에는 새로운 사회복지환경이 미국의 사회복지행정 관리자에게도 역할수행에 있어서 많은 변화를 요구하였다. 즉, 사회복지행정 관리자들의 주요 역할이 단순한 내부관리로부터 전반적인 조직차원으로 변화되고 있음을 제시하고 있다. 사회복지행정 관리자들은 이전에 비해 조직내부와 외부환경 사이의 경계를 모니터링하고 관리역할을 수행하면서 사회서비스 전달체계의 전반적인 맥락에 많은 관심을 보여주고 있었다(David Menefee and Joanne Thompson, 1994:12-25). 이는 사회복지조직 내에서의 역할보다는 다양한 조직들 간의 관계성을 강조하고 조정(coordinate)하는 역할이 점차 중요하게 다루어지고 있다(Austin, 1995:1646). 이제 사회복지행정도 사회복지실천 현장의 변화를 적절히 뒷받침하면서 정립할 필요성이 요구되었다. 특히 사회복지행정의 근간을 이루는 조직이론에 대한 이해와 휴먼서비스 행정관리자들의 협력과 네트워크를 통한 사회서비스 전달체계에 대한 새로운 관점이 요청되고 있었다. 즉, 사회복지행정 관리자들은 휴먼서비스조직 상호 간의 과정이나 본질을 이해하고 실천하기 위해서 개방체계의 전환과 새로운 행정지식과 기법들을 개발하는 것을 강조하고 있었다(Austin, 1995:1649-1651, Weiner, 1990).

제3절 한국 사회복지행정의 역사

한국 사회복지행정의 역사는 초기에 사회복지서비스의 절대적인 공급 부족으로 인하여 행정적인 개입의 필요성이 크지 않았다. 1980년대 이전에는 전통적 의미의 사회복지가 실시된 시기로 볼 수 있다. 1970년대 이후부터 본격적으로 전문적인 사회복지서비스가 등장하면서 어느 정도 사회복지체계가 갖추어지기 시작하였다. 1945년 해방 이후 일본에서 귀국한 해외동포들과 1950년대 초 6·25전쟁으로 인하여 발생한 사회복지대상자의 수용과 구호의 목적으로 사회복지 외원기관과 시설들이 설립되었다. 그러나 대부분 단순적 사회복지 수용시설로서 외원의 구호물자들을 원조하는 것에 초점을 두고 있었다. 1980년대 중반부터 사회복지서비스가 확대되면서 전문적인 사회복지행정의 개입이 요청되었다. 따라서 한국 사회복지행정의 발달과정을 단계별로 구분하여 제시하면 다음과 같다.

1. 사회복지행정의 태동기(1950~1970년대)

1950년대의 사회적 상황은 사회복지분야에서 사회복지행정의 개입방안이 절실하게 요구되지는 않았다. 당시에는 한국전쟁의 후유증으로 사회복지서비스의 운영에 있어서 효과성이나 효율성에 대한 관심보다 사회복지재원의 절대적인 부족현상이 중요한 문제로 대두되고 있었다. 즉, 사회적 상황이 사회복지에 대한 무관심과 복지재원의 부족상태에서 사회복지조직의 효율적인 운영이나 관리를 통해 문제해결에 기여할 수가 없었다. 오히려 사회복지행정의 개입보다는 요구호자의 빈곤해소를 위한 사회운동이나 사회정책적 차원의 개입노력이 더욱 요청되는 실정이었다.

1960년대 초반에는 사회복지의 절대적인 재원을 확보하기 위한 사회정책의 노력이 있었지만, 경제성장의 정책에 의해서 사회복지에 대한 국가적 투자가 후순위에 놓여 있었다. 당시에는 사회복지서비스 분야에서 큰 변화가 나타나지 않았지만, 대부분 사회복지기관은 국내재원의 확보보다는 외원기관에 크게 의존하고 있었다. 이에 사회복지기관의 행정업무는 외원기관의 구호물자를 배분하고 수용시설의 유지와 운영 중심으로 이루어졌다. 당시 상황으로 볼 때 사회복지분야에 대한 거시적인 사회복지행정의 필요성이 대두되지 못하였다(최성재·남기민, 1993:49-50).

1970년대는 최초로 이화여자대학교에 기독교사회사업학과(1947)가 시작된 이래 전국적으로 약 13개의 대학에 사회사업학과가 개설되었다. 당시 1970년대까지 사회복지서비스의 현장은 대부분 단순한 수용과 구호 중심의 사회복지시설로 형성되어 있었다. 특히 사회사업전문직은 현장의 직업적인 이유로서 공통적인 교육을 이수하기 위해 사회사업대학원을 설치하였다. 이는 대학에서 전문직 교육을 받은 인력들이 먼저 배출되어 사회복지 현장을 구축해 나가는 계기가 되었다. 당시 급격한 사회적 변화과정을 통해 사회복지 지식이나 기술들이 대부분 외국으로부터 국내 대학을 통해서 도입되었다는 것은 매우 의미가 있다고 볼 수 있다.

1970년대 후반에는 사회복지분야에 대한 재정투자의 규모가 미흡하여 사회복지기관의 운영이 매우 어려운 상황에 놓여 있었다. 이에 따라 사회복지기관의 운영에 있어서 행정적인 지식을 필요로 할 만큼 경영이나 관리가 중요하게 요청되지 않았다. 당시는 사회복지재원의 확보가 주된 관심사였기에 사회복지행정의 효율적인 경영관리는 부차적인 문제로 인식되었다.

2. 사회복지행정의 형성기(1980년대)

1980년대에 접어들어 급격한 사회복지의 환경이 변화하기 시작하였다. 우선 경제성장 정책의 주도에서 정체되어 있던 사회복지 욕구들이 강하게 분출되기 시작하여 절충적인 경제사회개발 정책으로 선회하게 되었다. 이는 사회복지재원의 투자를 우선순위에 포함하여 절대적인 재원을 크게 증가하는 상황으로 나타났다. 이 시기에는 사회복지시설에 대한 외국원조가 거의 중단되면서 외원에 의존해 오던 대부분의 기관과 시설들은 새로운 자원개발이 필요하게 되었다. 당시 외원기관에 의해 도움을 받았던 경우에는 사회복지서비스 제공에 있어서 정부나 지역사회의 개입이 크게 요구되지 않았다. 그 결과로 사회복지기관과 시설의 조직이 폐쇄적인 운영형태를 지배하고 있었다(김영종, 2000:5-34).

1980년대 초기에는 외원기관의 중단에 따라 우선 국가보조금지원 차원의 공적재원이 대체하는 역할을 하게 되었다. 이에 사회복지기관들은 국가의 재정지원의 정책에 따라 기관조직의 운영방식에 있어서 새로운 변화를 요청받게 되었다. 그리고 국민의 세금에 의해 지원되는 공공재원을 활용함에 따라 책임성과 투명성에 대한 요구가 증대되었다. 이후 사회복지기관들에 있어서 조직관리와 행정업무에 대한 필요성을 강조하는 계기가 되었다.

1980년대 중반에 접어들어 새로운 형태의 전문적인 사회복지기관들이 점차 나타나기 시작하였다. 즉, 민간부문에서 사회복지관 중심의 서비스기관이 증가하였고, 각종 상담 및 치료서비스기관들도 나타나기 시작하였다. 당시 사회복지기관들은 대부분 정부의 재원지원에 의해 운영되었으며, 사회복지법인이 소유권을 갖는 형태로 운영되었다. 이러한 운영체계는 재원관리와 서비스전달을 위한 행정관리의 필요성이 강하게 요구되었다.

1980년대 후반에는 공공부문의 사회복지서비스 내용에 많은 변화가 있었다. 즉, 사회보장과 관련한 공적부조서비스의 전문인력을 사회복지 전문인력으로 대체하기 시작하였다. 당시 공공부문에 있어서 사회복지분야의 변화는 사회복지행정에 대한 새로운 필요성이 대두되었다. 기존의 공공기관들은 조직위계에서 하위서비스 전달체계에만 전문인력을 배치하였으나, 점차 공공복지 전달체계의 모든 과정에 전문인력이 배치되었다. 공공부문의 사회복지서비스에는 기획, 과정, 평가 등의 사회복지의 전문지식들이 활용되었다. 이에 사회복지행정의 필요성이 민간부문에서 보다도 오히려 공공부문에서 더욱 강조되었다.

1980년대 후반에는 사회복지에 대한 투자증대로서 전문인력에 대한 수요가 크게 확대되었다. 즉, 당시에는 전국적으로 약 30개 대학에서 사회복지학과 또는 사회사업학과가 신설되었다. 1990년대 초기에도 계속되어 1997년에는 '한국사회복지대학협의회'에 등록된 대학이 약 50개가 넘어서고 있었다(한국사회복지대학협의회, 1977). 이에 따라 사회복지분야의 전문인력이 과잉공급 현상을 초래할 것으로 예상하고 있었다.

3. 사회복지행정의 정착기(1990년대 이후)

1990년대 초기에는 지방자치제가 실시되면서 사회복지서비스 전달체계가 새롭게 관리되고 운영되는 시기였다. 즉, 사회복지서비스의 전달과정이 기존의 중앙집권적인 획일적 체계에서 다양한 지방정부 차원의 체계로 전환되었다. 정부기관의 보조금과 계약에 의해서 일정 기간 동안 위탁받아 운영하는 사회복지기관들을 공공이나 민간으로 구분 짓는 것은 별다른 의미가 없었다. 따라서 공공부문과 민간부문의 복합적 형태로서 사회복지기관들의 등장은 지방자치제로 인한 다양화된 사회복지서비스 전달체계를 위해 사회복지행정의 지식과 기술들이 더욱 요청되고 있었다.

1990년대 중반에는 민간부문의 사회복지서비스가 활성화되면서 공공부문의 사회복지서비스에 대한 투자의 신중성이 점차 부각되었다. 이에 사회복지기관들은 복지재원의 확보를 위해서 부단한 노력을 기울여야 할 실정에 놓여 있었다. 특히 공공부문에서의 재원지원이 억제되고 있는 상황에서 민간부문의 서비스기관들은 각종 민간재원을 유치해야 할 필요가 있었다. 이러한 사회적 상황은 사회복지분야의 전반에 사회복지행정에 대한 필연성을 더욱 강하게 요구하였다. 이에 사회복지분야에서 급증하는 사회복지행정에 대한 수요를 반영하여 불과 몇 년 사이에 사회복지행정의 교과서들이 출간되었다(성규탁, 1996; 박태룡, 1997; 최성재·남기민, 1993; 김영종, 1998).

최근에는 대부분 대학들이 사회복지 교과과정에서 사회복지행정을 중요한 과목으로 설정하여 강의하고 있다. 특히 1999년도에는 사회복지행정의 전공교수들과 관련 행정관리자들이 의견을 모아 「한국사회복지행정학회」를 창립하였으며, 이제 사회복지행정이 사회복지전문영역의 한 축으로서 학문적 위상을 정립하였다. 그리고 2003년도부터 시행된 사회복지사 국가시험의 필수과목 중 하나로 사회복지행정이 포함되어 있다. 그리고 각 대학의 사회복지전공 10개의 필수과목 중에서 사회복지행정이 지정되어 사회복지분야의 중요한 영역으로 자리매김을 하고 있다(사회복지사업법시행령/사회복지사업법시행규칙).

생각해 볼 문제들

1. 사회복지행정의 역사연구 필요성을 설명하시오.
2. 미국 사회복지행정의 역사를 시기별로 설명하시오.
3. 미국 사회복지행정의 정착시기 특징을 제시하시오.
4. 한국 사회복지행정의 역사를 시기별로 설명하시오.
5. 한국 사회복지행정의 정착기 특징을 제시하시오.

참고 문헌

김영종 (2000). "복지서비스 체계변화에 따른 지역 사회복지서비스 조직들의 과제". 부산 사회복지포럼 2000. 부산광역시사회복지협의회.
김영종 (2009). 사회복지행정. 서울: 학지사.
성규탁 (1996). 사회복지행정론(2판). 서울: 법문사.
박태룡 (1997). 사회복지행정(3판). 대구: 홍익출판사.
최성재·남기민 (1993). 사회복지행정론. 서울: 나남출판사.
지윤 (1985). 사회사업사. 서울: 홍익재.
「사회복지사업법시행령」.
「사회복지사업법시행규칙」.

한국사회복지연구회 (1990). 사회복지의 역사. 서울: 이론과 실천.

Austin, M. (1990). Management overview.

Weiner, B. (1990). *Human Services Management : Analysis and Application (2nd ed.)*. Belmont. CA: Wadsworth Publishing.

Bendick, M. (1992). *Privatizing the Delivery of Social Welfare Service*. Working Paper No.6 Privatization. Project on the Federal Social Role. Washington D.C : National Conference on Social Welfare.

Menefee, D. and Thompson, J. (1994). *Identifying and Comparing Competencies for Social Work Management: A Practice Driven Approach*. Administration in Social Work. 18(3).

Day. (2000). *A New History of Social Welfare.* Needham Heights, MA: Allyn & Bacon.

Kirschner. (1986). *The Paradox of Professionalism : Reform and Public Service in Urban America*. Westport. CT: Greenwood.

Patti, R. (1983). *Social Welfare Administration : Managing Social Programs in a Developmental Context*. Englewood Cliffs. New Jersey: Prentice-Hall.

Sarri, R. (1987). *Administration in Social Welfare*. Encyclopedia of Social Work (18th ed.). Vol.I.

CHAPTER 04

사회복지행정의 기본이론

Social Welfare Administration

사회복지행정의 기본이론은 사회현상에서 나타나는 문제를 해결하기 위한 이론과 지침을 제시하는 데 있다. 사회복지행정의 이론은 한 국가의 특수한 여건 속에 주어진 사회적, 경제적, 문화적 차원에서 이해할 필요가 있다. 특히 사회복지행정의 이론은 조직의 효율적인 관리와 사회복지 대상자에 대한 서비스의 유용한 개념적 준거틀을 제공해 준다. 이에 사회복지행정의 이론적 관점에 따라 다양한 접근방법을 통해 해결방안을 모색할 필요가 있다. 따라서 본 장에서는 첫째, 조직이론의 개요, 둘째, 고전적 모형, 셋째, 인간관계모형, 넷째, 구조주의모형 등을 중심으로 살펴보고자 한다.

제1절 조직이론의 개요

조직이론(organizational theory)이란 조직에 관한 사실들의 집합(collection of facts)이라기보다 일종의 조직에 대한 사고방식으로 조직을 바라보고 분석하는 방법을 의미한다(이창원 외, 1997:57 원용). 즉, 조직이론은 연구대상으로 하는 조직과 그에 연관된 요인의 상호관계에 대해 체계적이고 논리적으로 설명하는 것을 말한다. 그리고 조직이론은 조직의 구조와 설계에 대해 연구하는 학문으로서 다양한 이론적 접근에 따라 조직운영이 이루어지게 된다. 대부분 조직이론가들이 조직에 대해 몇 가지 전제를 강조하고 있다(Bolman & Deal, 1984; March & Olsen, 1979). ① 조직은 목적을 가진 존재이다. ② 조직의 목적을 달성하는 중요한 변수는 조직구조이다. ③ 조직의 역기능 현상은 잘못된 조직구조 때문이다. ④ 조직구조의 문제는 적절히 설계하면 해결될 수 있다는 데 두고 있다.

조직이론의 분류는 여러 학자들에 의해 이루어져 왔지만, 지금까지 가장 체계적으로 조직이론을 분류한 학자는 스콧(Scott)으로 알려져 있다. 그는 조직이론을 분류함에 있어서 ① 조직과 환경과의 관계 측면과 ② 인간이나 조직을 합리적 존재로 인식하느냐 또는 자연적 존재로 인식하느냐의 측면을 기준으로 설명하고 있다. 따라서 조직이론을 크게 네 가지로 분류하여 제시해 보면 다음과 같다(Scott, 1987).

1. 폐쇄적-합리적 조직이론

주요이론은 과학적 관리론과 관료제이론으로서 조직을 외부환경과 단절된 폐쇄체제로 설명하고 있다. 이 조직이론은 1900년대로부터 1930년대를 전후하여 집중적으로 등장하였으며, 조직구성원들이 합리적으로 사고하고 행동하는 이론으로 간주하고 있다.

2. 폐쇄적-자연적 조직이론

주요이론은 인간관계이론과 X-Y이론으로서 조직을 외부환경과 단절된 폐쇄체제로 설명하고 있다. 이 조직이론은 1930년대로부터 1960년대를 전후하여 대두되었으며, 조직구성원들이 자연적으로 사고하고 행동하는 이론으로 간주하고 있다.

3. 개방적-합리적 조직이론

주요이론은 구조주의이론과 체계이론으로서 외부환경과 교류하는 개방체제로 설명하고 있다. 이 조직이론은 1960년대로부터 1970년대의 사이에 주류를 이루었으며, 조직구성원들이 조직환경의 중요성을 인정하면서 합리적으로 사고하고 행동하는 이론으로 간주하고 있다.

4. 개방적-자연적 조직이론

주요이론은 조직문화이론으로서 외부환경과 교류하는 개방체제로 설명하고 있다. 이 조직이론은 1970년대 후반에 주류를 이루었으며, 조직구성원들이 조직환경의 중요성을 강조하면서 자연적으로 사고하고 행동하는 이론으로 간주하고 있다. 즉, 조직의 업무수행에 합리적 보다는 조직의 존속이나 비합리적 측면을 강조하고 있다.

이상에서 스콧(Scott)이 제시한 조직이론의 분류는 〈표 4-1〉과 같다.

〈표 4-1〉 조직이론의 분류

	주요 이론	특징	평가
폐쇄적/합리적 조직이론	과학적 관리론	• 과학적 분석에 의한 최고 작업 방법 발견 • 생산성 향상은 사용자와 고용자 모두 이익 • 경제적 요인에 의해 동기유발	• 조직을 외부환경과 단절된 폐쇄체제로 규정 • 조직내외의 불확실성과 비합리적인 요인, 환경적 영향을 간과 • 인간을 경제적, 타산적 존재로 간주하고 능률성이 유일한 가치의 기준 • 조직관리의 과정과 조직구조의 형성에 관한 원리와 과학적 기법을 추구
	관료제 이론	• 합리적 권한으로 관료제가 효율적인 조직 • 권한과 관할범위 규정, 계선제적 구조, 문서화의 원리, 임무수행의 비개인화, 관료의 전문화	
폐쇄적/자연적 조직이론	인간관계 이론	• 인간의 행위는 내부적인 요인에 의해 결정 • 조직 내의 여러 가지 관계수립에 최선의 방법이 존재	• 조직을 외부환경과 단절된 폐쇄체제로 규정 • 인간의 심리적, 사회적 관계성 측면을 강조 • 조직의 비공식적인 측면과 사회적 능률성을 강조 • 사실에 입각한 실증주의 주장
	X-Y 이론	• 관리는 조직구성원에 대한 지자율성을 강조 • Y이론적 인간관의 바탕으로 조직구성원의 잠재력 발휘	

<table>
<tr><th></th><th>주요 이론</th><th>특징</th><th>평가</th></tr>
<tr><td rowspan="2">개방적/ 합리적 조직이론</td><td>구조주의 이론</td><td>• 상황변수(환경, 기술)와 조직변수(구조, 체제)를 연계
• 조직의 효과성 변수 간 적합성을 극대화</td><td rowspan="2">• 조직을 외부환경과 교류하는 개방체제로 규정
• 조직운영의 과학성 제고를 강조
• 전략적 선택의 중요성을 무시하였다는 비판</td></tr>
<tr><td>체계이론</td><td>• 조직을 둘러싼 환경을 강조
• 조직은 상호 연결된 하위체제로 구성</td></tr>
<tr><td>개방적/ 자연적 조직이론</td><td>조직문화 이론</td><td>• 조직의 비합리적인 동기적 측면 중시
• 조직의 자기조직화 및 학습중시
• 조직의 효과적 생존 강조</td><td>• 조직을 외부환경과 교류하는 개방체제로 규정
• 조직의 무질서와 비합리적인 면을 강조
• 조직을 비합리적인 설명에 그친 이론</td></tr>
</table>

제2절 고전적 모형

고전적 모형(classical model)의 기본가정은 조직구성원이 주로 권한부여나 경제요인에 의해 동기부여가 된다는 논리이다. 즉, 개인들은 자신에게 합법적 권위나 경제적 유인으로 인하여 조직의 목표를 위해 노력한다는 것이다. 고전적 모형에서 조직은 합리적 체계이며 기계와 같이 계획될 수 있다는 전제 하에 '기계이론'(machine theory)이라고 명명되어 왔다(Katz and Kahn, 1978:259-263). 그러나 이 모형은 조직의 실제적 기능보다 이상적인 조직이 어떤 것이어야 한다는 측면에서 사회복지조직에는 부적절한 것으로 평가되고 있다(Litwak, 1961). 따라서 고전적 모형의 대표적인 이론인 관료제이론과 과학적 관리론을 구체적으로 설명하면 다음과 같다.

1. 관료제이론

관료제이론(bureaucracy theory)은 일반적으로 계층적 조직구조를 통해 합리적인 지배가 제도화된 조직형태를 의미한다. 관료제이론은 웨버(M. Weber)에 의해서 확립된 이론으로서 산업사회를 통해 관료제가 발달하고 가장 보편적인 사회조직으로 등장하였다. 이는 자유와 권력을 합법적이고 합리적으로 사용하는 데 가장 효율적인 조직으로 간주하고 있다.

웨버(Weber)에 의하면, 관료제의 조직체계는 권위와 통제로 이루어지고 있다고 주장하였다. 특히 관료제 권위의 종류를 '전통적(traditional) 권위', '카리스마적(charistimatic) 권위', '합법적(rational) 권위' 등 세 가지로 분류하고 있다(Weber, 1947:152). ① 전통적 권위는 하급자가 상급자의 명령을 전통적인 논리에서 정당한 권위로 받아들인다는 것이며, ② 카리스마적 권위는 상급자의 비범한 특성과 자질에 의하여 하급자가 그의 명령을 전적으로 수용하는 것이며, ③ 합법적 권위는 상급자가 지닌 법적 지위로서 당연한 명령으로 인정된다는 권위를 의미하고 있다.

산업사회에서는 전통적 권위와 카리스마적 권위가 이제 보편적으로 인정되기 어렵기 때문에, 공식적인 조직에서 정당하고 합법적인 권위의 지배가 구조화되어 있는 관료제가 이상적인 구조의 형태로 나타나고 있다. 즉, 관료제는 합법적 또는 합리적인 지배가 제도화된 조직체계로 인정되고 있다. 따라서 웨버가 주장한 관료제이론의 주요특성을 제시하면 다음과 같다.

1) 권위의 위계구조

관료제는 합법적인 권리와 책임을 수반하는 위계구조가 있기에 상급직위에 있는 사람은 제도적으로 하급직위에 있는 사람을 통제한다. 즉, 위계적인 구조를 통해 상·하 간의 권위 존중으로 조직활동을 도모한다.

2) 일정한 규칙과 규정

관료제는 의도적으로 규정된 일관성 있는 규칙에 의해서 직무의 배분과 인력의 배치가 이루어진다. 즉, 규칙과 규정은 조직활동에 있어서 통일성과 안정성을 보장해 준다.

3) 사적 감정의 배제

관료제는 개인적인 생각이나 감정이 무시되고 공식적인 원칙과 절차를 중요시 한다. 즉, 조직의 생산성은 조직구성원의 개인적 주관성이 배제되고 합리성에 기초한 의사결정에 따라 집행되었을 때 확보된다.

4) 과업의 분업과 전문화

관료제는 조직에서 수행되는 모든 과업을 각 구성원에게 적절히 분담한다. 즉, 조직이 수행해야 할 특정한 과업을 분업화함으로써 전문화를 통해 조직의 목표를 달성한다.

5) 경력 지향성의 강조

관료제는 조직구성원의 전문적인 능력과 기술을 중요시하기 때문에 그들 자신의 경력을 지향한다. 즉, 조직구성원의 승진은 일정한 경력의 규칙하에 연공서열과 실적에 따라 이루어진다.

현실사회에서 관료제이론은 이념형(ideal type)의 특성을 지닐 수도 있고 그렇지 않을 수도 있다. 그러나 관료제이론은 모든 조직이 관료제의 특성을 완전하게 갖추었다고 보기는 어렵지만, 대부분 현실에서 가능한 관료제의 특성을 내포하고 있음을 알 수 있다. 그렇다면 모든 조직이 관료제의 특성을 갖고 있다는 전제 하에 어떤 기능을 수행하는가에 관한 논의가 중요하다. 즉, 관료제이론의 순기능과 역기능에 대해서 이해할 필요가 있다. 따라서 웨버에 의한 관료제의 특성에 따른 순기능과 역기능을 제시하면 〈표 4-2〉와 같다.

〈표 4-2〉 관료제 특성에 따른 순기능과 역기능

관료제 특성	순기능	역기능
① 권위의 위계구조	엄격한 지시이행과 조정	의사소통의 저해
② 일정한 규칙과 규정	지속성과 통일성	경직성과 목표전치
③ 사적 감정의 배제	합리성 확보	직원의 사기저하
④ 과업의 분업과 전문화	전문성 강화	직무에 대한 권태
⑤ 경력 지향성의 강조	유인체계	연공과 업적 간의 갈등

주: Hoy & Miskel (1987). *Educational Administration : Theory, Research, and Practice*, New York: Random House. pp.114-115.

관료제는 조직운영의 효율성 증진에 긍정적인 결과로서 순기능으로 작용하기도 하지만, 한편 부정적인 결과로서 역기능을 초래할 가능성도 존재한다. 즉, 권위의 위계질서는 엄격한 지시이행과 조정이 가능하지만, 하급자의 의사소통을 저해하는 역기능이 나타날 수도 있다. 그리고 규칙과 규정은 업무의 지속성과 통일성을 확보해 주는 반면, 조직의 규칙이 너무 엄격하면 업무수행이 경직되고 목표전치(goal-displacement) 현상이 발생할 수 있다.

목표전치는 조직의 규칙과 규정이 목표달성을 위한 수단으로 간주하지 않고 본래의 목적이 다른 목적으로 변질되거나 대체되는 현상을 의미한다. 즉, 관료제조직에서 구성원이 규정에 너무 종속되어 적절한 적응능력을 상실하여 조직의 목적달성이 어려워지고 다른 방향으로 나아갈 수 있는 역기능적 현상을 말한다. 머톤(Merton)은 관료제의 역기능으로서 목표전치는 물론, 비인간화, 할거주의, 형식주의, 안일주의 등의 폐단을 지적하였다(Merton, 1957:199).

관료제이론의 특성은 집권화(centralization)와 공식화(formulation) 등에 두고 있다. ① 집권화는 조직 내의 의사결정이 상층부에 속하는 소수의 사람에게 집중되어 있느냐 아니냐의 정도를 말한다. ② 공식화는 조직 내의 직무수행이 표준화되어 누구나 명확히 기대할 수 있는 정도를 말한다. 그러나 관료제조직에서는 집권화와 공식화가 심각한 문제를 유발시킬 수 있다. 즉, 전문가는 명문화된 윤리와 행동원칙에 따라 스스로 의사결정을 해야 하고, 클라이언트의 다양한 욕구충족은 공식화된 업무수행을 거의 어렵게 할 수 있다. 특히 전문가의 요구에 따라 의사결정이 분권화되고 업무수행이 비공식화로 이루어진다면 조직의 목표달성에 심각한 문제를 야기하게 된다.

민츠버그(Mintzberg)는 전문가의 속성을 인정하고 관료제의 특성을 완화시키는 방안으로 '전문적 관료제'(professional bureaucracy)를 제시하였다(Mintzberg, 1979). 전문적 관료제는 의사결정의 책임이 전문가에게 주어져

분권화시키고 공식화의 정도도 낮추어서, 전문가가 다양하고 기술적인 업무로 전문적 기준에 따라 규칙성과 표준화를 추구하는 데 있다. 특히 전문적 관료제는 공공조직에서 전문가의 판단과 조직업무 사이에서 발생되는 갈등이 나타날 수 있다.

사회복지조직은 일종의 전문적 관료제로서 전문가의 자율성 존중과 기관의 정책 사이에 마찰과 갈등을 야기하고 있다. 즉, 전문직종인 사회복지사, 의사, 간호사, 물리치료사 등 다양한 전문가로 구성된 경우 그들의 판단기준으로 의사결정이 분권화되어 조정되지 않는 사례가 빈번히 나타나고 있다. 이는 사회복지조직의 조정기술이 표준화하기가 어렵다는 데 한계가 있다.

2. 과학적 관리론

과학적 관리론(scientific management theory)은 조직구성원의 업무를 과학적으로 분석하여 조직의 능률성을 극대화하는 것을 의미한다. 과학적 관리론은 테일러(Taylor)가 창시한 이론으로 조직구성원들이 주요업무를 효율적으로 수행하는 방안을 강구하는 과정에서 이론적 토대를 마련하였다(Taylor, 1911). 즉, 조직의 업무수행에 관한 일의 형태와 소요시간을 표준화하여 적정한 작업량을 산출하여 분업을 통해 개인별 과업부여와 성과를 임금과 연계시키면 조직의 생산성은 높아질 수 있다는 것이다. 따라서 테일러가 강조한 과학적 관리의 원칙을 몇 가지 제시하면 다음과 같다.

1) 과학적인 과업관리

과학적 과업관리는 근로자의 작업생산성을 향상되게 하여 경영주나 근로자에게 모두 이익이 되는 것을 의미한다. 즉, 직장의 근로자를 비능률적인 상태로 방치하면 자신의 능력을 최대한 발휘하지 못하고 생산성이 떨어지게 된다. 이는 주먹구구식(rule of thumb)관리나 표류관리(drifting management)에 기인하고 있다. 따라서 근로자의 작업능률을 향상시키는 최선의 방법을 과학적으로 탐구하는 데 관심을 두고 있다.

2) 차별적인 성과제도

차별적 성과제도(differential piece-work system)는 직장의 과업관리를 수행하기 위해 보조적인 관리기법을 의미한다. 즉, 근로자의 시간연구에서 각 직무에 소요되는 시간을 과학적으로 결정하고 성과표준을 초과한 자에게는 초과하지 못한 자보다 높은 임금률을 적용하는 것을 말한다. 이는 현존 인센티브제도(incentive system)의 원형이 되고 있다.

3) 합리적인 직원선발

합리적 직원선발은 직장의 효과성을 창출하기 위해서 합당한 직원을 제대로 선발하여 채용하는 것을 의미한다. 대부분 직원을 채용한 후에 실시하는 교육훈련은 한계가 있는 것이 사실이다. 따라서 작업장의 과업성취를 위해서는 적합한 직원의 합리적인 선발방법, 교육방법, 적응방법 등이 요구되고 있다.

4) 기능적인 직장제도

기능적 직장제도는 계선조직(line organization)으로서 철저한 기능적 조직(functional organization)으로 전환하여 운영하는 것을 의미한다. 즉, 기능적 직장제도(functional foremanship)를 도입하여 경영자와 근로자가 각기 맡은 과업에 따라 작업하고 협동하도록 한다. 이는 기능적 직장제도로서 관리기능의 전문화 원칙을 적용하고 있다. 따라서 과학적 관리의 원칙은 〈표 4-3〉과 같다.

〈표 4-3〉 과학적 관리의 원칙

관리원칙	내 용
① 과학적 과업관리	근로자의 작업생산성의 향상
② 차별적 성과제도	성과에 대한 보조적 관리기법
③ 합리적 직원선발	효과적 창출을 위한 직원채용
④ 기능적 직장제도	과업목표를 위한 기능적 조직

이상에서 과학적 관리론은 대부분 업무관리에 초점을 두고 능률적인 작업과 생산성 향상을 위한 조직관리의 원리라고 볼 수 있다. 그러나 과학적 관리론은 공정한 보상이나 합리적인 과업할당 등 인간적인 요소도 내포하고 있지만, 인간의 경제적 욕구만을 지나치게 강조한 측면이 있다. 그럼에도 불구하고 과학적 관리론은 사회복지조직에도 적용이 가능하다는 것이다. 사회복지조직도 조직목표를 설정하고 적합한 인력을 모집하고 훈련하며 적절히 배치하여 과업수행에 따른 보상체계를 제공하고 있다. 즉, 사회복지조직에도 과학적인 과업관리, 성과급제도, 과학적인 직원선발 등과 같은 과학적 관리방법을 활용할 수 있다. 특히 과학적 관리론은 사회복지조직의 효율성이 강조되고 있는 사회복지행정의 원리와 방법에 대한 적용이 강조되고 있다.

제3절 인간관계모형

인간관계모형(human relations model)은 고전적 모형에서 제시된 여러 가지 단점을 보완하기 위하여 개발된 모형이다. 이 모형은 개인의 욕구를 충족시키기 위하여 조직에서 인간적 요소의 중요성을 강조하고 있다. 이 모형은 조직에서의 비계획적, 비합리적 요소에 강조를 두고 있다. 인간관계모형은 고전적 모형과 차이점이 있지만, 조직에서 개인의 욕구가 충족된다면 조직의 목표를 위해 열심히 일할 것이라는 기본적인 가정은 동일하다(Neugeboren, 1985:46). 따라서 인간관계모형의 대표적 이론인 인간관계이론과 맥그리거의 X-Y이론을 구체적으로 설명하면 다음과 같다.

1. 인간관계론

인간관계론(human relations theory)은 조직 내에서 구성원의 활동을 이해하면서 그들의 태도, 사기, 대인관계, 심리적 안녕 등에 영향을 주는 것을 의미한다. 인간관계론은 메이요(E. Mayo) 교수와 동료들이 미국 시카고 지역에 위치한 전기회사의 호오손(Hawthorne) 공장에서 실험연구를 통해 개발된 조직이론이다(Mayo, 1933). 즉, 연구자들의 주된 관심사는 공장의 작업조건에서 불의 밝기 등이 작업생산성에 어떤 영향을 미치는지에 대한 실험이었다. 연구결과에서 공장의 불이 밝은 작업반의 생산성이 그렇지 않은 작업반의 생산성보다 높을 것이라고 예상했는데, 그러나 놀랍게도 어떤 작업반에서 불의 밝기를 낮추어도 생산성이 꾸준히 향상되고 있다는 사실을 발견하였다. 따라서 호오손 실험의 과정을 단계별로 제시하면 다음과 같다.

(1) 제1차 조명실험(1924.11-1927.4) : 여공 6명씩을 대상으로 조명도와 작업능률의 관계성을 살펴보는 조명실험을 실시하였다.
(2) 제2차 조립실험(1927.4-1929.6) : 여공 6명씩을 대상으로 물리적 작업조건 변화를 살펴보는 계전기(Relay) 조립실험을 실시하였다.
(3) 제3차 면접실험(1928.9-1930.9) : 2만 명을 대상으로 작업능률과 감독방법 간의 관계성을 살펴보는 면접실험을 실시하였다.
(4) 제4차 관찰실험(1931.11-1932.5): 14명의 남자를 대상으로 계전기 뱅크배선의 작업장을 통한 관찰실험을 실시하였다.

이상에서 인간관계의 연구자들은 과학적 관리론에서 일정한 절차에 의해 제품을 생산하는 소위 기술적 합리성(technical rationality)의 추구는 생산성을 극대화하는 데 충분한 조건이 되지는 않는다는 사실을 인식하였다. 다시 말해서 조직의 목표달성은 기술적 요인(technical factor)보다 사회적 요인(social factor)인 조직구성원 간의 인간관계에 더욱 관심을 두어야 한다는 것이다. 따라서 호오손(Hawthorne) 공장의 실험에서 밝혀진 연구결과를 제시하면 다음과 같다.

(1) 조직구성원의 생산성 향상을 도모하는 것은 조직환경과 근로조건이 아니라, 작업반 내의 동료와 상사와의 인간관계에 의해서 좌우된다.

(2) 조직구성원은 개인적으로 일하기보다는 비공식적 집단의 구성원과 작업하며, 이에 비공식적인 집단으로서 정서적인 요소의 인간관계에 초점을 둔다.
(3) 조직구성원은 공식적인 집단과 달리 비공식적인 집단이 존재하며, 이러한 비공식적인 집단은 개인의 작업태도와 생산성 향상에 영향을 준다.
(4) 조직구성원은 경제적인 동기에 입각한 합리적인 행동보다는, 비경제적인 동기인 심리적이고 사회적 욕구에 따라 행동을 한다.

이상에서 사회복지조직에 인간관계론을 적용하여 갖게 되는 몇 가지 장점은 다음과 같다. ① 인간관계론은 사회복지사와 클라이언트의 관계 속에서 능력과 자율성이 인정되는 방향으로 인사관리가 적절히 이루어진다면 조직의 효과성을 극대화할 수 있다. ② 인간관계론은 사회복지사의 활동에서 관리자와 슈퍼바이저에 의한 통제보다 자율성을 인정하고 참여를 보장하는 리더십을 제공할 수 있다. ③ 인간관계론은 사회복지실천에서 클라이언트의 가치성, 독특성, 강점 등을 조화롭게 활용 가능하기 때문에 조직관리의 원칙으로도 적용될 수 있다.

한편 인간관계론의 단점을 몇 가지 제시하면 다음과 같다. ① 인간관계론은 인간의 정서적 측면과 조직에서 인간관계인 사회적 측면을 지나치게 강조한 나머지 조직의 효과성을 결정하는 조직의 목표, 자원, 기술, 특성 등을 소홀히 다루는 경향이 있다. ② 인간관계론은 공식적인 조직목표를 달성하기 위해서 조직구성원에 대해 적절한 지도와 통제가 필요하기에 인간을 너무 단순화하는 문제가 있다. ③ 인간관계론은 조직 내에서 상호협동과 참여가 일어나기도 하지만 갈등과 지배의 속성을 간과할 수가 없다. 따라서 인간관계론은 조직 내 구성원의 심리사회적 요인을 지나치게 강조한 나머지 인간의 사회경제적 과정을 간과하고 있다는 비판이 제기되고 있다.

2. 맥그리거의 X-Y 이론

맥그리거(McGregor)의 X-Y이론은 1920년대에 개발된 인간관계이론으로서 1960년대에 들어와서 새롭게 조명되어 각광을 받게 되었다. 그는 인간관계이론으로서 조직의 관리자가 직원들을 보는 기본적인 시각의 차이에 따라 전혀 다른 관리방법이 착안될 수 있다는 X-Y이론을 제시하였다(임창희, 1995:199-200 원용). 즉, X이론에 의하면 직원은 근본적으로 일을 싫어하고 이기적이며 변화에 저항적이기 때문에 관리자는 엄격한 지시와 통제가 있어야 조직의 목표가 달성된다는 견해이다. 반면 Y이론에 의하면 직원은 일을 자연스러운 활동으로 받아들이고 자신의 책임 하에 스스로 일의 방향을 정하고 창의적으로 활동하며 조직의 목표를 달성하기 때문에 관리자는 그들의 능력과 가능성을 믿고 자율성을 부여하는 민주적 의사결정이 필요하다는 견해이다.

맥그리거는 X이론의 전통적인 인간관은 옳지 않다고 주장하면서 모든 관리방식이 전환되어져야 한다고 강조하였다. 예컨대, X이론의 인간관을 가진 관리자는 부하를 신뢰하지 않고 항상 감독을 철저히 하는 경우이다. 이에 부하는 관리자가 자기를 신뢰하지 않는다는 것을 인식하고 무책임한 행동을 하며 관리자가 있을 때만 일하는 척 한다는 것이다. 이러한 부하의 행동을 인지한 관리자는 더욱 불신하고 더 엄격한 통제를 하게 되며 결국 이것이 악순환을 거듭하게 된다. 따라서 이와 같은 상황에서는 권한위임, 책임부여, 직무확대, 재량권부여, 의사결정참여, 목표설정 및 평가 등과 같은 새로운 관리방식이 요구되고 있다. 따라서 맥그리거는 인간의 두 가지 유형으로서 X이론(Theory X)과 새로운 Y이론(Theory Y)을 명명하여 그 특성을 다음과 같이 제시하였다.

(1) 인간은 노동을 일정한 여건이 갖추어지면 극히 자연스러운 것으로 여기며 놀이와 휴식과 동일하게 생각한다.
(2) 인간은 적절한 조건만 갖추어지면 책임을 수용할 뿐만 아니라, 때로

는 적극적으로 맡은 책임을 수용한다.
(3) 인간은 자신의 노력을 이끌어 내기 위해서 제3자의 감독, 위협, 통제 등이 없어도 주어진 목표달성을 위해 스스로 통제하고 관리한다.
(4) 인간은 자신의 일을 통해 노력 정도나 목표달성의 의지가 얼마나 큰 성취감을 이루느냐를 강조한다.
(5) 인간은 조직의 문제를 해결하고 업무를 달성하는 데 필요한 창의력, 상상력, 지도력 등이 누구에게나 주어져 있다고 간주한다.

이상에서 맥그리거의 Y이론은 조직의 목표와 조직구성원의 목표는 일치될 수 있다는 가정 하에 직원의 태도, 사기, 대인관계의 중요성 등을 강조하며, 관리자는 이러한 조직구성원의 인간적인 측면에 착안하며 그들에게 동기를 부여한다면 조직의 목표가 달성된다고 본다. 이에 맥그리거의 X-Y이론은 사회복지조직에서 유용하게 적용되는 이유로서 두 가지 측면을 주장하고 있다. ① 이 이론은 조직에서 인간을 보는 시각이 단순히 조직목표의 달성을 위한 수단이 아니라, 인간 자체가 목적을 두고 인도주의적 관점에서 사회복지의 철학과 이념이 부합된다. ② 이 이론은 직원이 조직에 대한 태도와 동료와의 관계가 직접적으로 클라이언트 관계에 영향을 주기 때문에 더욱 사회복지조직의 조직구성원에게 잘 적용된다는 것이다 (Hasenfeld, 1992:27).

대부분 인간관에 견해를 제시해 보면, ① 본래 인간은 일을 싫어하기 때문에 가능한 한 적당하게 눈치를 보면서 일을 하려고 한다. ② 인간은 책임지기를 싫어해 가능한 한 회피하고 야망이 없기 때문에 시키는 일만 하려고 한다. ③ 인간은 조직의 목표달성을 위해서 통제, 위협, 지시, 강압, 감독 등의 수단으로 관리하고 감독해야 한다는 점이다. 따라서 인간주의 조직이론가인 리커트(Likert)는 조직의 주요변수인 리더십, 동기, 커뮤니케이션, 의사결정, 목표달성, 통제 등을 통해 네 가지 유형의 조직을 제시하고 있다 (Likert, 1967:46).

(1) '착취적인 체계'로서 관리자가 부하직원을 불신하고 의사결정과 권력이 상층부에 집중되어 있어 조직구성원의 목표달성에 대한 인식이 매우 미약한 조직이다.
(2) '온정적인 체계'로서 권력이 관리자에게 집중되어 있지만 부하직원의 불만을 부분적으로 수용하고 통제해 나가는 조직이다.
(3) '자문적인 체계'로서 조직구성원의 의사결정과정에 참여가 허용되고 부분적인 권한위임이 이루어지며 의사소통이 활발한 조직이다.
(4) '참여적인 체계'로서 조직구성원의 합의가 존재하고 의사결정이 분권화되어 있어 자신의 책임 하에 모든 업무의 수행과 자율적인 통제가 이루어지는 조직이다.

이상에서 대부분의 관리자는 참여적 체계가 이론적으로 여타 조직보다 우수하며 가장 바람직한 조직의 유형으로 간주하고 있다. 따라서 리커트(Likert)의 참여적 체계는 맥그리거의 Y이론과 같이 조직구성원의 인간적인 욕구에 관심을 두고 의사소통의 중요성을 강조한다는 측면에서 인간관계이론에 포함되고 있다.

제4절 구조주의모형

구조주의모형(structuralist model)은 고전적 모형과 인간관계모형을 총합화(synthesis)한 모형이다(Etzioni, 1964:41). 이 모형은 인간관계모형에 대해 제기한 비판에서 도출된 것이며 개인과 조직의 목표가 일치할 수 없다는 가정에 두고 있다. 구조주의모형은 조직에서 갈등이 불가피하다는 것을 강조하고 있다(Hasenfeld, 1983:48). 특히 이 모형은 규범적(prescriptive)이라기보다 기술적(descriptive) 측면을 강조하고 있다. 따라서 구조주의모형의 대표적 이론인 구조상황이론과 체계이론을 구체적으로 설명하면 다음과 같다.

1. 구조상황이론

구조상황이론은 관료제이론과 과학적 관리론이나 인간관계이론을 조화시키고 절충하는 다요인적 접근을 강조하고 있다. 이 이론은 조직상황변수, 조직특성변수, 조직의 효과성 등의 세 가지 변수 간의 적합성이 극대화됨으로써 조직목표를 달성할 수 있다는 전제이다. 즉, 조직상황변수로서 조직환경이나 기술, 조직특성변수로서 조직구조나 체계, 조직활동을 통한 효과성 등을 말한다. 구조상황이론은 조직에 대한 환경의 영향을 강조하고 있다. 현재 급변하는 사회환경적 요인은 조직이 기능하고 존재하기 위해서 반드시 다루어야 할 부분으로 보고 있다. 이 이론은 고전적 이론과 인간관계이론과는 대조적으로 외부환경과 관련된 다양한 유형의 조직역할을 옹호하고 있다(Neugeboren, 1985:48). 구조상황이론의 특징을 몇 가지 제시하면 다음과 같다(Etzioni, 1964:41).

(1) 조직의 공식적 요인과 비공식적 요인의 관련성에 초점을 두고 있다.
(2) 비공식집단의 범위와 비공식집단 간의 관계에 초점을 두고 있다.
(3) 조직구성원의 상위자와 하위자의 관계에 초점을 두고 있다.
(4) 사회적 보수와 물질적 보수의 상호 영향에 초점을 두고 있다.
(5) 조직과 그 환경 간의 상호작용에 초점을 두고 있다.
(6) 조직활동에서 업무조직과 비업무조직의 구분을 강조하고 있다.

구조상황이론은 조직 내의 갈등을 역기능적인 것이라기보다 순기능적인 것으로 보고 있다. 즉, 갈등은 당면문제를 노출시키고 그에 따른 해결책을 모색함으로써 조직목표와 사회기능을 달성할 수 있다는 것이다(Coser, 1956). 대부분 구조주의자들은 조직갈등을 인위적으로 은폐하려는 것을 반대하며, 조직갈등을 표출함으로써 상호간 이해와 타협이 이루어진다고 주장하고 있다. 즉, 조직갈등의 직면은 궁극적으로 조직권력을 시험하게 하고 현실적인 조직체계와 조직상황에 적응하도록 유도한다는 것이다. 예컨대, 조직갈등이 은폐된다면 갈등과 그에 따른 잠재적 소외감으로 인해 조직으로부터 이탈하거나 사고가 증대하는 현상들이 나타나 모든 조직구성원에게 어려움을 초래한다고 본다(Etzioni, 1964:44).

최근 사회복지조직에서도 구조상황이론의 조직환경에 대한 요소를 점점 중요하게 취급하고 있다. 사회복지조직의 서비스전달체계에 영향은 과소평가할 수 없다. 사회복지조직의 일반환경에는 경제적, 사회적, 정치적, 법적, 기술적, 인구통계적 제 조건들을 포함하며, 과업환경으로서 재정자원의 제공자, 정통성과 권한의 제공자, 클라이언트의 제공자, 보조서비스의 제공자, 조직산물의 소비자 및 수혜자, 여타 경쟁조직 등을 제시하고 있다(Hasenfeld, 1983:51-63). 구조상황이론은 조직 내의 갈등을 중재하기 위한 기제(mechanism)로서 노동조합, 고충처리위원회, 기타 제반사항 등을 활용하고 있다. 그러나 사회복지분야에서 문제해결을 위한 건설적 전략으로서 갈등을 사용하는 것에는 많은 저항이 나타나고 있다. 즉, 사회복지조직에서는 일반적으로 여타 전문직과는 달리 사회복지전문가들이 갈등을 성격상의 문제증상으로 보고 있다(Neugeboren, 1985:48).

구조상황이론에 대한 기본적인 비판은 인간관계이론에서 제기되고 있다. 인간관계론자들은 구조상황이론이 인간적 요소를 충분히 고려하지 않는다고 비판하고 있다. 그들은 조직에서 갈등이 발생하지만 그 갈등은 공개적인 의사소통과 신뢰를 통해 해결될 수 있다고 주장하고 있다(Neugeboren, 1985:491). 아지리스(Argyris)는 구조주의자들이 인간의 욕구와 성격을 무시하고 있다고 강하게 비판하고 있다(Argyris, 1964). 즉, 구조상황이론의 가정은 자기주장, 창의성, 독립성 등과 같은 인간의 욕구를 충족시킬 충분한 여지를 주지 않기 때문에 결국은 비효율적인 조직을 만든다고 주장하고 있다. 즉, 구조상황이론은 관료제와 같이 비융통성과 기계조립의 단조로움을 창조한다는 것이다(Bolman and Deal, 1984:57-58). 그럼에도 불구하고 사실상 구조상황이론은 광범위한 조직의 문제를 설명하고 해결하는데 유용한 이론으로 평가하고 있다.

2. 체계이론

체계이론(systems theory)은 기존의 고전적 이론, 인간관계이론, 구조상황이론 등의 세 가지가 통합된 이론으로 간주하고 있다. 체계이론은 조직을 다양한 역동성과 메커니즘에 근거를 두며 많은 하위체계로 구성된 복합체로 보고 있다(Katz and kahn, 1978:69-120). 이 이론은 조직의 관리자에게 당면문제를 분석하고 진단하기 위한 방법을 제공해 주고 있다. 즉, 조직의 어느 부분이 역기능을 하는지에 대해 원인을 도출하고 해결하도록 활용할 수 있다. 그리고 조직의 각각 하위체계들이 어떤 기능을 수행하는가의 정확한 표준을 제시함으로써 조직의 성과를 평가할 수 있다.

체계이론은 조직이 크게 다섯 가지의 하위체계로 구성되어 있다(Neugeboren, 1985:74). 이 이론에서는 각 하위체계가 자체의 생존과 발전을 위해 경쟁의 역동성을 발휘해야 한다고 가정하고 있다. 그리고 조직이 최적으로 기능하기 위해서는 조직의 목표에 따라 모든 하위체계가 제대로 기능하도록 배려해야 한다는 것이다. 따라서 관리하위체계는 다른 네 가지 하위체계를 통합하고 조정하는 과업을 수행하고 있다. 최근 사회복지조직의 관리에서 체계이론의 적용은 조직의 문제들을 진단하는 포괄적인 도구를 제공하여 주고 있다는 점에서 매우 중요하다. 따라서 체계이론의 다섯 가지 하위체계이론을 제시하면 다음과 같다.

1) 생산하위체계

생산하위체계(production subsystem)는 조직목표에 의한 자체의 과업을 수행하면서 할당된 생산성을 달성하는 데 강조점을 두고 있다. 생산하위체계의 기본적인 특징은 조직의 역할과 과업을 설계하는 데 있어 숙련성과 합리성의 중요성을 강조하고 있다(Neugeboren, 1985:50). 특히 사회복지조직에서 생산하위체계의 기능은 클라이언트에게 적합한 서비스를 제공하는데 있다. 즉, 아동상담센터의 예로서 조직에 소요되는 재정과 인력의 투입자원이 서비스로 전환되는 것을 의미한다(Lauffer, 1985:65). 따라서 사회복지분야의 서비스를 가장 효과적으로 전달하기 위해서는 다양한 형태의 전문화를 통해 접근하는 것이 바람직하다.

생산하위체계는 전문화의 원리로서 숙련과 기술을 강조하고 있다. 전문화는 목적(purpose), 과정(process), 사람(person), 장소(place) 등의 네 가지 영역에서 활용되고 있다. ① '목적에 의한 전문화'는 정신건강, 교정문제, 주택문제 등 다양한 사회문제를 해결하기 위해 분야별로 접근하는 것이고, ② '과정에 의한 전문화'는 개별사회사업, 정신의학 등과 같이 방법론에 따라 접근하는 것이고, ③ '사람에 의한 전문화'는 아동, 청소년, 노인, 장애인 등과 같이 수혜대상에 따라 접근하는 것이며, ④ '장소에 의한 전문화'는 클라이언트의 접근을 용이하게 하기 위해 지리적 구분에 따라 접근하는 것을 말한다.

2) 유지하위체계

유지하위체계(maintenance subsystem)의 기본적 기능은 인관관계에 의한 조직욕구에 개인욕구를 통합하는 데 강조점을 두고 있다(Neugeboren, 1985: 50). 유지하위체계의 주요목적은 현존 조직이 계속성을 확보하고 조직의 안정상태를 유지하는 데 있다(Cameron, 1983:39). 즉, 주요목적을 달성하기 위한 메커니즘은 활동의 공식화, 보상체계의 확립, 새로운 구성원의 사회화, 직원선발과 훈련 등이다(Neugeboren, 1985:50).

사회복지조직에서 유지하위체계의 기능은 각 조직구성원의 목표를 조직의 목표에 통합되도록 조정해 주고 있다. 그리고 조직운영의 절차를 공식화하고 표준화하여 직원선발과 교육훈련의 제도를 확립함으로써 구성원의 목표를 조직의 목표에 통합하고 있다. 그리고 유지하위체계는 현재 조직상태의 계속성을 확보하고 안정상태를 유지하면서 조직구성원의 욕구보다 클라이언트의 욕구에 우선하는 기능을 강조하고 있다. 따라서 조직의 궁극적인 목표는 클라이언트의 욕구충족에 있는 것이고, 조직구성원에 대한 관심은 항상 클라이언트의 욕구충족을 위한 수단이라는 것을 강조할 필요가 있다(Neugeboren, 1985:80).

3) 경계하위체계

경계하위체계(boundary subsystem)는 구조주의이론에 기초를 두고 있으며 조직과 환경에 영향을 미치기 위한 장치에 강조점을 두고 있다(Neugeboren, 1985:50). 경계하위체계의 기본적 기능은 여타 외부의 조직과 상호의존성에 두고 있으며 클라이언트의 욕구가 적절히 충족되기 위해서 조직 간의 협력과 조정에 두고 있다. 즉, 조직의 동의와 조정절차를 통해 다른 조직과 관계를 발전시키는 것이다.

사회복지조직에서 경계하위체계의 기본목적은 조직의 외부환경에 영향을 미치는 데 있다. 최근 사회복지분야는 사회경제적인 환경으로부터 많은 압력을 받고 있으며, 외부체계의 자원 확보에 대한 인식부족과 협력이 공유되지 못한 관계로 조정하는 데 문제가 제기되어 왔다. 따라서 사회복지조직은 자체가 생존하고 발전하기 위해서 부단히 외부환경에서 발생하는 변화를 인식하고 적절히 반응할 수 있어야 한다(Hasenfeld and English, 1974: 98-101).

4) 적응하위체계

적응하위체계(adaptive subsystem)는 고전적 이론에 기초를 두고 있으며 연구와 계획에 의한 조직의 합리성과 숙련에 강조점을 두고 있다. 적응하위체계는 변화하는 사회환경의 요구에 반응해서 조직을 변화시킬 필요성을 인식하면서 체계적인 연구와 평가가 요구되고 있다(Neugeboren, 1985: 51). 따라서 조직의 전산화를 통해 관리정보체계를 적절히 활용하여 지속적인 프로그램개발과 평가를 위한 자료의 활용이 필요하다.

사회복지조직에서 적응하위체계는 연구와 계획에 의한 사회환경의 적응과 합리적인 전문기술을 통해 조직목표를 이루어 가는 데 있다. 그러나 사회복지조직은 대외적 관계성 확보나 정보체계의 활용 등이 부족하여 복지재원을 획득하기 어렵다는 것이 사실이다(Lauffer, 1985:66-67). 따라서 사회복지조직은 새로운 클라이언트의 요구, 정부의 요구조건, 자금조달의 우선순위 등에 빠르게 적응할 수 있도록 노력해야 한다. 그리고 사회복지조직은 적응하위체계를 통해 조직의 책임성을 갖게 하고 사회복지프로그램의 효율성과 효과성에 대한 객관적인 평가를 실시하여 조직목표를 이루어가야 한다.

5) 관리하위체계

관리하위체계(managerial subsystem)는 통제를 강조한다는 점에서 고전적 모형의 특징을 갖고 있으며 외부환경을 강조한다는 점에서는 구조주의 모형의 특징을 갖고 있고 타협을 강조한다는 점에서는 인간관계모형의 특징을 갖고 있다(Neugeboren, 1985:51). 이 관리하위체계는 이상의 세 가지 하위체계와 교차한다.

사회복지조직에서 관리하위체계의 목적은 다른 세 가지 하위체계를 조정하고 통합하기 위해 리더십을 제공하는 것이다. 관리하위체계를 조정하고 통합하기 위해 리더십을 제공하는 것이다. 관리하위체계의 기본적인 기능은 ① 권한의 활용을 통해 계층 간에 생겨나는 갈등을 해결하는 것, ② 타협과 심의를 통해 하위체계들을 조정하는 것, ③ 자원을 증진시키고 필요한 경우 조직을 재구조화하기 위해 외부환경을 조정하는 것이다. 이 관리하위체계는 갈등을 건설적으로 다루고 그 해결을 교섭하기 위해 지식과 기술을 필요로 한다. 관리자는 각기 다른 하위체계가 어떻게 조정되고 통합될 수 있는가를 이해하기 위해 체계적 관점을 가질 필요가 있다. 이데올로기 면에서 하위체계 간에 차이를 보일 때 관리자는 이데올로기 갈등의 가능성을 민감하게 포착해야 한다. 또한 다른 하위체계들에 의해 수행되는 과업들에 차이를 보일 때 관리자는 모순되는 구조와 관련된 문제를 이해할 필요가 있다(Litwak, 1978:143).

따라서 일상적인 과업은 관료적 구조를 필요로 하고 비일상적인 과업은 인간관계적 구조를 필요로 한다. 두 가지 형태의 구조를 조정하기 위해 이들 간의 차이가 어떻게 갈등을 가져오는지 이해하는 것이 필요하다. 마지막으로 관리하위체계의 직원들은 필요한 경우 조직을 변화시키기 위해 적응하위체계 및 기타 하위체계로부터 얻은 정보를 활용할 필요가 있다. 그리고 각각의 하위체계는 자신의 지위를 높이려고 노력하기 때문에 사회복지조직의 주요목적인 클라이언트의 복지로 관심을 환기시키는 것은 관리하위체계의 책임이다.

생각해 볼 문제들

1. 조직이론을 네 가지로 분류하여 설명하시오.
2. 관료제이론의 주요특성 다섯 가지를 제시하시오.
3. 과학적 관리론의 주요원칙 네 가지를 제시하시오.
4. 인간관계이론을 간략히 설명하시오.
5. 체계이론의 다섯 가지 하위체계를 제시하시오.

참고 문헌

이창원 외 (1996). 새조직론. 서울: 대영문화사.

임창희 (1995). 조직행동. 서울: 학현사.

Cameron, J. (1983). *Defining and Measuring Organizational Effectiveness for the Personal Social Service*, Doctoral Dissertation. Columbia University.

Coser, L. (1956). *The Functions of Social Conflict.* New York: The Free Press.

Etzioni, A. (1964). *Modern Organizations*. Englewood Cliffs. New Jersey: Prentice-Hall.

Hasenfeld, Y. (1983). Human Service Organizations. Englewood Cliffs. New Jersey: Prentice -Hall.

Hasenfeld, Y. (1992). *Humans Services as Complex Organizations*. Newbury Park: Sage Publications.

Hasenfeld Y. and English, R. (1974). *Human Service Organizations : A book of Readings*. Ann Arbor: University of Michigan Press.

Hoy, W. & Moskel, C. (1987). *Educational administration : Theory, Research, and Practice*, New York: Random House.

Katz, D. & kahn, R. (1978). *The Social Psychology of Organizations (2nd ed.)*. New York: John Wiley.

Likert, R. (1967). *The Human Organization : Its Management and Value*. New York: McGraw-Hill.

Litwak, E. (1961). *Models of Bureaucracy That Permit Conflict*. America Journal of Sociology 67.

Mayo, E. (1933). *The Human Problems of An Industrial Civilization*. New York: Macmillan.

Merton, R. (1957). *Social Theory and Social Structure*. New York: Free Press.

Mintzberg, H. (1979). *The Structuring of Organizations*. Upper Saddle River. New Jersey: Prentice Hall.

Neugeboren, B. (1985). *Policy and Practice in the Human Service*. New York: Longman

Scott, W. R. (1987). *Organizations : Rational, Natural, and Open Systems (2nd ed.)*. Englewood Cliffs. New Jersey: Prentice-Hall.

Taylor, F. (1911). *Principles of Scientific Management*. New York: Haper & Row.

Weber, M. (1947). *The Theory of Social and Economic Organization*. Talcott Parsons (ed.). A. M. Henderson and Talcott Parsons (trans.). New York: Free Press.

Zastrow, C. (1999). *The Practice of Social Work (6th ed.)*. Pacific Grove. CA: Brooks & Cole.

Likert, R. (1967). *The Human Organization : Its Management and Value*. New York: McGraw-Hill.

Mayo, E. (1933). *The Human Problems of An Industrial Civilization*. New York: Macmillan.

McGregor, D. (1960). *The Human Side of Enterprise*. New York: McGraw-Hill.

Morse, J. & Lorsch, J. (1970). *Beyond Theory*. Harvard Business Review.

Netting, F. Kettner, P. & McMurtry, S. (1993). *Social Work Macro Practice*. New York: Longman.

Hasenfeld, Y. (1992). *Humans Services as Complex Organizations*. Newbury Park: Sage Publications.

Herzberg, F. (1966). *Work and the Nature of Man*. Cleveland: World Publishing.

CHAPTER 05

사회복지행정의 전달체계

Social Welfare Administration

사회복지행정의 전달체계는 다양한 사회복지정책을 수혜자인 클라이언트에게 사회복지서비스로 옮기는 실천과정을 의미한다. 사회복지전달체계는 사회복지실천과정의 핵심으로서 사회복지조직을 통해 다양한 사회복지서비스를 제공하고 있다. 즉, 공급주체가 수혜자인 클라이언트에게 서비스를 전달하고 다시 피드백이 되는 순환과정을 담고 있다. 따라서 본 장에서는, 첫째, 사회복지전달체계의 개념, 둘째, 사회복지전달체계의 원칙, 셋째, 사회복지전달체계의 영역, 넷째, 사회복지전달체계의 활용, 다섯째, 사회복지전달체계의 개선방안 등을 중심으로 살펴보고자 한다.

제1절 사회복지전달체계의 개념

1. 사회복지전달체계의 정의

사회복지전달체계(delivery system)는 사회복지 공급자와 소비자인 클라이언트를 연결하는 유기적 체계라고 할 수 있다. 사회복지서비스는 조직 속에서 다양한 프로그램들로 생산되어 사회복지대상자에게 전달이 되는데, 어떻게 효과적이고도 효율적으로 전달할 것인가라는 면에서 중요성을 가지고 있다. 체계라는 의미 자체가 유기적인 연관성을 표현하고 있다는 점에서 서비스전달은 어떤 단일한 프로그램을 지칭하는 것이 아닌 조직과 연관된 프로그램들의 총체적이고 유기적인 관계를 담고 있다. 전달이라는 측면에서 공급자와 소비자 간의 연계와 관련된 조직들을 망라하고 있다.

허만형은 사회복지전달체계의 과정을 다음과 같이 제시하고 있다(허만형, 2004:242-243 원용). ① 공급자의 수요자 욕구조사 → ② 공급자에서 전달체계로 → ③ 전달체계에서 수요자로 → ④ 수요자의 피드백이 공급자 등의 과정을 반복하면서 전달체계의 사이클을 나타내고 있다. 특히 사회복지전달체계가 수정되거나 보완되기도 하며, 이는 시장경제에서 유통구조와도 같은 개념이라고 강조하였다.

2. 사회복지전달체계의 구성요소

길버트와 스펙트(N. Gilbert & H. Specht)는 사회복지전달체계의 구성요소를 할당(allocation), 급여제공(provision), 전달(delivery), 재원(finance) 등으로 설명하고 있다(N. Gilbert & H. Specht, 1974:31-32).

(1) 할당은 누가 급여를 받는 대상인가, 즉 사회복지급여를 누구에게 제공할 것인가, 소수의 사람들에게 국한시켜 제공할 것인가, 아니면 전국민에게 제공할 것인가 등의 문제를 말한다.

(2) 급여제공은 대상자들에게 무엇을 제공할 것인가, 즉 급여전달방식이 현금급여(cash benefit)인가, 현물급여(in-kind benefit)인가, 아니면 바우처(voucher)인가 등의 문제를 말한다.

(3) 전달은 어떤 방식으로 전달한 것인가, 즉 사회복지서비스전달에서 서비스공급주체와 수급 받는 소비자 간의 조직적인 체계를 말한다. 공급하는 쪽에서는 권한을 가지고 있어야 하며, 공급업무를 수행하는 자의 자격(전문성)이 필요하고, 서비스전달조직의 유형들이 중요

하게 된다. 반면에 수급자들에게는 접근용이성, 서비스의 연속성 등이 중요하다.

(4) 재원은 재원조달을 어떻게 할 것인가, 즉, 서비스전달에는 재원을 사용하게 되는데 이것을 어떻게 비용부담 또는 조달할 것인가를 말한다. 우리나라에서 사회보장제도의 비용은 사회보험인 경우는 사용자·피용자 및 자영자가 부담하는 것을 원칙으로 하고, 일정 소득수준 이하의 국민에게는 비용의 전부 또는 일부는 국가 및 지방자치단체가 이를 부담하고, 부담능력이 있는 국민은 수익자 부담원칙을 규정하고 있다(이명남, 2010:179).

3. 사회복지전달체계의 구분

사회복지전달체계를 구분할 경우 구조기능적 구분, 운영주체별 구분, 서비스종류별 등으로 분류할 수 있다.

1) 구조기능적 구분

사회복지전달체계는 구조기능상으로 '행정체계'와 '집행체계'로 구분할 수 있다(성규탁, 1996:406-410).

(1) 행정체계 : 서비스전달을 기획, 지원, 관리하는 체계로 서비스를 간접적으로 전달하는 것이다. 예로 국민기초생활보장법에서 공적 전달체계를 통하여 서비스가 전달되는데, 그 과정에 '보건복지부→광역자치단체→시·군·구→읍·면·동→대상자에게 전달'이라는 과정이 있다. 여기서 보건복지부에서 시·군·구에 이르기까지의 체계는 계획, 지시, 지원, 관리, 감독하는 업무를 주로 하기 때문에 행정체계라 할 수 있다.

(2) 집행체계 : 서비스가 소비자인 대상자에게 직접 전달되는 체계이다. 사회복지서비스를 직접적으로 클라이언트에게 전달하는 대부분의 일선 사회복지조직들은 서비스 전달체계 중 집행체계에 속한다. 예

로 '읍·면·동→대상자에게 전달'의 구체적인 서비스를 직접 전달 집행하는 업무를 하는 관계로 집행체계라 할 수 있다.

현장의 사회복지관도 행정체계와 집행체계로 구분된다. 사회복지관에 '관장→부장, 자문위원회, 총무부→과장→각부팀장 및 사회복지사→사회복지서비스전달'이라는 체계가 있을 때, '관장→부장→과장'은 행정체계에 해당하고, '각부팀장 및 사회복지사→사회복지서비스전달'은 집행체계라고 할 수 있다. 행정체계는 통상적으로 행정기능만 수행하는 경우가 많지만 집행체계는 서비스 전달 집행기능을 수행하면서 행정기능도 수행한다. 예로 최일선의 사회복지사는 클라이언트와 직접 대면하여 직접서비스를 전달하면서 동시에 클라이언트와의 상담계획 수립, 슈퍼비전, 행정상 필요한 회의참석 등의 행정업무도 수행한다.

2) 운영주체별 구분

사회복지전달체계를 운영주체별로 구분할 경우 '공적 전달체계'와 '민간 전달체계'로 분류할 수 있다.

(1) 공적 전달체계 : 국가 및 지방자치단체, 영조물법인, 공재단, 무자산 특수공법인 등은 공적 전달체계이다. 공적 전달체계는 일반적으로 민간 전달체계에 위탁하여 서비스가 전달되도록 하는 경우가 대부분인데, 이러한 경우 행정체계 성격이 강하게 나타난다.

(2) 민간 전달체계 : 가장 대표적인 것은 사회복지법인이 운영하는 사회복지관들이나, 복지재단, 자원봉사단체들이 여기에 해당한다. 민간 사회복지전달체계는 시설에서 서비스대상자에게 직접 전달한다는 면에서 집행체계성격을 갖고 있다. 이에 공적·민간 사회복지전달체계의 비교는 〈표 5-1〉과 같다.

〈표 5-1〉 공적·민간 사회복지전달체계의 비교

구 분	공적 사회복지전달체계	민간 사회복지전달체계
주 체	정부, 공공기관	사회복지법인, 이용 및 수용시설 등
재 정	조세, 안정적	취약, 불안
특 성	• 복잡하고 관료적 • 외부환경변화에 둔감 • 주로 행정체계성격	• 융통성 있고 창의적 • 외부환경변화에 민감 • 주로 집행체계성격
장 점	공공성, 지속성, 보편성, 안정성	융통성, 전문성, 신속성, 유연성, 다양성

3) 서비스 종류별 구분

수요자의 욕구에 따라 서비스별로 전달체계를 구분할 수도 있다(김영종, 2005:378-380; 김형식 외, 2009:52). 이러한 시도는 서비스수급자의 관점을 보다 직접적으로 지역사회 관점에서 반영할 수 있다. 따라서 지역사회 안에서 서비스의 수요와 공급이 이루어지는 연결망을 가상하고 있는 전달체계를 제시하면 다음과 같다.

(1) 아동복지서비스전달체계 : 공공기관, 공동모금회, 사회복지관, 보육원, 특수학교 등

(2) 노인복지서비스전달체계 : 공공기관, 경로우대프로그램, 재가복지, 노인연금 등

(3) 정신질환서비스전달체계 : 공공기관, 정신질환자가족협회, 정신병원, 요양시설 등

(4) 국민기초생활보장전달체계 : 공공기관, 직업훈련기관, 보육원, 사회복지관 등이 있다.

그러나 서비스 종류별 전달체계는 쉽게 분석하기 어렵다는 단점이 있다. 이러한 체계들은 대부분 느슨하게 연결되어 있어서 심지어는 그러한 전달체계에 자신들의 조직이나 프로그램이 포함되어 있는지 조차 의식하지 못하는 경우들도 있다. 그렇지만 지역사회의 서비스조직들에 의한 서

비스별 전달체계를 확인해내고 그것을 구체화시켜야 한다.

제2절 사회복지전달체계의 원칙

1. 사회복지전달체계의 기본원칙

사회복지전달체계는 사회복지서비스를 대상자에게 얼마나 효과적이고 효율적으로 전달할 수 있는가를 의미하고 있다. 따라서 사회복지전달체계의 기본원칙을 학자들이 다양하게 제시하고 있다. 게이트(Gate, 1980: 52-54)는 사회복지서비스전달체계의 원칙으로 ① 포괄성, ② 접근성, ③ 계속성, ④ 통합성, ⑤ 책임성 등을 제시하였다(B. Gate, 1980:52-54). 김종일은 ① 통합성, ② 지속성, ③ 접근성, ④ 전문성 원칙 등을 제시하였다(김종일, 2009:320-323). 최성재와 남기민은 ① 전문성, ② 적절성, ③ 포괄성, ④ 지속성, ⑤ 통합성, ⑥ 평등성, ⑦ 책임성, ⑧ 접근용이성 등을 제시하고 있다(남기민, 1995:76-80). 김영종은 ① 충분성, ② 접근성, ③ 연속성, ④ 비판편성, ⑤ 책임성 등을 제시하였고(김영종, 2010:399-401), 박용순은 ① 전문성, ② 적절성, ③ 포괄성, ④ 지속성, ⑤ 통합성, ⑥ 평등성 등의 원칙을 제시하고 있다(박용순, 2002:185-186). 따라서 국내외 학자들의 견해를 종합하여 여덟 가지 원칙을 제시하면 다음과 같다.

1) 전문성의 원칙

사회복지서비스의 핵심적인 업무는 반드시 전문가가 담당해야 한다. 여기서 전문가는 자격요건이 객관적으로 인정된 사람이며, 자신의 전문적 업무에 대한 권위와 자율적 책임성을 지닌 사람을 말한다. 업무의 성격상 전문성을 필요로 하는 것은 준전문가(para-professional)가 담당하고 비숙련 업무 및 일반 행정업무는 비전문가(non-professional), 또는 경우에 따라서는 자원봉사자가 담당하도록 되어 있다. 사회복지서비스의 효과성과 효율성을 위해서 이러한 원칙은 반드시 지켜져야 한다.

2) 포괄성의 원칙

인간의 욕구와 문제는 다양하고 복잡하기 때문에 이러한 문제들을 동시에 접근하고 순서적으로 해결하기 위해서는 포괄적인 서비스가 필요하다. 서비스의 포괄성을 달성하기 위해서는 한 사람의 전문가가 여러 문제를 다루거나 아니면 각각 다른 전문가가 한 사람의 문제를 다룰 수도 있고, 여러 전문가들이 한 팀이 되어 문제를 해결할 수도 있다. 접근방법으로서는 일반화 접근방법, 전문화 접근방법, 집단적 접근방법 그리고 사례관리 접근방법 등이 있다.[4)]

3) 적절성의 원칙

사회복지서비스는 그 양과 질에 있어서 클라이언트의 욕구충족을 위해 충분해야 한다. 적절성의 원칙은 재정적 형편을 고려해 보면 제대로 수행하기가 어려운 경우가 많고 그 적절성의 수준을 유지시켜 나아가는 데에도 현실적인 어려움이 있다.[5)] 따라서 사회복지서비스가 클라이언트의 욕구에 따라 적절하게 제공되어야 한다는 것이다.

4) 통합성의 원칙

서비스의 통합성이란 문제를 가진 사람들이 전달체계를 통하여 사회복지서비스를 받게 될 때, 복합적이고 다양한 문제해결에 필요한 각종의 서비스가 질서정연하고 체계적으로 제공되어, 문제를 해결하고 욕구충족을 충분히 달성할 수 있는 것을 말한다.[6)] 서비스가 통합적으로 제공되기 위

4) 일반화 접근방법은 전문성이 약해질 우려가 있고, 전문화 접근방법은 문제 진단과 서비스 간의 통합조정이 어려워질 우려가 있고, 집단접근방법은 전문가들 간의 갈등이 있을 수 있는 등의 단점이 있다. 따라서 비교적 새로 개발된 방법으로 복합적이고 다양한 문제를 가진 개인의 문제를 해결하는 데 있어서 한 전문가가 책임을 지고 계속적으로 필요한 서비스와 전문가를 찾아 연결시켜 주고 적절한 서비스를 받을 수 있도록 하는 사례관리방법이 있다.

5) 예를 들면, 소득보장을 위한 급여가 최저생계비 수준에도 못 미친다든가, 상담서비스가 단순히 타이르고 조언하는 정도에 그친다든가, 서비스 제공 기간이 너무 짧다든가 하면, 클라이언트는 욕구를 충족할 수 없을 뿐만 아니라 나아가서는 서비스의 목표를 달성하기 어렵다.

6) 저소득층 청소년의 도벽문제는 아버지의 음주, 어머니의 가출, 친척에 대한 불만, 불량교우와

해서는 한 행정책임자에 의해 서비스들이 제공되고 서비스 제공장소들이 지리적으로 상호 근접되고 서비스프로그램 간 또는 조직 간에 상호유기적인 연계와 협조체제가 갖추어져 있어야 한다.

5) 지속성의 원칙

사회복지대상자에게 필요한 서비스를 문제가 해결되는 동안 일정기간 계속적으로 제공하는 것을 말한다. 사회복지문제의 속성상 단기간에 해결되는 문제도 있지만, 어느 정도 시간을 두고 해결하는 문제가 많기 때문에 전달체계의 지속성이 중요하게 거론되고 있다. 지속성의 원칙이 잘 적용되기 위해서는 같은 조직 내의 서비스와 프로그램 간의 상호협력이 잘 이루어져야 하고, 지역사회 내의 사회복지서비스조직 간에도 유기적인 연계가 잘 이루어져야 한다.[7)]

6) 책임성의 원칙

사회복지조직은 복지국가가 시민의 권리로 인정한 사회복지서비스를 전달하도록 위임받은 조직이므로 사회복지서비스의 전달에 대하여 책임을 져야 한다. 책임성의 영역에서는 전달체계의 임무수행과정이 투명하게 드러나고 의사결정이 민주적으로 이루어지는 풍토가 매우 중요하다. 책임성의 문제는 조직의 구조적 특성과 기능은 물론 조직에서 일하는 인력에 대한 신뢰성이 함께 중요한 요소가 된다.

7) 평등성의 원칙

사회복지서비스는 기본적으로 개인의 성별, 연령, 소득, 지역, 종교, 지

의 교제, 학교 교우관계 문제, 성적문제 등과 연관되어 있다면 이러한 문제 해결을 위한 서비스들이 한 조직 내에서 제공되는 경우 서비스 간에 상호 연계와 협조가 되지 않거나 또는 서비스들이 서로 다른 기관에서 제공되는 경우 기관 간에 상호 연계와 협조가 잘 되지 않는다면 그 청소년의 문제는 효과적으로 해결될 수 없을 것이다.

7) 직업훈련 프로그램이 직업알선 프로그램과 잘 연계되어 있지 않으면 직업훈련을 통한 소득증대의 목표를 달성할 수 없을 것이다.

위 등에 관계없이 평등하게 제공되어야 한다. 현대사회는 급속한 사회변화로 인하여 각자의 의도와는 달리 개인과 가족에게 많은 문제가 발생하고 있다. 이에 따라 국가는 모든 사람들에게 사회복지서비스를 평등하게 제공해야 한다.

8) 접근성의 원칙

사회복지서비스는 그것을 필요로 하는 사람들이면 누구나 쉽게 받을 수 있어야 하기 때문에 클라이언트가 접근하기에 용이하여야 한다.[8] 전달체계의 접근성을 높이기 위해서는 세 가지 방법이 활용되는데, ① 유사한 경험을 가진 사회복지사의 채용, ② 의뢰서비스를 전문으로 하는 사회복지기관의 설립, ③ 특수한 집단을 취급하는 사회복지기관의 설립 등이다.

2. 사회복지전달체계의 문제점

사회복지서비스가 전달되는 과정에는 많은 문제들이 존재하게 된다는 것을 예상할 수 있다. 길버트와 테렐(N. Gilbert & P. Terrell)은 사회복지서비스전달체계의 문제점으로 서비스의 분열성(fragmentation), 불연속성(discontinuity), 무책임성(unaccountability), 비접근성(inaccessibility) 등을 제시하고 있다(N. Gilbert & P. Terrell, 2002).

(1) 서비스의 분열성은 성격과 관계, 특히 조정(coordination), 위치, 전문성, 중복 등과 관련이 있다. 예컨대, 서비스가 한 장소에서 다 이루어지는가, 기관이 그들의 활동을 조화시키기 위해 노력하고 있는가 하는 것이다.

8) 클라이언트가 서비스에 접근하는 데는 여러 가지의 장애요인이 있을 수 있는데 주요한 장애요인으로는 서비스에 관한 정보의 결여 또는 부족, 지리적 장애(원거리 또는 교통의 불편 등), 심리적 장애(자신의 문제 노출에 대한 두려움, 수치감 등), 선정절차상의 장애(클라이언트로 선정되는 데 있어서의 자산조사의 엄격한 적용, 시간이 많이 걸림), 자원부족(금품이나 상담자의 부족 등) 등이 있다.

(2) 불연속성의 문제는 개인이 서비스 네트워크에 들어가는 데 있어서의 장애물과 기관이 보유한 욕구충족에 필요한 자원과 욕구 간의 갭과 관련이 있다. 예컨대, 의사소통과 후송에 필요한 채널이 충분한가 하는 것이다.

(3) 무책임성의 문제는 클라이언트와 기관의 의사결정자 간의 관계에 관련이 있다. 예컨대, 원조에 필요한 것들이 그 환경에 영향을 주는 의사결정에 영향을 미치는가, 의사결정권자가 클라이언트의 욕구와 이익에 무감각하고 무책임한가 하는 것이다.

(4) 비접근성의 문제는 서비스 네트워크에 들어가는 데 장애가 있는가 하는 것이 핵심이다. 예컨대, 클라이언트의 소득, 연령, 성공의 잠재능력 등에 따라 서비스 이용에 제한을 두는가 하는 것이다.

따라서 이상적인 사회복지전달체계는 이전에 지적된 문제점의 반대가 되고 있다. 즉, 통합적이고 연속적이며 접근성이 높고 책임성이 강한 것이라 할 수 있다.

제3절 사회복지전달체계의 영역

1. 공적 사회복지전달체계

1) 공적 사회복지전달체계의 이론

공적 전달체계는 국가와 지방정부가 그 중심에 있게 된다. 국가와 지방정부는 관계설정의 방향에 따라 공적 사회복지전달체계도 달라지는데, 라이트(Deil S. Wright)는 정부 간의 관계(Intergovernmental relations: IGR) 이론을 다음과 같이 제시하고 있다(허만형, 2004:244-246. 재인용).

(1) 종속형 : 중앙정부에 광역자치단체가 종속되어 있고, 다시 기초자치단체가 광역자치단체에 종속되어 있는 형태를 취한다. 중앙정부만

이 결정권이 있을 뿐 광역자치단체나 기초자치단체는 결정권이 없다. 자치권이 위축되어 지방자치단체는 중앙정부의 행정기관의 역할을 수행하는 경향이 종속형에서 나타난다.

(2) 대립형 : 중앙정부와 광역자치단체는 대등한 관계를 유지하는 가운데 광역자치단체의 자치권이 뚜렷이 보장되지만 기초자치단체는 광역자치단체와 종속적인 관계를 유지하고 있어 자치권의 제한을 받는 유형을 의미한다. 대립형은 미국의 IGR을 잘 반영하고 있다. 주정부를 광역자치단체와 대응한 입장에 있는 자치단체라고 볼 때 주정부와 연방정부는 대등한 관계를 이루고 있고, 기초자치단체는 주정부의 지휘를 받는다.

(3) 파트너형 : 중앙, 광역, 기초자치단체가 동반자적 관계를 가진 유형을 말한다. 중앙, 광역, 기초의 세 유형은 함께 공동으로 정책에 접근하기도 하고, 두 유형의 정부가 짝을 지어 정책에 접근하기도 하지만 각각의 고유영역도 뚜렷이 가지고 있는 정부 간 관계를 의미한다. 파트너 모형에서 광역과 기초자치단체의 자치권이 보장될 뿐만 아니라, 세 유형을 정부는 동반자적관계를 가지게 된다. 각 정부 간 관계만으로 보면 가장 이상적인 유형이라 할 수 있다.

정부중앙과 지방정부 간 관계모형에 따라 사회복지전달체계도 다음과 같이 달라진다.

(1) 종속형 사회복지전달체계 : 중앙에서 결정된 사회복지급여나 서비스가 광역자치단체를 경유하여 기초자치단체에 내려가고, 기초자치단체에서는 사회복지대상자에게 전달되는 경로를 가지게 된다. 광역이나 기초자치단체는 자치권이 최소화되어 있는 것이 특징이다.

(2) 대립형 사회복지전달체계 : 중앙정부와 광역자치단체가 독자적으로 시민에게 사회복지급여나 서비스를 제공한다. 중앙정부는 직접 사

회복지대상자에게 급여나 서비스를 제공하고, 광역자치단체는 중앙정부와 무관한 상태에서 사회복지정책을 결정하며, 제공하기로 결정한 급여나 서비스를 사회복지대상자에게 제공한다. 중앙정부와 광역단체가 대립적인 관계를 유지할 수 있지만, 사안에 따라서는 상호보완성을 유지하기도 한다. 대립적인 경우에는 중앙정부와 광역단체가 같은 내용의 급여나 서비스를 사회복지대상자에게 중복으로 제공할 수 있다. 보완적인 경우에는 중앙정부가 제공하는 급여나 서비스가 미흡하면 광역자치단체는 지역의 경제적 사정을 고려하여 보충적 급여나 서비스를 제공한다. 기초자치단체는 광역자치단체의 행정기관으로서의 역할을 수행할 뿐 특별한 독자적인 자치기능은 없다.

(3) 파트너형 사회복지전달체계 : 중앙정부, 광역자치단체, 기초자치단체가 독자적으로 사회복지대상자에게 서비스를 제공한다. 독자적으로 급여나 서비스를 제공하지만 파트너로서 협의체계를 유지한다. 협의체계가 유지되면 제공되어야 할 서비스의 공백이 최소화될 뿐만 아니라, 중복급여가 최소화된다. 협의체계에 이상이 생기면 중복급여나 서비스 공백이 발생한다. 파트너형에 의하면 중앙정부는 일관성 있게 시민에게 사회복지급여나 서비스를 제공할 수 있고, 자치단체는 지역경제여건을 고려하여 지역특성에 맞추어 사회복지급여와 서비스를 제공할 수 있다. 파트너형은 경쟁과 협조를 동시에 이끌어 낼 수 있는 모형이다.

2) 공적 사회복지전달체계의 필요성

(1) 중앙정부 사회복지전달체계의 필요성 : ① 사회복지는 공공재의 성격을 갖기 때문이다. 모든 국민을 대상으로 보편적 서비스가 필요한 의료나 교육 같은 영역은 현실적으로 중앙정부가 행하여야 한다. ② 대규모의 경제성을 갖는 성격의 서비스는 중앙정부가 제공하는 것

이 유리하기 때문이다. 즉, 사회보험의 경우 급여 대상도 대규모이고, 파생되는 경제적 재화가 대규모인데, 이것을 관리하는 주체는 공신력 있는 국가여야 하며 기술적인 측면에서도 유리하기 때문이다. ③ 사회복지정책의 가치인 평등과 적절성이라는 가치를 구현하는데 중앙정부가 유리하기 때문이다. 누가 평등하게 분배할 수 있으며, 적절하게 제공할 수 있는가? 단연 중앙정부가 유리하다고 볼 수 있다. ④ 사회복지서비스의 지속성과 안정적 공급에 중앙정부가 유리하기 때문이다. 전 국민의 복지욕구를 지속적이고 안정적으로 공급하도록 적절한 통제, 통합, 조정의 일은 중앙정부가 유리하다.

(2) 지방정부 사회복지전달체계의 필요성 : ① 사회복지접근성 측면에서 지방정부는 최일선에 있는 관계로 그 역할과 중요성이 매우 높다. ② 사회복지수요자인 클라이언트와 직접적으로 대면할 수 있는 위치에 있으므로 현장의 복지수요자들의 욕구를 파악할 수 있고 대응할 수 있다. 이런 면에서 볼 때 최일선의 사회복지관련 공무원들은 지역주민들의 복지수요와 욕구를 기다릴 것이 아니라, 맞춤형 서비스전달에 창조적인 생각을 가져야 할 것이다. ③ 지역특성에 맞는 공적전달체계를 개발할 수 있다. 각 지역마다 문화와 경제, 욕구들이 복잡다양하기에 지역특성에 맞는 복지수요에 대응해야 하는데, 공적 전달체계의 일선에 선 지방정부는 자기 지역에 맞는 복지시스템을 구축해야 한다. 특히 이러한 것들은 지방정부의 조례와 규칙으로 적극 반영되어야 하지만 현실은 지방정부의 복지관련 조례와 규칙이 많은 편이 아니라는 것이다.

3) 공적 사회복지전달체계 현황

(1) 공적 사회복지전달체계의 업무범위 : 우리나라의 경우 중앙정부—지방정부—읍·면·동으로 이어지는 공공 사회복지전달체계는 다음과 같다(국무총리실 보도자료, 2009:14). 이에 사회복지전달체계의 흐

름도는 [그림 5-1]과 같다.

[그림 5-1] 사회복지전달체계의 흐름도

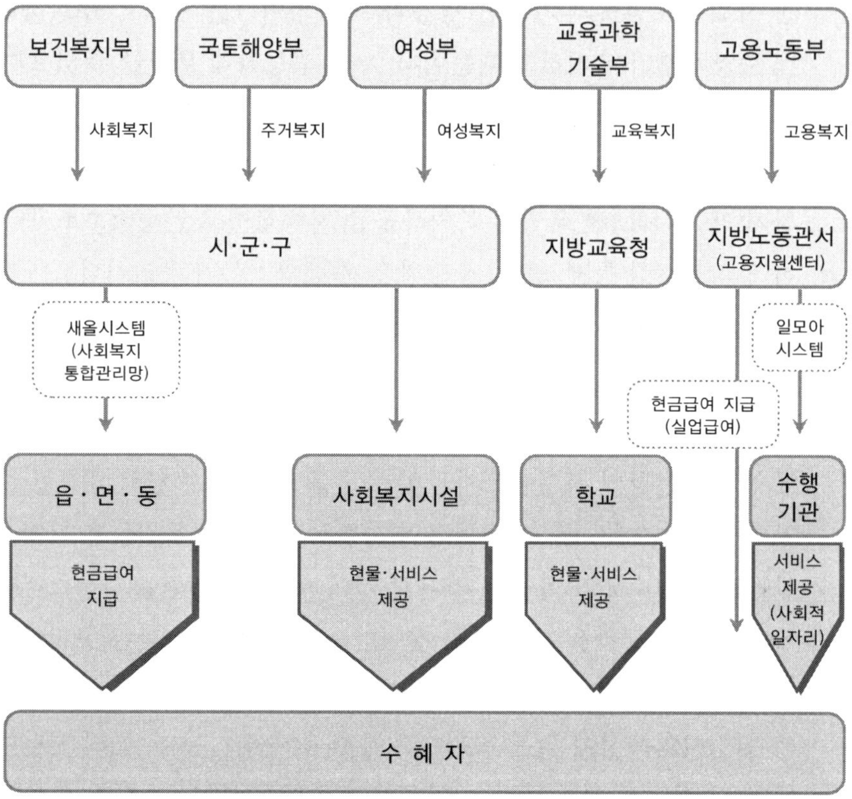

자료: 국무총리실 보도자료(2009.6.12), p.14. 재구성.

사회보장기본법 제3조에서 규정한 사회보험, 공공부조, 사회복지서비스를 보면, 우리나라는 사회보험제도를 집행할 별도의 기구(국민건강보험공단, 국민연금관리공단, 근로복지공단 등)를 설치하고, 공공보건은 '보건소'를 지방 직속기관으로 두어 별도의 공공 사회복지전달체계를 구축한 반면, 공공부조와 사회복지서비스의 집행은 지방자치단체에 위임해 왔고, 사회복지전문요원제도를 시행(1987년)하여, 일반 지방직으로 전환(1999년)

한 이후, 공공 전달체계의 틀을 전면적으로 개편한 적은 없었다. 2006년 시·군·구 주민생활지원 기능강화를 위한 시·군·구–읍·면·동 기구의 재구조화는 공공 전달체계의 전국적 변화를 시도한 첫 번째 중앙정부 정책이었다.[9)]

사회복지업무의 집행을 담당하고 있는 지방자치단체의 업무는 그 성격에 따라 크게 기획 기능과 대민서비스 기능으로 구분할 수 있다.

(1) 시·군·구에서는 사업기획 및 관리, 자원 발굴 및 관리를 담당하고 있으며, 2006년 주민생활지원개편에 따라 통합조사팀, 서비스연계 팀이 신설되며, 대상자에 대한 밀접한 접촉이 필요한 조사(자산조사, 생활실태조사, 서비스욕구파악)를 시·군·구에서 담당하게 되었다. 또한 서비스연계 팀에서 읍·면·동에서 이루어지는 서비스 제공에 대한 자원 연계 지원을 담당하도록 했다.

(2) 읍·면·동에서는 지자체 집행업무 가운데 직접 주민을 대면하는 대부분의 서비스의 접수, 상담, 서비스연계제공, 대상자 사후관리(확인조사를 통한 급여변동 확인, 중점관리대상의 사례관리 실시)를 담당하고, 이 밖에 사회복지와 관련하여 시달되는 각종 정책대상 및 공급기관 실태조사를 수행하고 있다. 이에 지방자치단체 사회복지업무의 기본내용과 흐름은 [그림 5-2]와 같다.

9) 보건복지사무소 시범사업(1995.7~1999.12), 사회복지사무소 시범사업(2004.7-2006.6)이 실시되었으나, 9개 시범지역 중 대도시가 유일하게 시범사업 모형으로 개편하였다.

[그림 5-2] 지방자치단체 사회복지업무의 기본내용과 흐름

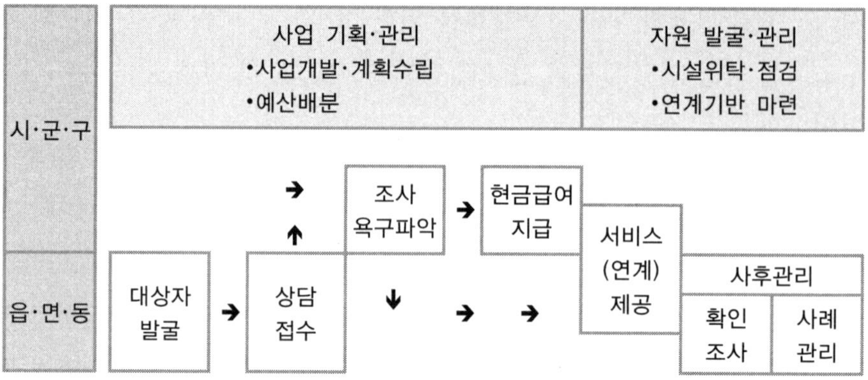

자료: 강혜규 외, 『사회복지서비스 공공 전달체계 개선방안』(2008.12), p.27.

'상담 및 접수－조사(욕구파악)－서비스(연계)제공－사후관리' 등 수요자를 대면(face to face)하는 업무는 공공 사회복지 전달체계의 기본적인 임무를 수행하기 위한 업무와 절차로서, human service인 사회복지업무 집행과정에서 수요자의 체감도를 좌우할 수 있는 핵심적인 과정이다. 즉, 수요자의 세밀하고 복합적인 복지욕구를 포착하고, 이에 적합한 서비스를 설계하여 제공되도록 하는 일, 이 과정에서 활용 가능한 관련 자원을 파악하고, 연계·의뢰하는 일, 서비스가 당초 계획과 의도에 따라 제공되고 있는지 확인·점검하는 일 등이다. 이러한 업무들은 주민생활지원서비스 개편 이전에는 읍·면·동에서 1인이 전담하였으며, 개편 후에는 이 가운데 조사(욕구파악)와 서비스연계제공을 위한 자원 발굴, 연계의 업무를 시·군·구에서 전담하도록 했다(강혜규 외, 2008:26-28).

(3) 공적 사회복지전달체계의 인력현황 : 사회복지사업은 공적부문과 민간부문 전달체계를 통해 수혜자에게 전달되는데, 중앙부처는 복지사업 개발·지원(사회복지, 주거, 여성, 교육, 고용 등) 및 예산 편성 업무를 수행하고, 공공복지전달은 주로 지자체·특별행정기관을 통하여 서비스가 전달된다.[10] 전달체계의 핵심요소는 담당인력과 이

를 지원하는 전산망인데, 지방자치단체 사회복지담당공무원(20,625명; 2008.12), 고용지원센터공무원(3,021명; 2009.3) 등이 복지업무를 수행하고 있다. 이에 지방자치단체 사회복지인력의 현황은 〈표 5-2〉과 같다.

〈표 5-2〉 지방자치단체 사회복지인력의 현황

구 분	계	시·도	시·군·구	읍·면·동(3,487)			
				소계	읍(211)	면(1,205)	동(2,071)
사회복지담당(명)	20,625	1,665	9,147	9,813	883	3,120	5,810
사회복지직렬	10,215	287	3,843	6,085	570	1,698	3,817
행정직, 보건직 등	10,410	1,378	5,304	3,728	313	1,422	1,993

자료: 관계부처 합동, "사회복지전달체계 개선 종합대책"(2009.6.19), p.2.

전산망으로는 보건복지부에 지방자치단체 새올행정시스템(2004년 구축)을 통해 현금급여를 관리운영하고 있고, 고용노동부는 고용관련(고용보험시스템, 워크넷 등) 전산망을 운영 중이며, 교육과학기술부는 교육관련(에듀파인: 지방교육행·재정통합 시스템) 전산망을 운영 중이다(관계부처 합동, 2009:2).

한국보건사회연구원의 정책연구보고서(2008.12)에 따르면 읍·면·동의 복지직 현원 규모에 따른 분포를 파악한 결과, 복지직 배치인원은 대부분 1~2명이었으며, 특히 면사무소의 2/3가 1명의 복지직에 배치되어 있었다. 복지직 1명 배치가 967개동(45.9%), 2명 배치가 780개동(37.0%), 복지직 1명 배치가 712개면(59.5%), 2명 배치가 399개면(33.4%)이었다(강혜규 외, 2008:31-32). 이에 읍·면·동 주민생활지원팀의 복지직직원 현황

10) ●중간 단계인 시·군·구(232개), 최종 전달기관인 읍·면·동(3,487개)에서는 대상자 발굴, 복지서비스 등을 제공하고, ●지방교육청(16개), 고용지원센터(81개)를 통하여 저소득층 교육비, 실업급여, 직업훈련 등을 지원하며, ●민간복지전달체계는 다양한 사회복지시설(복지부 소관 103개 유형, 약 16,000개)에서 복지서비스가 제공된다.

은 〈표 5-3〉과 같다.

〈표 5-3〉 읍·면·동 주민생활지원팀의 복지직직원 현황

(단위: 개소)

	계	복지직 0명	복지직 1명	복지직 2명	복지직 3명	복지직 4명	복지직 5~6명	복지직 7~13명
읍	211	–	26개	76개	63개	27개	17개	2개
면	1196	15개	712개	399개	64개	5개	1개	–
동	2109	42개	967개	780개	191개	71개	37개	21개

자료: 복지부 지역복지과 취합자료(2008년 7월 현재)
주: 1) 복지직 인원수별 동, 읍, 면 각각의 개수임.
2) 5개 출장소를 제외함(복지직 0명 1개소, 1명 2개소, 2명 1개소, 3명 1개소)

4) 공적 사회복지전달체계의 문제점

(1) 중앙정부 사회복지전달체계의 문제점 : ① 전문인력의 부족이 나타난다. 전문인력의 부족문제는 중앙정부만의 문제가 아닌 지방정부로 내려 갈수록 더 심각하다. ② 전산망의 사업별 연계미흡이 나타난다. 복지전산망은 부처별·지자체별·프로그램별로 운영 중인데, 공급자 중심으로 다양한 전산망을 구축·운영 중이다. 그런데 전산망 간 연계미흡으로 통합적 활용이 저조하다. 개인별·가구별 통합관리가 곤란하고 일선공무원의 업무 부담을 가중시키고 있다(관계부처 합동, 2009:3). ③ 관료주의적 병폐가 나타난다. 중앙이 복지의 골격을 통제하고 상의하달식 행정이 이루어지다보니 획일주의, 행정의 편의, 경직성, 권위주의의 관료적 병폐가 나타난다. ④ 중앙정부의 독과점이 나타난다. 중앙이 독점적 위치에 있다 보니 경쟁을 할 기회가 없고 시장원리에서 보면 가격과 질에서 불리할 수 있다. ⑤ 각종 위원회의 활동부진이 나타난다. 각 법의 영역들은 중앙정부에 각종 심의위원회가 있고, 실무위원회가 존재하지만 이 위원회의 활동이 형식적일 때도 많고, 유명무실한 경우가 많다. ⑥ 부처 간의 업무중복이

나타난다. 사회복지전달은 보건복지부만 관여된 것이 아니라 고용노동부, 여성가족부, 교육과학기술부, 행정안전부, 국방부 등의 많은 부처가 연결되어 있다. 이러한 부처 간의 업무의 연계와 효율성이 문제가 된다. 예로, 5대 사회보험은 한 사람의 사회보험을 관리하는 부처가, 보건복지부, 고용노동부, 국방부, 교육과학기술부 등으로 분산되어 있다.

(2) 지방정부 사회복지전달체계의 문제점 : ① 인력부족 및 업무부담 과중이다. ㉮ 복지사업 확대에 비해 담당인력 보강이 미흡하여 업무부담이 과중하다.[11] ㉯ 최일선 공조직인 주민센터의 조직이 이원화(주민생활지원팀, 행정민원팀)로 운영되는 관계로 일반행정직은 사회복지업무를 기피하는 등 직원 간의 업무협조가 미흡하고 팀 간 칸막이 현상이 나타나고 있다. ② 급여 사전·사후관리 미흡하다. ㉮ 현금급여(약 8조원 상당)지급을 위한 새올시스템의 임의조작이 가능하여 부정수급이 발생하고 있다.[12] ㉯ 부정수급방지를 위한 법적·제도적 장치가 미흡하다. 담당 공무원의 사후관리 및 검증이 미흡하고, 부정수급 단속·징수가 곤란하다(관계부처 합동, 2009:3-4). ③ 지역 간의 재정자립도의 편차문제이다. 사회복지는 결국 재정을 지출하는 것인데, 지방정부의 재정자립은 매우 취약한 경우가 대부분인관계로, 중앙에 예속되는 경우가 많고, 의존적인 경우가 많다. ④ 지방자치단체장의 복지마인드 부족이다. 지방정부의 정책결정 집행의 핵심인 의

11) 읍·면·동 복지담당공무원 1인당 복지수혜자 691명이 담당하고 있다. 지자체에는 사회복지직렬 공무원의 결원이 2009년 5월 현재 175명, 출산·육아 휴직으로 인한 결원이 약 490명에 이르지만 적기충원이 지연되고 있다. 사회복지직렬의 여성비율이 76%(지방공무원 전체 기준 29%)에 이르다보니 여성직 공무원의 부득이한 공백 시 복지업무의 공백이 발생한다. 복수직렬(사회복지+행정 등)은 정원 중 행정직렬의 비중 약 63%로 과다하다.

12) ●기본자료(급여대상자, 급여계좌등록 등: 읍·면·동) 입력, 지출원인행위(대상자·급여액 결재: 시·군·구), 지출행위(대상자별 계좌입금: 시·군·구)시 단계별 조작이 가능하다. ● 새올시스템과 시·군·구내 타 전산시스템(전자결재, 지방재정시스템 등)과의 연계가 미흡하다.

회와 단체장이 복지마인드가 준비되지 못했을 경우 해당 지역의 복지정책이나 서비스전달에 문제가 발생한다. 선거철마다 복지를 최고우선순위로 외치지만 수많은 지방정부의 핵심인사들의 비리문제는 사회문제가 되고 있다. ⑤ 지역사회복지협의체의 소극적 운영이다. 즉, 사회복지정책의 반영이 충분하게 이루어지지 않고 있다. 지역사회복지협의체의 기능은 민간과 지방정부 책임자들 간의 지역복지현안을 정책에 반영하여 발전시키는 것인데, 형식적인 운영이 많다. ⑥ 지방정부의 점검의 부족이다. 즉, 복지지도원, 복지상담원제도들이 과연 실효성이 있는지 점검이 필요하다. 지역주민들은 누가 상담원인지 그러한 제도가 있는지 잘 알지도 못하고 있다.

2. 민간 사회복지전달체계

1) 민간 사회복지전달체계의 이론

민간 전달체계는 크게 두 가지로 나눌 수 있다. 시장원리에 따라 사적재화처럼 원하는 사람이 시장에서 스스로 선택을 하여 가격을 지불하고 구매하는 경우가 있고, 공공재의 성격을 감안하여 정부의 시장개입에 의한 민간 전달체계로 나눌 수 있다(허만형, 2004:246-248).

(1) 순수 시장원리에 의한 민간 전달체계 : 시장원리에 사회복지재화의 공급을 맡기는 것이다. 수요자의 자유로운 선택에 의하여 수요자의 비용으로 서비스를 전달받도록 하는 시스템을 의미한다. 공급자로서의 사회복지사가 시장요급을 적용하여 사회복지서비스를 원하는 고객에게 제공하는 경우가 여기에 해당한다. 예로, 자신의 비용으로 노블카운티에 입주할 경우 이것은 순수 시장원리에 의한 민간전달체계라 할 수 있다.

(2) 정부의 시장개입에 의한 민간 전달체계 : 사회복지급여나 서비스가 공공재의 성격을 가지고 있기 때문에 시장원리에만 맡겨 둘 수 없고

정부의 개입을 필요로 하는 경우가 많다. 자격 있는 자만이 서비스공급을 할 수 있도록 하는 시장진입규제가 민간 전달체계에 대한 정부개입유형이다. 미국처럼 임상사회복지사 자격을 가진 자만이 상담클리닉을 열어 상담서비스를 제공하도록 하는 경우가 여기에 속한다. 한국에서 대부분의 사회복지관운영은 사회복지법인이 위탁운영을 하고 있는 경우가 많은데, 이러한 경우도 정부의 시장개입에 의한 민간전달체계의 모습이다. 이때 정부는 공급자의 자격에 관하여 규제를 실시함으로써 공급자를 제한하고, 제한된 공급자만이 서비스를 제공하는 일을 하도록 한다. 동시에 정부는 시장에 대한 감시와 감독을 실시하여 사회복지재화의 질을 통제하기도 한다. 이러한 매커니즘을 통하여 사회복지재화가 수요자에게 전달된다.

2) 민간 사회복지전달체계의 필요성

(1) 정부제공서비스 비해당자에 대한 서비스를 제공한다. 수혜자격이 있음에도 수적인 제한으로 정부서비스를 받지 못하거나 자산 정도와 연령의 미달이나 초과 등으로 필요로 하는 서비스를 받을 수 없는 사람들에게 서비스를 제공하기 위하여 필요하다.

(2) 정부가 제공할 수 없는 서비스를 제공한다. 개인의 여러 문제나 욕구를 충족시켜 줄 수 있는 다양하고 질 높은 서비스를 제공하기 위해서 필요하다.

(3) 동일 종류의 서비스에 대한 선택의 기회를 제공한다. 클라이언트로 하여금 그들의 기호나 지역적, 시간적 여건에 따라 선택할 수 있는 기회를 제공할 뿐만 아니라 공적 기관과 사적 기관 간의 경쟁을 유발하여 서비스의 질도 높일 수 있다.

(4) 사회복지서비스의 선도적 개발과 보급을 위해 노력한다. 정부가 새로운 사회복지서비스 도입을 위한 정보제공과 선도역할을 하기 위해서 사적 기관의 서비스가 필요하다.

(5) 민간의 사회복지 참여욕구를 수렴한다. 많은 사람들이 사회복지활동에 자원봉사자로, 재정적 후원자로 또는 운영자로 참여하기를 원하게 되는데 이러한 참여욕구를 사적 기관에서 적절히 수렴하거나 사적 기관의 설립을 통해 충족시킬 수 있다.

(6) 정부의 사회복지활동에 대한 압력단체의 역할을 한다. 민간조직은 비슷한 서비스를 제공하면서 정부기관의 활동과 서비스를 감시할 수도 있고 정부가 수행해야 할 서비스를 찾아내거나 확인할 수 있기 때문에 정부가 서비스를 개선하거나 새로운 서비스를 도입하도록 압력을 가할 수 있다.

(7) 국가의 사회복지비용을 절약한다. 사적 기관에 의한 사회복지활동은 바로 정부가 비용을 투입하여 수행해야 할 일을 대신 해주게 되므로 정부의 사회복지비용을 절약하는 효과를 가져 온다(최성재·남기민, 1995:95-96).

3) 민간 사회복지전달체계 현황

민간에 의해 자생적으로 설치·운영되던 사회복지시설은 사회복지수요의 증가와 정책적 지원 등을 통해 1980~1990년대에 들어서 종합사회복지관, 장애인종합복지관, 노인종합복지관 등을 중심으로 시설 개소수가 증가하고 사회복지시설은 사회복지사업법, 노인복지법, 장애인복지법 등의 관계법령에 의해 설치·운영되며, 103개 시설유형의 15,989개소에 달하는 법적시설이 존재한다. 이를 시설유형별로 살펴보면, 대표적인 사회복지시설인 종합사회복지관은 410개소, 노인종합복지관은 218개소, 장애인종합복지관은 159개소가 설치·운영 중이며 시설수로는 지역아동센터가 3,013개소로 가장 많은 수를 차지한다. 이 중 한부모가족복지상담소, 장애인수련시설 등과 같이 법적으로 존재하나, 설치·운영 중인 시설이 없는 시설유형도 존재한다.[13] 이에 사회복지시설의 현황은 〈표 5-4〉와 같다.

〈표 5-4〉 사회복지시설의 현황

대 상	종 합	가 족	아 동	청소년	노 인	장애인	노숙인	자활 대상자	정신 질환자	총 계 (9개)
유형수	1	16	21	11	16	22	4	2	10	103
시설수	410	680	3,768	1,285	6,781	2,171	149	270	475	15,989

자료: "민간 사회복지전달체계 지역맞춤형 기능조정방안 공청회 자료집"(2009.10.19), p.5.

4) 민간 사회복지전달체계의 문제점

(1) 민간 전달체계의 유사·중복 및 규모의 영세성이다. ① 유사·중복 기능을 가진 영세한 사회복지시설이 과다하다. 정부는 예산집행이 비효율적이고, 수요자는 이용에 불편을 초래하고 있다. ② 지역 간 불균형으로 서비스 사각지대가 존재한다. 도시지역은 기능이 중복되거나 특정 지역에 집중분포되고, 농어촌지역은 수요에 대응하는 시설이 상대적으로 크게 부재하다. ③ 민-관 협력(지역사회복지협의체)의 형식적이고 소극적인 운영이다(관계부처 합동, 2009:4).

(2) 사회복지프로그램이 공적 전달체계(중앙정부)에 예속된 경우가 많다. 민간 사회복지전달의 최일선에 있는 사회복지관들의 프로그램 운영은 대부분 중앙정부에서 규정한 필수프로그램과 일부 선택프로그램으로 운영이 된다. 전국 어디서나 사회복지관이 운영하는 프로그램이 대동소이하다는 것이다. 지역의 특색에 맞는 운영이 필요하다.

(3) 정부의 의존도가 너무 크다. 사회복지법인이 재정적으로 취약한 경우가 많다보니, 정부지원을 절대의존하게 되고, 종속되어 있는 것이 현실이다.

(4) 공공기관이 주도하는 사회복지시설평가는 주로 공공기관의 입장만

13) "민간사회복지전달체계 지역맞춤형 기능조정방안 공청회 자료집", 보건복지가족부와 덕성여자대학교 산학협력단이 2009년 10월 9일 실시한 공청회자료, p.5.

대변하고 있는 현실이다.

(5) 사회복지기관과의 연계가 미흡하다. 지역마다 민간기관의 자발적인 각종 협의회가 있고, 각 비영리법인들이 운영하고 있는 시설들이 있으나 서로 시설 간의 경쟁관계로 인식하고 있는 경우도 많다. 동역의 관계라는 차원의 회복이 아쉽다.

(6) 민간기관의 사회복지사의 처우가 공공 전달체계의 인력들의 처우보다 너무 열악하다. 외형상으로는 사회복지전담공무원과 법인산하기관의 사회복지사가 모두 전문가, 근로자로서 동등 지위를 가지고 있으나 처우나 신분보장은 민간기관의 사회복지전문직이 너무 열악하다(이명남, 2010:98).

(7) 사회복지 전문인력을 충분히 확보하지 못하고 있다. 대부분 각 사회복지시설의 인력이 최소 충족요건에 간신히 맞추고 있는 실정이어서 사회복지서비스전달에 질적 저하와 담당인력의 업무과중이 나타난다.

제4절 사회복지전달체계의 활용

1. 사회복지전달체계의 접근성과 활용

사회복지서비스의 활용이란 일종의 질적 접근으로 사회복지현장의 제한된 자원을 고려할 때, 그러한 자원의 혜택을 누가 받는지 어떻게 하면 가장 적절한 표적인구가 클라이언트 인구가 될 수 있도록 할 것인지 등의 문제를 다룬다. 접근성이란 서비스조직이 적절한 서비스를 적절한 사람들에게 제공하는지에 대한 것으로, '개인들의 서비스에 대한 장애를 만들어 내기도 하고 혹은 없애기도 하는 조직의 모든 의도적 활동들'을 말한다.

게이트(B. Gate, 1980:142-143; 김영종, 2010:409-412. 재인용)는 사회복지서비스접근성을 이상형, 과활용, 활용, 복합형으로 유형화하였다. ① 이상형은 표적인구가 서비스를 이용하는 인구와 정확하게 일치한다. ② 과

활용은 표적인구 뿐만 아니라 서비스의도에 맞지 않는 비표적인구들까지도 서비스를 이용하고 있는 유형이다. ③ 활용은 표적인구 중에서도 서비스를 받지 못하는 사람들이 있는 유형이다. ④ 복합형은 과활용과 저활용의 오류가 복합적으로 나타나는 경우이다.

2. 사회복지서비스 활용과 사회적 비용

사회복지서비스에서 접근성 혹은 접근성 효과가 떨어지는 문제는 곧바로 사회적 비용을 초래하게 된다. 사회적 비용은 다음과 같은 세 가지 영역에 나타나며 이 세 가지 비용은 상호의존적으로 나타난다(B. Gate, 1980: 146-147; 김영종, 2010:413-415. 재인용).

1) 저활용에 따른 사회적 비용

저활용에 따른 사회적비용은 서비스가 필요한 사람들을 제대로 찾아내지 못해서 발생하는 비용이다. 이러한 비용은 서비스를 받지 못한 표적인구 개인들뿐만 아니라 사회전체적으로 발생해서 돌아간다. 문제가 해결되지 못한 개인들은 고통이 완화되지 않은 데 따른 손실비용이 발생한다. 일반사람들은 표적인구가 서비스를 받지 못해 해결되지 않은 사회문제로 인해 현재 어려움을 겪거나, 혹은 그러한 사회문제가 더 커져서 장차 더 많은 세금을 납부해야 하는 등으로 비용을 안게 된다.

2) 과활용에 따른 사회적 비용

과활용에 따른 사회적비용은 의도되지 않은 비표적인구가 서비스에 접근함으로써 발생하는 사회적 자원의 낭비이용이다. 이러한 비용은 곧 '기회비용'으로 이해된다. 기회비용(opportunity cost)이란 어떤 자원이 보다 적절한 곳에 쓰일 기회를 상실하게 됨으로써 발생하게 되는 손실비용을 말한다. 과활용은 한정된 사회적 자원을 보다 효용성이 높은 사람들에게 쓰이지 않게 만드는 비용을 발생시킨다. 이러한 비용은 다른 서비스를 필요로 하는 사람들이 자원부족으로 서비스에 접근할 수 없는 문제(과활용

서비스에 자원이 투입되었기 때문에)와 그에 따라 해당개인과 전체사회가 미해결된 사회문제를 안게 되는 고통으로 돌아간다.

3) 행정비용

행정비용은 조직이 서비스의 접근성효과를 높이기 위한 노력에 수반하는 비용을 말한다. 이러한 노력은 행정활동을 통해서 나타나기 때문에, 이를 행정비용이라 한다. 행정활동은 과활용과 저활용을 줄이기 위해 프로그램 활용을 촉진하거나 혹은 억제하는 일을 한다. 이러한 일을 하기 위해서는 인력의 증원이나 투입시간의 증가가 필요하고, 정보시스템이나 절차, 홍보방법 등을 개선해야 한다. 이러한 것은 결국 행정비용을 발생시키고 서비스프로그램에 대한 예산증가의 형태로 나타나 다시 전체 사회와 서비스 이용자들에게 사회적 비용으로 부담된다.

3. 사회복지서비스 활용과정의 장애요인

사회복지서비스의 활용과정에 있어서 다양한 장애들을 제시하면 다음과 같다(B. Gate, 1980:150-160; 김영종, 2010:417-420. 재인용).

1) 동기적 장애

사람들이 서비스를 이용하기 위해서는 먼저 동기부여(motivation)가 있어야 한다. 서비스를 구하려는 동기는 자신이 문제를 가지고 있다는 것과, 외부의 도움 없이는 스스로 문제를 해결할 수 없다는 인지(perception)를 통해 부여된다. 문제에 대한 인지와 동기가 부여가 이루어졌다면, 어디에서 도움을 찾아야 할 것이지를 아는 지식(knowledge)도 필요하다. 예컨대, 개인이 공식적인 서비스를 구하려고 하는 데는 ① 문제의 심각성에 대한 인지정도, ② 서비스에서 기대되는 급부에 대한 인지정도, ③ 서비스를 구하는 과정에서 당면하게 될 장애들에 대한 인지정도의 요인들이 작용한다.

2) 지리적 장애

지리적 장애는 물리적 거리가 서비스의 이용에 미치는 영향을 말한다. 개인의 서비스 이용은 서비스 기관의 소재지와 이용자의 거주지 간 지리적 거리에 역으로 작용한다. 거리가 멀수록 서비스 이용이 감소하는 현상이 나타난다. 예컨대, ① 나들이 준비시간, 서비스시간, 이를 합친 전체 경과시간, ② 낯선 장소에 가는 데 따르는 심리적 부담, ③ 교통비 등과 같은 실질적인 경비와 같은 실질적이고 심리적인 비용들을 고려하게 된다.

3) 심리적 장애

도움을 청하는 과정에서 극복되어야 할 또 하나의 장벽은 심리적인 것이다. 초기의 인지적 장애를 극복했더라도, 그보다 더한 심리적 측면의 두려움이 남아 있다. 예컨대, ① 어리석게 비추어지지는 않을까라는 걱정, ② 개인적인 문제를 낯선 사람들에게 실토해야 한다는 것에 대한 꺼림칙함, ③ 서비스 활용에 따르는 사회적 스티그마, ④ 서비스 활용으로 신체에 해가 미치지는 않을까에 대한 두려움과 같은 것들이 있는데, 이러한 두려움들은 도움을 청하기로 이미 작정하고 최초의 접촉이 이루어졌다고 해서 저절로 사라지는 것은 아니다.

4) 선별적 장애

모든 서비스에는 이용자를 선별하는 기준이 있다. 보통은 공식적인 서비스 자격 규정을 두지만, 서비스 이용요금처럼 묵시적으로 이용자 선별기준을 두는 경우도 있다. 이런 선별기준들은 명시적으로나 묵시적으로 서비스 접근에 대한 장애요인으로 작용한다. 예컨대, ① 재정적 장애, ② 자격요건 장애, ③ 절차 장애, ④ 욕구진단 장애 등이 선별기준 장애에 해당한다.

5) 관료적 장애

모든 사회복지서비스 조직은 자원의 제약 하에서 활동하기 때문에 자원의 가용성을 염두에 두는 행정을 할 수 밖에 없다. 예산은 고정되어 있는데 수요는 무한하다면 서비스 공급은 할당된 자원에 맞추어질 수밖에 없고 조직은 활용을 최대한 억제하는 노력을 하게 된다. 반대로 예산은 증가되어 공급능력이 클 때 수요가 따라오지 못한다면 조직은 활용을 증대하는 노력을 한다. 이러한 이유들은 자원의 가용성 장애를 가져오게 되고 선별기준의 자격요건 및 절차장애들과 함께 관료적 장애를 대표한다.

결론적으로 사회복지서비스의 활용을 극대화하려는 시도는 단순히 서비스 이용자 수를 늘리기 위한 것이 아니다. 한정된 사회적 자원을 보다 높은 효용성을 가진 클라이언트들에게 연결해 주고자 하는 것이다. 서비스 활용을 극대화하기 위해서는 먼저 서비스 활용의 과정, 즉 접근성의 단계들을 염두에 두고 각각에 따른 장애의 유형들을 적절히 파악해야 한다. 서비스접근의 장애물들은 만약 적절히 계획되고 관리될 수만 있다면, 오히려 서비스 활용을 극대화시키는 전략의 근간으로 쓰일 수 있다.

4. 사회복지서비스 활용전략

사회복지서비스 활용전략으로 아웃리치, 정보와 의뢰, 홍보, 서비스조직의 개선, 클라이언트의 신뢰구축을 제시하고 있다(김영종, 2010:421-431).

1) **아웃리치**(Outreach)

아웃리치(출장서비스)는 서비스 기관이나 담당자들이 적극적으로 이용자들을 찾아 나서는 시도를 말한다. 이는 이용자들이 서비스에 대해 스스로 알고 찾아오기를 기다리는 것과 대조되는 전략이다. 아웃리치의 용도는 ① 단순한 정보제공, ② 욕구사정활동과 연계, ③ 서비스 활용에 대한 동기부여 및 참여유도, ④ 서비스 활용의 심리적 장애를 극복하는 데 도움, ⑤ 인테이크(intake)에 대한 보조, ⑥ 서비스 종료 후의 후속확인(follow-up) 절차 같은 용도로 다양하게 사용된다.

2) **정보와 의뢰**(Information and Referral)

정보와 의뢰(I&R)시스템은 지역사회의 크기에 상관없이 어떤 서비스 프로그램에도 본질적으로 필요한 것이다. 일반적으로 클라이언트는 자신에게 적합한 서비스와 서비스 조직을 스스로 찾아내기 어렵다. 그래서 유사하게 인식되는 서비스들을 접촉하는 경우가 많다. 이 경우에 자기 기관의 서비스와 일치하지 않는 클라이언트를 그냥 돌려보내지 않고, 가능한 다른 적절한 서비스의 종류와 소재를 파악해서 의뢰해 주는 것이 필요하다. 이러한 서비스를 수행하는 것이 정보와 의뢰 시스템이라 한다.

3) 홍보(Advertizing)

서비스 접근성을 높여 활동을 증진하는 또 다른 방법은 서비스 프로그램과 자격요건 등을 해당 지역사회에 널리 홍보하는 것이다. 서비스이용자 관점에서는 명백한 것처럼 보이지만, 잠재적서비스이용자들의 입장에서는 프로그램 존재자체를 인지하는 것조차 쉽지 않은 경우가 많다. 이로 인해 서비스를 활용하지 못하게 되는 경우도 예상 외로 많다(D. Katz, B. Gutek, R. Kahn, E. Barton, 1975:46-47; R. Patti, 1983:114-115; 김영종, 2010:424-425. 재인용). 프로그램에 관한 정보를 보급하는 홍보방법으로 일반적으로 ① 대중매체(TV나 라디오, 신문, 잡지 등)에 뉴스나 선전의 형태로 게재, ② 안내소책자, 전단지, 소식지 등을 통한 광고, ③ 대중연설이나 발표회 등을 통해 프로그램 소개, ④ 기관이나 전문가들의 회합 시 프로그램에 대한 안내, ⑤ 지역주민들을 초청하거나, 기관견학 등을 통해 프로그램 안내 등을 많이 사용한다(R. Patti, 1983:116; 김영종, 2010:425. 재인용).

4) 서비스조직의 개선

장기적인 관점에서 서비스 활용을 증대하기 위해서는, 적정한 클라이언트의 발굴과 확보방법만으로 한계가 있다. 궁극적으로는 이미 확보된 클라이언트들을 대하는 서비스 조직의 자세가 중요하다. 서비스 조직이 보이는 대표적인 관료제 병폐는 크리밍(creaming) 현상과 활용수준의 조작이다.

(1) 크리밍(creaming) 현상이란 서비스조직들이 접근성 매커니즘을 조정하여, 보다 유순하고 성공가능성이 높은 클라이언트들을 선발하고, 비협조적이거나 어려울 것으로 예상되는 클라이언트들을 배척하는 경향을 뜻한다. 크리밍 전략은 관료제적 조직에서는 효과적일 수 있으나, 사회복지조직에서는 병폐이며 윤리적인 문제를 야기한다.

(2) 활용수준의 조작이란 서비스의 수요가 공급을 초과하는 경우에 기관은 서비스 활용을 줄이려는 전략을 취할 수 있다. 서비스접근성에 영향을 주는 다양한 장애들을 강화하거나 추가로 설치함으로써 서비스 활용을 줄일 수 있다. 반대로 서비스 수요가 예상했던 것보다 밑도는 경우가 있다. 이런 경우 대부분의 조직들은 할당된 예산을 다 써야 다음 해 예산 편성에 문제가 없다는 점 때문에, 서비스의 활용수준을 억지로 높이기 위해 노력한다. 이것은 진정한 서비스 욕구를 가진 사람들에게 서비스를 연결하는 것도 아니며, 비용의 낭비를 초래한다.

5) 클라이언트의 신뢰구축

신뢰구축의 전략은 서비스 실행과정을 중시해서 본다. 서비스 실행과정에서 클라이언트와의 신뢰구축이 궁극적으로 서비스활용을 높이는 가장 좋은 방법이라고 보는 것이다. 패티(R. Patti)는 서비스 환경전략으로 ① 인테이크 과정의 적절성, ② 업무자 전문적 재량권, ③클라이언트의 자율권을 제시하고 있다(R. Patti, 1983:118-119; 김영종, 2010:429-431. 재인용).

제5절 사회복지전달체계의 개선방안

1. 공적 사회복지전달체계의 개선방안

공적 사회복지전달체계의 개선방안을 학자들마다 다양하게 제시하고 있는데, 종합을 하면 다음과 같이 제시할 수 있다.

(1) 전달체계계층의 단순화이다. 전달체계의 과다한 계층적 접근방법에 의한 보고, 지시, 감독, 통보 등을 완화하여 계층의 수를 줄이는 방법이다.

(2) 사회복지서비스 업무를 하급기관으로 이양한다. 상급기관에서 업무를 기획, 조정, 통합하고 고도의 전문성과 기술성을 요하거나 꼭 필요한 것 외에는 가능하면 많은 업무를 하급기관에 이전토록 한다. 중앙정부에 의한 획일적이고 수직적인 행정체계보다 지역의 특성에 맞게 운영할 수 있도록 사회복지서비스 업무는 지방자치단체에 위임하는 것이 바람직하다.

(3) 사회복지전달체계를 수직적이고 지시적, 감독적·후견적 관계에서 상호보완·수평적·협동의 관계로 전환한다. 사회복지행정체계의 필요성은 지역주민들이 사회복지욕구를 효율적이고 효과적으로 충족시키는 데 있다.

(4) 정부담당업무 중 민간부문에서 담당해야 할 업무는 민간조직의 활성화를 위하여 이양한다. 즉, 민간 사회복지시설이나 기관의 활성화 방안을 적극적으로 추진해야 한다.

(5) 사회복지서비스의 효과성과 효율성을 위해 사회복지 관련 위원회를 그 조직과 운영 면에서 활성화시켜야 한다.

(6) 전문인력을 충원하여 클라이언트에 대해 서비스 제공이 효율적으로 될 수 있도록 사회복지 전담공무원을 전달체계 내에 확대 배치하여야 한다.

(7) 이상의 개선점을 종합적으로 실현하기 위해서는 사회복지서비스를 통합적으로 제공할 수 있는 사회복지사무소와 같은 전담기구의 설치가 조속히 필요하다(강용규 외, 2008:260-261).

(8) 정부와 지방자치단체는 사회복지관련 제도와 프로그램 개발에 전문성과 현장의 경험이 축적된 민간 사회복지 전달체계의 참여를 활성화하여야 한다. 정부나 지방자치단체의 관리·통제지향적 관점이나

학계의 이론 지향적 관점을 보완하는 차원에서 민간사회복지전달체계에 있는 종사자들이 정책개발 및 연구사업 등에 적극적으로 참여하도록 하여야 하며 창안의 성과에 대해서는 별도의 보상을 해주어야 한다(황진수·나종문, 2010:158-159).

2. 민간 사회복지전달체계의 개선방안

민간 사회복지전달체계의 개선방안을 다음과 같이 제시할 수 있다.

(1) 사회복지협의회의 조직기능을 강화시킨다. 그 방안으로 중앙사회복지협의회의 사무처와 각 부서의 기능을 강화하고, 전국의 시·군·구 지역에 지방기초자치단체협의회를 구성한다.

(2) 사회복지기관, 시설운영조직을 강화해야 한다. 민간 사회복지사업의 공정성 확보, 자주성 존중, 경영조직의 확립, 재정적 기반의 강화 및 공사사회복지사업의 협동기능을 강화시키고 이를 위해서는 법인의 이사회의 기능을 강화할 필요가 있다.

(3) 전문성을 강화해야 한다. 사회복지협의회, 생활시설 및 이용시설 모두 전문적 수준을 높이기 위해서는 많은 전문사회복지사들이 평생직으로 받아들일 뿐만 아니라 책임감을 가지고 근무할 수 있는 종사자에 대한 처우와 근무여건이 크게 개선되어야 한다.

(4) 민간사회복지의 자립을 위하여 주민참여를 통한 복지자원을 동원해야 한다. 정부나 지방자치단체의 보조금만으로는 한계가 있는 실정이므로 지역사회주민들을 참여시켜 복지자원을 동원하기 위한 방법을 모색해야 한다. 예를 들면 지역사회공동모금회를 활성화하거나 기업과 종교단체의 참여를 유도하며 자원봉사자들을 효율적으로 관리할 필요가 있다.

(5) 각종 상담 정보제공체계의 확립이 필요하다. 노인, 장애인, 아동 등에 관한 보건·복지서비스에 관한 광범위한 정보를 수집, 제공함과

동시에 관계부서가 서비스에 필요한 정보를 서로 교환하고 공유할 수 있는 연계체계를 정비하는 것이 요구된다(김형식 외, 2009:118; 강용규 외, 2008:266).

(6) 사회복지전달체계의 임직원의 투명성을 제고해야 한다. 아직도 많은 민간 사회복지전달체계의 직원구성이 가족구성원들로 되어 있다. 투명하지 않은 채용방식은 사라져야 하며 채용 시 직급에 대한 실무능력과 전문적 자격을 갖춘 자를 채용하고 직급과 역할 등이 투명하고 내부 갈등이 없어야 한다(황진수·나종문, 2010:159-160).

생각해 볼 문제들

1. 사회복지전달체계를 정의하시오.
2. 사회복지전달체계의 원칙 여덟 가지를 제시하시오.
3. 사회복지전달체계에서 중앙정부와 지방정부의 역할분담을 설명하시오.
4. 사회복지서비스를 활용하는 데 장애요인을 제시하시오.
5. 공적, 민간 사회복지전달체계의 개선방안을 설명하시오.

참고 문헌

강용규 외 (2007). 사회복지행정론. 고양: 공동체.

강혜규 외 (2008). 사회복지서비스 공공전달체계 개선방안. 보건복지부·한국보건사회연구원 정책보고서.

관계부처합동 (2009). 사회복지전달체계 개선 종합대책. 관계부처합동 발표자료.

국무총리실 (2009). 복지예산, 지원은 효율화하고 새는 돈은 막는다. 총리실 보도자료.

김영종 (2005). 사회복지행정론(개정판). 서울: 학지사.

김종일 (2009). 사회복지정책론. 파주: 학현사.

김형식 외 (2009). 사회복지행정론(개정판). 파주: 양서원.

박용순 (2002). 사회복지개론. 서울: 학지사.

보건복지부·덕성여자대학교 산학협력단 (2009). "민간사회복지전달체계 지역맞춤형 기능조정방안 공청회 자료집". 공청회자료집.

성규탁 (1996). 사회복지행정론(2판). 서울: 법문사.

신복기 외 (2009). 사회복지행정론. 고양: 공동체.

원석조 (2009). 사회복지정책론(개정판). 고양: 공동체.

이명남 (2010). 사회복지법제론(개정판). 서울: 창지사.

최성재·남기민 (1995). 사회복지행정론. 서울: 나남.

허만형 (2004). 사회복지행정론. 서울: 법문사.

황진수·나종문 (2010). 사회복지행정론. 파주: 양서원.

Gate, B. (1980). *Social Program Administration the Implementation of Social Policy*. Englewood Cliffs. New Jersey: Prentice-Hall.

Gilbert, N. & Specht, H. (1974). *Dimensions of Social Welfare Policy*. Englewood Cliffs. New Jersey: Prentice-Hall.

Gilbert, N. & Terrel, P. (1994). *Dimensions of Social Welfare Policy (5nd ed.)*. Boston: Allyn Bacon.

Katz, D., Gutek, B., Kahn, R., Barton, E. (1975). *Bureaucratic Encounters.* Ann Arbor. MI: Institute for Social Research.

Patti, R. (1983). *Social Welfare Administration : Managing Social Programs in a Developmental Context*. Englewood Cliffs. New Jersey: Prentice-Hall.

Wright, D. (1988). *Understanding Intergovernmental Relations*. Pacific Grove. California: Books Cole Publishing Company.

제 2 부

사회복지행정의 과정론

CHAPTER 06

리더십

Social Welfare Administration

리더십은 사회복지조직의 목표를 달성하는 데 매우 필요한 개념으로 인식되고 있다. 즉, 리더십은 조직의 목표와 개인의 목표 사이의 괴리를 좁히는 데 중요한 역할을 감당하게 된다. 사회복지기관에서는 조직구성원의 단합과 사기(morale)를 증대시키고 각자 개별적인 발전을 촉진시킬 수 있도록 상호작용을 통제하는 것을 의미하고 있다. 이에 사회복지행정의 현장에서 사회복지실무자들이 리더십의 특수성과 관계성을 활용하고 발휘할 수 있는 능력을 가져야 한다. 따라서 본 장에서는 첫째, 리더십의 개념, 둘째, 리더십의 이론, 셋째, 리더십의 유형, 넷째, 리더십의 기술, 다섯째, 리더십의 활용방안 등을 중심으로 살펴보고자 한다.

제1절 리더십의 개념

1. 리더십의 정의

리더십(leadership)의 정의는 그동안 많은 연구가 진행되었음에도 아직 합의된 연구가 이루어지지 않고 있다. 일반적으로 리더십은 지휘력, 지도력, 영향력 등으로 불리고 있으며, 한 개인이 다른 구성원에게 이미 설정된 목표를 향해 정진하도록 영향력을 행사하는 것으로 정의하고 있다. 그래서 리더십은 조직의 목표 관리원의 동기부여 및 목표 설정 참여, 조직구성원들의 지속적 행동유지 차원으로 이해해야 하며 모든 경영활동은 리더의 효율적 리더십에 따른 구성원의 성공적 통합여부에 달려 있다고 하겠다. 리더십은 일정한 상황에서 구성원들이 목표를 달성할 수 있도록 영향력을 행사하는 과정이며, 그 영향력은 사람을 변화시키고 새롭게 하고 힘을 주고, 분발 고취시키는 행위를 말한다(김성철, 2007).

종합적으로 정리하면, 리더십이란 목표의 설정과 달성을 위하여 개인이나 집단에 영향을 미치는 과정이며, 과업수행집단의 활동을 지휘하고 조정하는 능력이고, 한 사람이 다른 사람에게 특정한 목표를 달성하도록 하기 위하여 동기화하는 행동이다. 이러한 리더십의 정의에는 두 가지 중요한 특징이 있다. ① 리더십은 조직체성원들에 대한 권위, 혹은 권력의 위계적 관계이다. ② 리더와 성원들 간의 협동적인 관계이다(김치영, 최용민, 2006).

2. 리더십의 특성

리더십은 공식적 또는 비공식적 조직을 막론하고 인간관계에 있어 지대한 관심사로서 보는 관점에 따라 개념을 달리 규정하고 있다. 즉, 리더십은 모든 조직활동에 동기를 부여하고 촉진하여 다양한 집단활동을 일정한 목표로 향하도록 일체감을 조성하는 기능으로 볼 수 있다. 이에 리더십은 다음과 같이 몇 가지의 특성을 가지고 있다. ① 리더십의 활동 중심은 개인이다. ② 리더십은 역동적 행위이다. ③ 리더십은 사람에게 영향력을 주기 위한 활동이다. ④ 리더십의 가장 중요한 요인은 영향력이다. ⑤ 리더십의 목표는 목적달성이다. ⑥ 리더십은 의도적이다. 그리고 리더십은 몇 가지의 목표를 지니고 있다. ① 조직 및 집단목표의 선택, ② 조직 및 집단 내외에서 발생하는 여러 가지 사건에 관한 해석, ③ 목표 달성을 위한 업무 활동의 조직화 및 구성원의 동기 유발, ④ 구성원들 간의 협동관계 및 팀워크의 유지, ⑤ 조직 및 집단하부로부터 지지와 협조의 도출이라고 할 수 있다(김치영·최용민, 2006).

따라서 리더십은 집단의 단합과 사기(morale)를 증대시키고 또한 집단구성원의 개별적인 발전을 촉진시킬 수 있도록 집단 내의 상호작용을 통제하는 것을 의미한다고 볼 수 있다. 이러한 관점에서 리더십은 관리자의 관리능력을 수행하는 데 절대적이며 필수적 요건이라 하겠다. 특히 발전목표를 달성하기 위해 의식적인 변동을 가져오려는 과정에서는 집중적이고 의욕적이며 능숙한 내외관계의 관리가 필요하기 때문에 지도력 발휘는 지도자들의 중요한 역할이라 하겠다.

제2절 리더십의 이론

리더십의 이론을 결정하는 요인은 무엇인가를 고찰하는 것이 중요하다. 즉, 누가 지도자이며 누가 지도자가 될 수 있는가에 관한 이론과 가정은 아직도 많은 논쟁의 대상이 되고 있다. 따라서 리더십의 주요이론을 몇 가지 제시하면 다음과 같다(박연호, 2000:340-344).

1. 자질이론

자질이론(trait theory)은 특정인이 특정자질을 갖고 있기 때문에 지도자가 될 수 있다고 보는 견해이다. 리더십에 대한 초창기 연구에서는 효과적인 지도자에게는 남다른 특성이 있다고 보고 개인적 특성을 추출하고자 노력하였다. 이를 리더십의 자질이론이라고 한다. 이에 바너드(C. I Barnard)는 인성적 자질과 능력의 측면에서 박력과 지구력, 결단력, 설득력, 책임감, 기술적 능력을 리더십의 자질적 요소로 들고 있다(Chester I. Banard, 1948: 80-110; C. I. Barnard, 1946:23-26). 따라서 카츠는 지도자의 자질 세 가지 기능을 다음과 같이 제시하고 있다.

(1) 기술적 기능 : 인간관계를 위한 전문지식 그 자체 또는 전문지식에 대

한 분석적 능력을 말한다.

(2) 대인적 기능 : 인간관계 개선의 능력과 협동노력 확보의 능력, 그리고 집단분위기 안정의 능력을 말한다.

(3) 구도화 기능 : 조직활동 전체를 주관할 수 있는 능력, 즉 조직전체의 복잡성을 이해하고, 자기 자신의 활동이 조직전체에 어떻게 관련되고 있으며 조직의 어디에 적합한가를 알 수 있는 능력을 말한다.[14)]

그러나 자질론에 대하여 제시해 보면, ① 과연 그와 같은 우수한 자질을 구비한 사람이 현실적으로 존재할 수 있는가, ② 그 자질 중 우선순위를 결정할 수 있는가, ③ 자질이 풍부하더라도 상황에 따라 충분히 리더십을 발휘할 수 있겠는가 등이 한계점으로 지적되고 있다.

2. 행동이론

행동이론은 조직성과와 이러한 성과를 내는 지도자의 행동양식 간의 관계를 규명하고자 하는 견해이다. 즉, 지도자의 특성추구에 실패하게 된 리더십연구는 외부로 나타나는 지도자의 행동을 관찰하는 방향으로 진행되고 있다. 이에 지도자의 행동에 착안하여 리더십의 이론을 연구의 대상으로 삼는 것이 리더십의 행동이론이라 할 수 있다. 이와 함께 지도자와 구성원과의 관계를 중심으로 지도자의 행동스타일을 연구하는 추종자 중심이론이 전개되고 있다. 즉, 추종자 중심이론은 리더십의 결정요인이 추종자의 태도나 능력에 달려 있다고 보는 이론이다.

---

14) 카츠의 리더십 기능을 조직의 관리기능과 관련시켜 보면, 대체로 구도화 기능은 상위층으로 갈수록 확대되는 반면에 기술적 기능은 하위층으로 갈수록 커진다. 그러나 인간관계를 다루는 기능은 모든 관리계층에 공통적으로 필요한 것이다.

3. 상황이론

상황이론은 어떤 상황에 따라 리더십 발휘의 효과성과 리더십 유효성이 결정되는 이론으로 보는 견해이다. 리더십에 관한 자질이론이나 행동이론 등의 연구들은 주로 어떤 유일한 리더십을 발견하려고 하는 것이다. 최근에 상황이론은 리더십의 유효성이라는 관점에서 지도자가 처한 상황적 변수가 다르면 효율적인 리더십 유형도 달라진다는 주장이 각광을 받고 있다. 즉, 효과적인 리더십 유형은 상황에 따라 결정되어야 한다고 보는 관점이다. 그러나 상황에 따른 리더십 발휘의 효과성에 대한 설득력이 약하므로 리더십 유효성을 상황과 관련지은 상황적 리더십유형 이론이 등장하였다.

대표적인 상황적 리더십 이론으로는 다양한 이론들이 있지만, 여기서는 피들러의 상황이론을 중심으로 살펴보고자 한다. 피들러(F. E. Fiedler)는 지도자라 함은 영향력과 권력을 행사하는 것이 본질적이라고 전제하면서, 지도자가 영향력을 행사하려면 그가 처한 상황별로 그 행사태도가 달라야 한다고 주장하였다. 즉, 지도자의 행동유형들은 그 상황변수(지도자와 성원관계, 과업구조, 지도자의 직위권력)의 중요성 여하에 따라 효과성이 판가름되며 그 상황에 따른 리더십 행동이 요구된다는 것이다. 즉, 지도자에게 상황변수의 결합에 따라 호의적인 상황과 비호의적인 상황이 존재한다는 것이다.

피들러는 지도자의 유형을 '가장 싫어하는 동료작업자'(least preferred co-worker : LPC)라는 설문을 통해 지도자를 분류하였다. 피들러는 LPC점수가 높은 사람, 즉, 가장 싫어하는 동료를 호의적으로 설명한 사람은 집단지향적 또는 관계지향적 지도자로 분류되는 반면에 LPC점수가 낮은 사람, 즉, 가장 싫어하는 동료를 비호의적으로 기술한 사람은 과업지향적인 지도자로 분류하였다. 이에 상황과 지도자의 분류를 통해 리더십 유형과 성과의 관계를 [그림 6-1]과 같이 제시하고 있다.

[그림 6-1] 리더십의 유형과 성과예측

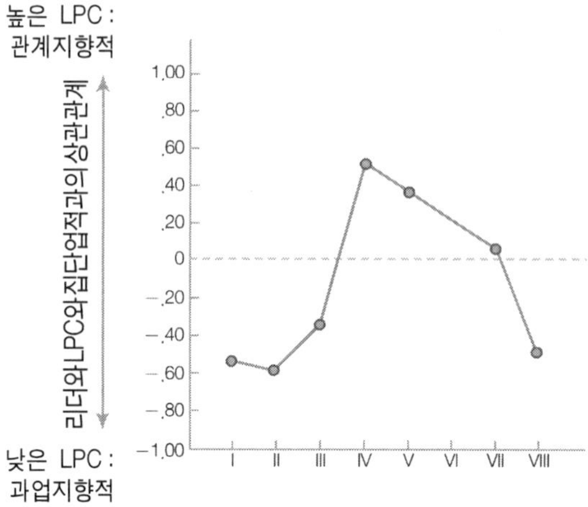

제3절 리더십의 유형

리더십의 유형은 기관조직이나 집단의 구성원에 대한 지도자의 전통적인 행동방식을 뜻하므로 지도자의 성격이나 상황 및 목표 등의 요소에 의해서 다양하게 분류할 수 있다. 따라서 리더십의 유형을 두 가지 차원으로 제시하면 다음과 같다.

1. 1차원 유형

리더십의 1차원 유형은 화이트와 리피트의 유형인 권위형, 자유방임형, 민주형의 세 가지로 구분할 수 있다. 이들의 특징을 요약하여 설명하면 다음과 같다(Ronald Lippitt & Ralph K. White, 1985:406-511).

(1) 권위형(authoritarian) : 지도자 자신의 판단이 최상이라고 생각하기 때문에 종업원의 의견은 받아들이지 않고 항상 자신의 욕망과 신념에 의하여 종업원의 복종만을 강요하는 형이다.

(2) 자유방임형(laissez-faire type) : 지도자 자신은 의사결정 등에 전적으로 관여하지 않고 수동적이며 국외자로 행동하고 종업원들의 자의

적 활동이 되게끔 하는 형이다.

(3) 민주형(democratic type) : 의사결정 내지 업무활동에 있어서 집단참여 및 집단중심적이며, 지도자는 이에 적극적인 토의나 적절한 조언의 역할을 하는 형이다.

최근에는 리더십이 주어진 상황 속에서 목표달성을 향하도록 노력하고자 할 때 개인과 집단에 영향을 미치고 있음이 사실이다. 리더십에는 다른 사람과 더불어, 그리고 다른 사람을 통하여 목표를 달성하는 일이 포함되고 있다. 따라서 과업과 인간관계라는 양측 면에 대한 관심을 갖지 않으면 안 되며, 이 양자에 대한 관심의 농도에 따라 리더십 유형이 결정지어지게 된다는 것이다. 예컨대, 권위형 또는 민주형이 무엇을 의도한 것이냐에 초점을 두게 되면 결국 전자는 과업, 후자는 인간관계의 성향을 띠고 있는 것으로 나타나 있다. 따라서 이들 유형에 있어서 전통적인 설명을 달리하여 과업과 관계성이라는 관점에서 생각을 해야 될 것이다.

2. 2차원 유형

리더십의 2차원 유형에는 '구조주도와 배려'의 리더십과 '성과기능과 유지기능'의 리더십으로 구분하면서, 이를 구체적으로 설명하면 다음과 같다.

1) 구조주도와 배려의 리더십

구조주도와 배려의 리더십은 미국 오하이오대학의 경영연구소(The Bureau of Business Research, 1945)에서 지도자의 행동에 관한 연구의 내용이다. 즉, 어떤 집단에게 목표달성을 지도하게 될 때 크게 두 가지로 구분하고 있다. ① 구조주도(initiating structure)란 지도자와 종업원 사이의 관계를 명확히 밝혀 주고, 조직의 유형이나 의사전달의 통로 혹은 절차 등을 잘 정리할 수 있는 지도자의 행동을 말한다. ② 배려(consideration)란 우호적인 분위기, 상호신뢰, 존경, 온정 등을 지도자와 종업원 사이에 마련해 주는 지도자의 행동을 의미한다(Fred Luthans, 1989:454-455).

오하이오 대학의 연구조사팀은 지도자의 행동에 관한 자료를 수집하기 위해서 지도자의 행동기술설문지(leader behave description questionnaire: LBDQ)를 만들어 냈다. 이 조사표는 지도자가 실제로 어떻게 행동하는가를 기술하도록 작성된 것이다. 연구조사자들은 LBDQ 항목을 바탕으로 하여 지도자가 행사하는 행동의 유형에 관한 자료를 요인분석 하였다. 이렇게 하여 연구에서는 리더십이 '구조주도'와 '배려'의 혼합에 의해서 이루어진다는 것을 밝혀냈다. 따라서 이 연구에 의하면 지도자의 행동이란 하나의 단일 연속선상에서 이루어지는 것이 아니라, 양축을 바탕으로 한 [그림 6-2]와 같이 2차원 상에서 이루어진다는 것이다.

[그림 6-2] 리더십의 4분면

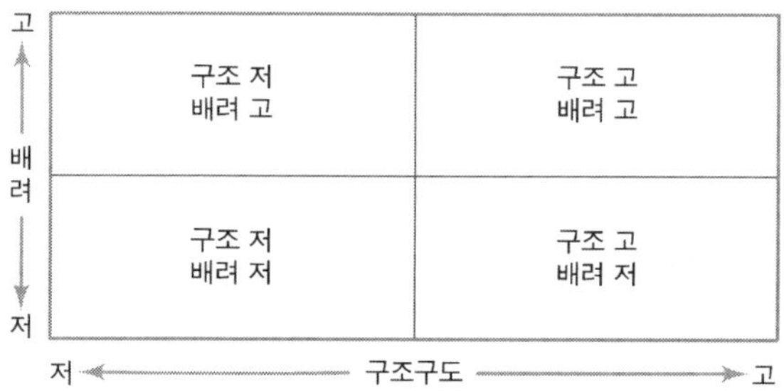

2) 성과기능과 유지기능의 리더십

성과기능과 유지기능의 리더십은 일본에서 미스미가 개발한 유형이다. ① 성과기능(performance)이란 목표달성이나 과제해결을 지향하는 기능이다. ② 유지기능(maintenance)이란 집단의 자기보존 내지 집단의 과정 그 자체를 유지하려는 기능이다. 그리고 성과기능을 촉진시키고 강화하는 행위를 리더십 P행동, 유지기능을 강화하는 행위를 리더십 M행동이라 할 수 있다. 기관조직에서 P행동은 목표달성을 위한 압력이나 계획 등을 말하며, M행동은 신뢰, 존경 등으로 볼 수 있다. 그리고 이 두 가지 행동에 따라 리더십의 유형을 [그림 6-3]의 4분면으로 분류할 수 있다.

[그림 6-3] PM이론의 4분면

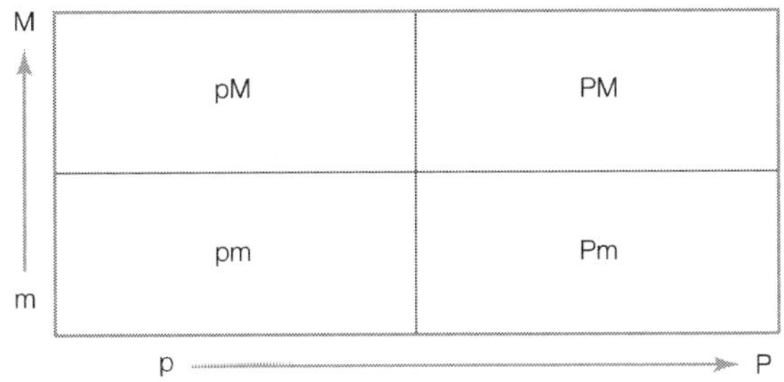

PM이론에 의하면, 지도자가 어느 유형에 속하는가를 알기 위해서 먼저 종업원들에게 P차원과 M차원에 관한 질문서를 보내 지도자가 행위를 평가하도록 하여 P점수와 M점수를 구한다. 여기서 각 지도자의 P, M 평균점수를 따져서 평균보다 높은 점수는 대문자로, 평균 이하는 소문자로 나타내어 PM, pM, Pm, pm의 네 가지 유형이 만들어진다. 이들 각 유형별 지도자의 유효성을 살펴보면 사기, 팀워크, 정신위생, 커뮤니케이션 성과 등의 면에서 PM형의 지도자가 속한 집단이 가장 높고, 그 다음 pM형과 Pm형, pm형의 순으로 나타났다.

3. 3차원 유형

리더십 3차원 유형의 대표적인 것은 레딘(W. J. Reddin)의 '3-D Theory'인데, 그는 2차원 유형의 '기본형'을 토대로 이 이론을 발전시켜 이른바 3차원 유형(3di-mention model)을 제시하였다(William J. Reddin, 1970).

3차원 유형의 리더십에 대한 기본형을 보면, '과업지향'(task oriented)과 '인간관계지향'(human relation oriented)의 두 가지 요소를 결합하여 [그림 6-4]와 같이 기본형을 만들었다. 레딘은 기본형(분리형, 관련형, 헌신형, 통합형)인 2차원의 Grid형을 제시한 다음, 여기에 [그림 6-5]와 같은 효과성(effectiveness)이라는 요소를 도입하여 3차원 유형으로 전환시키고 있다. 그는 제시된 기본형이 주어진 상황에 적합한가, 부적합한가에 따라서 [그림 6-6]에서 보는 바와 같이 여덟 가지 리더십형이 나타나고 있다.

[그림 6-4] 레딘의 기본형

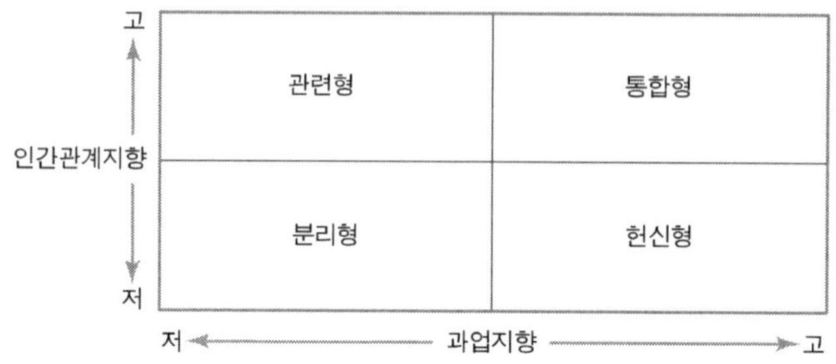

[그림 6-5] 레딘의 3차원 유형

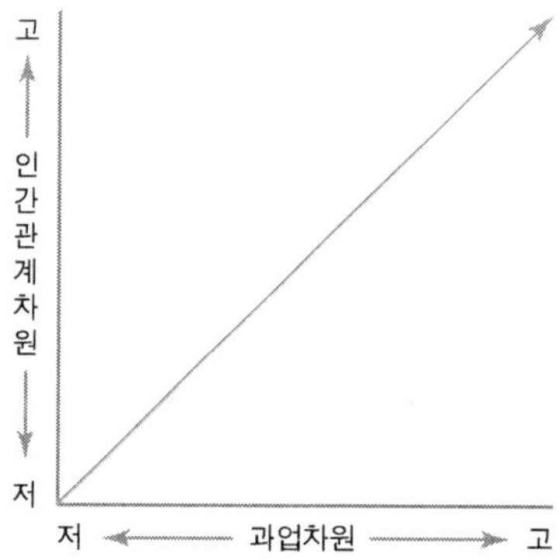

[그림 6-6] 레딘의 8대 리더십 유형

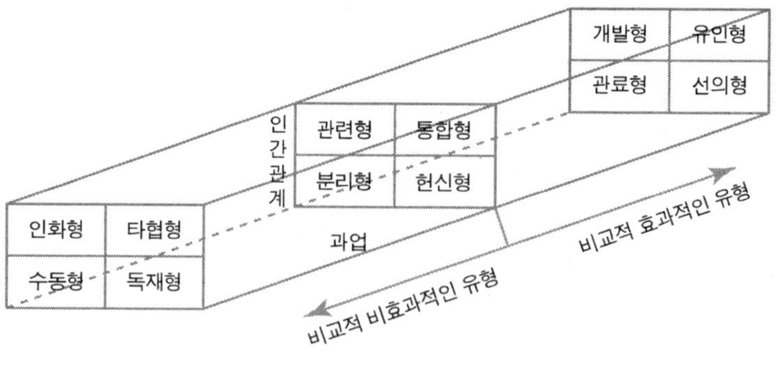

[그림 6-6]에서는 '기본형'이 상황이 적절한 경우에는 비교적 '효과적 유형'이 되고, 그렇지 못한 경우에는 '비효과적 유형'이 된다. 예컨대, '통합형'이 상황이 적합하면 '유인형'이 되고 그렇지 못한 경우는 장기적 안목이 없는 '타협형'으로 된다는 것이다. 따라서 이들 여덟 가지 형태의 특징을 제시해 보면 다음과 같다.

(1) 수동형(deserter) : 매사에 수동적이고 소극적인 평가를 받는 리더십 패턴이다.
(2) 인화형(missionary) : 인간관계와 조화에 흥미를 갖는 인화적 리더십 패턴이다.
(3) 독재형(autocrat) : 신뢰성이 없고 목전의 과업에만 흥미를 갖는 리더십 패턴이다.
(4) 타협형(compromiser) : 장기계획이 없고 목전의 문제만을 보는 리더십 패턴이다.
(5) 관료형(bureaucrat) : 규칙과 절차에 따르고 양심적인 평가를 받는 리더십 패턴이다.
(6) 개발형(developer) : 신뢰성 있는 평가를 받고 구성원을 개발시키는 리더십 패턴이다.
(7) 선의형(benevolent) : 반발을 사지 않고 업무를 수행시키는 리더십 패턴이다.
(8) 유인형(executive): 훌륭한 동기를 유발시키고 팀워크 관리를 하는 리더십 패턴이다.

제4절 리더십의 기술

조직의 관리자는 다양한 리더십 기술을 갖추어야 한다. 사회복지행정은 조직변화의 맥락에서 이루어지며, 조직도 인간처럼 다양한 단계의 삶의 사이클을 갖는다. 그에 따라 관리자들은 각기 다른 형태의 리더십기술을 갖출 필요가 있다. 한 개인이 관리자로서의 일생을 살아가는 동안에도 시점마다 각기 다른 기술들이 요구된다. 카츠(R. Katz)는 지도자가 갖추어야 할 세 가지의 리더십기술을 다음과 같이 제시하고 있다(김영종, 2010).

1. 인간관계기술

사회복지기관의 행정업무와 조직관리는 혼자서 수행하는 일(solo performance)이 아니다. 어떤 기관조직에서도 관리자는 개인이나 집단과 효과적으로 일할 수 있어야 한다. 의사소통을 장려하고, 개인별 동기 구축을 돕고, 역동적 문제해결 집단을 구성해야 한다. 이러한 관리자 과업의 핵심은 인간관계(human relations) 기술에 달려 있다. 이는 리더십 목적뿐만 아니라 기획이나 예산과정까지 포함한 조직 내의 모든 과업수행의 효과성을 좌우하고 있다.

모든 조직관계의 근원은 곧 사람들의 관계이기 때문이다. 휴먼서비스 조직에서 이러한 인간관계 기술은 더욱 강조된다. 서비스를 의도하고, 만들고, 실행하고, 평가하는 모든 조직 과정이 제공자와 대상자, 평가자들 간의 인간관계들로 이루어진다. 휴먼서비스 조직은 불확정적 기술을 가지므로 업무 표준과 같은 기계적 관계보다는 긴밀한 대인적 의사소통으로 교류해야 할 필요성이 매우 크게 나타난다. 리더십 기능의 대부분은 인간관계기술에 귀착된다. 리더십이란 다른 사람들을 움직여서 일이 되도록 하는 것이다. 이 과정에서 리더 혹은 관리자는 사람들에게 동기를 부여하고, 역량을 강화시켜주고, 지원해 주는 역할을 한다. 이 역할의 대부분은 인간관계의 맥락에서 수행되므로, 인간관계 기술이 리더십 기능의 핵심이 된다.

2. 의사결정기술

사회복지행정의 근간은 조직구성원의 의사결정과정에 있다고 해도 과언이 아니다. 의사결정(decision making)은 바람직한 결과를 성취하는 대안 수단을 확인해 내는 것이다. 불확정적이고 개별화된 인간욕구를 다루는 휴먼서비스의 특성상 완벽한 합리성(rationality)은 대개 합목적성을 의미한다. 특정한 목적을 실현하기에 적합할 때 이를 합리적이라 한다. 그래서 합리성이라 할 때는 수단 자체로서는, 목적이 무엇인지와의 연관성이 중요하다. 휴먼서비스에서는 의사결정을 단순히 합리성 기준으로 시행하기 힘들다.

사회복지행정 관리자는 의사결정 리더십에서 '민감성'이 중요하다. 의사결정 리더십은 합리성 만큼이나 혹은 그 이상으로 중요하게 간주된다. 휴먼서비스의 목적설정, 개입전략, 실행과정, 평가과정에서는 무수히 많고 작은 의사결정들이 수반된다. 이러한 의사결정은 대개 관리자 독단으로 수행되어 다양한 이해관계자들과의 개별적 혹은 집단적 관계에서 이루어진다. 참여적 의사결정이나 집단적 의사결정의 방법은 독단적 의사결정보다 훨씬 고급스러운 리더십기술을 필요로 한다.

3. 전문개입기술

휴먼서비스 조직에서 전문적 기술(technical skill)은 개별업무자가 소지하는 측정담당 분야에 대한 기술이다. 인간관계기술과 의사결정기술을 제외한 나머지 업무관련 기술이다. 전문적 기술이 관리자 기술전반에서 차지하는 비중은 관리자가 상급으로 이동해 갈수록 줄어든다. 리더가 조직위계에서 차지하는 위치에 따라 리더십기술에 대한 요구가 달라진다. 대부분의 하급관리자들에게는 전문적 기술이 중요하다. 그러다가 이들이 승진을 통해 조직위계의 상부로 이동하게 되면, 전문적 기술은 상대적으로 중요성이 감소하게 된다.

반면에 의사결정기술이 더 중요시되는데, 이것은 조직위계의 하부에 있을 때는 그다지 중요시되지 않던 것들이다. 하급관리자로서의 능력을 인정받는 것은 관련 전문기술 때문이며, 이를 토대로 하급 관리자는 조직의 상부위계로 올라간다. 만약 승급한 관리자가 새로운 기술 요구에 적응하지 못하면, 개인과 조직 모두에게 부정적인 영향을 초래한다. 이것이 의미하는 바는, 관리자의 위계상황이 변화하면 그에 따라 새로운 리더십기술의 인식과 습득 노력이 중요하게 된다는 점이다(김영종, 2010).

제5절 리더십의 활용방안

사회복지조직을 효과적으로 관리하기 위해서는 서비스의 질과 생산성이라는 두 가지 측면을 적절하게 혼합할 수 있는 리더십 스타일을 찾는 것이 중요하다. 외부환경에 의존적인 사회복지서비스 조직들에서는 리더십 평가의 기준을 자칫 생산성이나 효율성에 국한되어 강요받을 수도 있다. 그러나 이와 같은 기준들도 중요하지만, 서비스의 질이나 효과성 기준을 능가해서는 안 된다. 사회복지서비스의 목적개념은 서비스의 효과성에 내재해 있기 때문이다. 이런 이유로 사회복지행정의 원리는 몰가치적 행정보다는 오히려 전문직의 가치개입을 통한 리더십을 강조한다(김영종, 2010).

사회복지조직은 일반행정 조직과 다르다는 것을 알 수 있다. 리더십의 특성을 충분히 고려해야 할 것이다. 사회복지리더십의 활용 방안으로는 사회복지실천기술의 활용으로서, 사회복지조직은 수립한 프로그램의 목표를 달성하기 위하여 동원가능한 모든 기술과 기법을 활용해야 한다. 이를 위해서는 조직의 리더뿐만 아니라 조직구성원 전체의 능력을 증진시켜야 한다. 또한 조직 내의 사기를 진작시킬 수 있는 환경과 분위기를 만들어 가는 것도 중요하다. 리더가 조직 내에서 어떠한 리더십을 발휘하고 활용하느냐에 따라 달성 여부가 결정된다는 점을 반드시 고려해야 한다.

섬김(servant)의 리더십은 전통적 리더십 스타일의 대안으로 직원들이 개인적으로 성장함과 동시에, 조직의 질적인 개선을 시도한 새로운 리더십 이론이다. 섬김의 리더십에서는 팀워크, 지역공동체, 의사결정에 참여, 윤리적 행태 등을 강조한다. 스피어(L. Spears)는 섬김의 리더십을 인간개발의 새로운 시대에 알맞은 진정한 희망과 방향을 제시하는 것으로 주장하고 있다. 섬김의 리더십은 1970년 그린리프(R. Greenleaf)가 '섬김의 지도력'(servant-leadership)이라는 저서에서 도출해 낸 용어이다. 그린리프는 헤르만 헷세의 동방기행에 등장하는 여행단의 하인인 레오에게 아이디어를 얻어 섬김의 리더십을 고안하게 되었다. 그린리프는 섬김의 리더십을 먼저 다른 사람에게 봉사하는 사람으로 규정하고 있다. 섬기는 자나 하인은 먼저 봉사하고자 하는 자연스러운 감정이 들면 지도자가 하고자 하는 것을 의식적으로 선택하게 된다는 것이다(김성철, 2007).

섬기는 지도자의 특성은 경청, 감정이입, 영적인 치유, 자각, 설득, 개념화, 통찰력, 봉사정신, 성장의 몰입, 공동체 확립 등을 강조하고 있다. 이는 쉽게 얻어지는 특징이나 자질이 아니라 지도자가 되고자 하는 사람들의 절대적인 노력이 필요하기 때문이다. 스미스(R. Smith)는 전통적 리더십과 섬기는 리더십의 차이를 이론, 가치, 신념, 수수께끼 풀이, 리더십 스타일, 부하의 스타일 등으로 규정하고 있다(김성철, 2007).

사회복지조직에서의 리더의 역할을 보면, 조직의 성격에 따라 기업의 최고경영자는 이윤을 최대로 추구하는 것이며, 공공기관조직의 리더인 경우는 정책의 일관적 집행을 가장 중요한 기준으로 삼고 있다. 그러나 사회복지조직의 리더는 클라이언트와 지역사회에 제공되는 서비스 및 활동의 질로서 평가 받게 된다. 따라서 사회복지조직에서의 리더의 역할은 ① 조직에서 생산되는 산출물에 의해 직접적인 평가를 받는다. ② 양질의 서비스를 효율적으로 공급하는 것이 그들의 가장 중요한 임무가 된다. ③ 전통적 경영기술과 함께 사회복지정책 형성과정에서도 중요한 역할을 수행한다. ④ 기관 생산성에 대한 강조와 동시에 클라이언트의 문제 및 욕구에 대해 민감할 것을 요구 받는다(김치영·최용민, 2006).

리더는 조직 및 구성원의 발전에 대한 책임이 있다. 리더는 뚜렷하고 분명한 목표제시와 방향을 구성원에게 할 뿐만 아니라 솔선수범하는 자세를 보여줘야 한다. 그리고 리더는 상황을 직시하고 분명한 통찰력으로 문제의 핵심을 잘 진단하고, 구성원에게 합리적인 방법을 제시할 수 있는 능력을 가져야 한다. 구성원들이 문제해결 방안을 선택하면 리더는 조직이 갖춘 모든 역량을 동원하여 문제를 해결할 수 있도록 추진해 나가야 한다. 리더는 조직의 안정을 위협할 수 있는 정치적·경제적·사회적 원인들에 대하여 분석하고, 이러한 원인들이 미칠 파장을 고려하여 대비책을 마련해야 한다.

따라서 사회복지조직의 최고관리자는 당면문제의 원인을 분석하고 해결방안을 모색할 수 있지만, 최종적인 방안의 선택은 리더의 몫이기 때문에 리더는 심사숙고해야 한다. 조직의 위기는 조직을 붕괴시킬 수도 있고 조직을 한 단계 발전시키는 결과를 가져오기도 한다. 탁월한 리더는 상황에 따라 적절한 방안을 제시하여 구성원들로 하여금 스스로 문제의 원인을 찾고 해결할 수 있는 능력을 갖춘 자라 할 수 있다.

생각해 볼 문제들

1. 리더십의 정의를 설명하시오.
2. 리더십의 이론을 간략히 제시하시오.
3. 리더십의 기술을 간략히 제시하시오.
4. 섬김의 리더십에 대해 설명하시오.
5. 리더십의 활용방안에 대해 간략히 설명하시오.

참고 문헌

김병진 (1997). 현대사회과학 조사방법론. 서울: 삼영사.

김성철 (2001). 사회복지의 역사. 서울: 평화사회복지연구소.

______ (2002). 미래사회와 인간. 서울: 평화사회복지연구소.

______ (2007). 사회복지적 리더십. 서울: 한국학술정보(주).

김영종 (2010). 사회복지행정. 서울: 학지사.

김치영·최용민 (2006). 사회복지행정론. 파주: 21세기사.

성규탁 (1996). 사회복지행정론. 서울: 법문사.

이수도 (2000). 조직행동론. 서울: 형설출판사.

황진수 (1998). 현대복지행정론. 서울: 대영문화사.

Baber, G. (1986). *Correlates of Job Satisfaction among Human Service Workers*. Administration in Social Work. 10, Spring.

Bass, B. (1981). *Leadership & performance beyond Expectations*. New York: Free Press.

Bennis, W. (1989). *On Becoming a Leader*. Reading. MA: Addison-Wesley Publishing Company Inc.

Mantz, C. & Sims, H. (1991). *Super Leadership : Beyond the Myth of Heroic Leadership*. Organizational Dynamics.

Daft, R. (1992). *organization theory and design* (4th ed.). St. Paul, M. N: West Publishingng Company.

Tarr, D. (1995). *The Strategic Toughness of Servant-Leadership*. In Spears.

Drucker, P. F. (1973). *Management: Task-Resporisibilities Practices*. New York: Harper & Row.

Schein, E. (1970). *Organizational Psychology. (2nd ed.)*. Englwood Cliffs. New Jersey: Prentice -Hal1.

Hasenfeld, Y. (1992). *Humans Services as Complex Organizations*. Newbury Park: Sage Publications.

Greenleaf, R. (1977). *Servant –Leadership : A Journey Into the Nature of Legitimate Power and Greatness*. Mahwah. New Jersey: Paulist Press.

Hall, R. (1993). *Organization : Structure, Processes & Outcomes (5th ed.)*. Englewood Cilffs. New Jersey: Prentice-Hall.

Hodge, B. & Anthony, W. (1991). *Organization Theory : A Strategic Approach*, Allyn and Bacon, 4th Edition.

Josephson, M. & Hanson, W. (1998). *The Power of Character (eds,)*. San Francisco: Jossey Bass.

Coger, J. & Kanungo, R. (1987). *Toward Behavioral Theory of Charismatic Leadership in Organizational Settings*, Academy of Management Review Vol.13.

Howell, J., Bowen, D., Dorfman, P. & Kerr, S., Podsakoff, P. (1990). *Substitues for Leadership : Effective Alternatives to Ineffective Leadership*, Organizational Dynamics.

Kolb, D. & Robins, M. (1995). *The Organizational Behavior Reader*. Prentice-Hall. 6th Edition.

Cameron, J. (1983). *Defining and Measuring Organizational Effectiveness for the Personal Social*

Service, Doctoral Dissertation. Columbia university.

Kellerman, B. & Matusak, L. (2000). *Cutting Edge : Leadership 2000 (ed.)*. College Park: James MacGregor Burns Academy of Leadership.

Spears, L. (1995). *Introduction : Servant-Leadership & the Greenleaf Legacy.* In L. C. Spears (ed.). Reflection on Leadership : How Robert K. Greenleaf s Theory of Servant-Leadership Influenced Todays Top Management. New York: Willy.

Spears, L. (1998). *Insights on Leadership: Service, Stewardship, Spirit and Servant-Leadership (ed.)*. New York: John Wiley & Sons.

Greenleaf, R. (1985). *Life s Choices & Markets.* In Spears.

Greenleaf, R. (1991). *The Servant as Leader.* Indianapolis : R. K. Greenleaf Center.

Skidmore, R. A. (1995). *Social Work Administration*. Needham Heights. MA: Allyn & Bacon.

Vroom, V. & Jago, A. (1988). *The New leadership*. Englewood Cliffs. New Jersey: Prentice-Hall.

CHAPTER 07

의사소통

Social Welfare Administration

사회복지조직에서 의사소통은 매우 중요한 수단이 되고 있다. 아무리 훌륭한 사회복지서비스를 기획을 하더라도 수행해야 하는 조직구성원들 간에 의사소통이 원활하지 않다면 모든 과정과 조직의 유기적인 관계들에 큰 손상을 입게 된다. 이에 사회복지행정에서 의사소통은 조직이 형식적인 유기적 관계를 초월하여 실질적인 유기적 조직이 되도록 윤활유와 같은 역할이 요구되고 있다. 따라서 본 장에서는 첫째, 의사소통의 개념, 둘째, 의사소통의 원칙과 과정, 셋째, 의사소통의 유형, 넷째, 의사소통의 고려사항, 다섯째, 의사소통의 장애와 활용방안 등을 중심으로 살펴보고자 한다.

제1절 의사소통의 개념

1. 의사소통의 정의

의사소통(communication)은 언어나 신호 또는 동작 등을 통하여 조직 내의 개인 또는 조직단위 상호간에 어떤 사실(정보)이나 의견·감정 등을 전달하고 교류하는 과정을 말한다. 의사소통이라는 용어는 '의사전달' 또는 '커뮤니케이션', '정보의 흐름' 등으로 옮겨지고 있으나, 한 방향으로의 흐름이 아니라 상호교류 과정(two-way process)이라는 뜻이 내포되어 있다(이평원, 2009:287). 사티어(V. Satir)는 『사람만들기』(peoplemaking) 저서에서 의사소통을 '사람들이 서로 간에 의미를 나타내려고 하는 방법들'이라고 했다(V. Satir, 2002:15). 카두신(A. Kadushin)은 서로 간에 상호교환되는 의사소통(communication)은 수신체계(a receiving system), 처리체계(a processing system), 전달체계(a transmitting system)를 가진 두 사람 사이에서 이루어진다고 주장했다.

수신체계는 오감기관에 의해 들어오는 신호를 받아들이게 되고, 받아들여진 메시지를 지각하고 의미를 부여하는 처리체계를 거쳐, 수행기관(음성, 입, 손, 눈 등)을 통하여 선택한 용어와 비언어적 몸짓을 전달한다(A. Kadushin, 1995:42). 행정의 과학화를 주창했던 시몬(A. Simon)은 의사소통이란 상징을 통하여 정보·생각·감정을 전달하는 것이며, 결정의 전제가 될 수 있는 정보를 전달하는 과정이라고 했다(H. A. Simon, 1957:154).

사회복지현장은 사람을 섬기는 현장이다 보니 수많은 면접을 통한 의사소통이 이루어지고 있기 때문에 의사소통에 대한 이해를 특별히 필요로 한다. 의사소통은 사회복지조직이 목표를 달성하기 위하여 사회복지사와 클라이언트, 사회복지사 동료 간, 사회복지조직의 위계 간의 사이에 각종 정보, 생각, 감정, 행동을 상호전달하는 것이다. 즉, 인간의 수신체계, 처리체계, 전달체계를 거치는 상호과정의 전 과정을 의미한다고 할 수 있다.

2. 의사소통의 구성요소

의사소통은 5W로 구성된다. 즉, 누가(who), 무엇을(what), 어떠한 통로로(in which channel), 누구에게(to whom), 어떤 효과를 노리고(with which effect) 의사를 전달하는가를 말한다. 그 요소들은 다음과 같다(이평원, 2009:275-276).

1) 전달자 : 누가(who)

전달자는 의사소통을 시작하는 개인 또는 단체를 말한다. 즉, 자발적인 입장에서 피전달자에게 어떤 의지를 전달하려는 주체를 말한다. 그러나 전달자 중에는 자기의 의지가 아닌 다른 사람의 의지를 단순히 전달하는 역할만 하는 사람도 있다(예: 아나운서).

2) 전달내용 : 무엇을(what)

전달내용은 전달하고자 하는 사건들이다. 전달하고자 하는 내용이 왜곡되지 않고 그 진의가 피전달자에게 충분히 전달될 때, 성공적 의사소통이라 할 수 있다. 그러나 의식적 또는 무의식적으로 전달내용이 제대로 전달되지 않는 경우가 많다.[15)]

3) 통로 : 어떻게(in which)

발송한 메시지는 일정한 통로를 거쳐서 수신자에게 전달된다. 따라서 통로는 발신자와 수신자를 연결시켜주는 길이라 할 수 있다. 통로는 발신자가 수신자에게 바로 전달하는 직접적인 통로도 있고, 중간에 사람을 통하여 전달하는 간접적인 통로도 있다. 사용방법에 따라 문서상의 통로가 있고, 구두로 하는 통로가 있다. 그리고 느낌만으로 전달되는 감정상의 통로도 있다.

4) 피전달자 : 누구에게(to whom)

피전달자는 전달된 정보의 내용을 이해하는 자이다. 피전달자는 전달된 내용이 전달자의 목적의식 하에 전달되었다는 것을 알고 있어야 한다. 따라서 피전달자 측에서는 전달된 내용에 대하여 해석하는 과정이 있어야 한다.

5) 효과 : 어떤 것과(with which)

피전달의 행동에 변화의 영향을 주겠다는 의도상의 효과이다. 따라서 의도상의 효과이기 때문에 반드시 행동의 변화가 일어나지 않아도 된다. 왜냐하면 피전달자의 행동의 변화를 노리고 전달된 정보는 변화를 유발시

---

15) 사회조직 내에서 위계구조상 정보를 위로 올릴 때 의사를 전달하는 자는 자기에게 불리한 전달내용은 삭제하거나 왜곡시키는 경우가 일어날 수 있다. 이러한 경우들은 상향식 의사소통 과정에서 흔히 나타날 수 있다.

키지 않을 수도 있기 때문이다. 그러나 대부분의 경우 정책 전달과정에서 입수된 정보는 정책결정에 영향을 주는 것이 사실이다.

3. 의사소통의 중요성

조직에서 의사소통이 잘 이루어지는지 여부는 조직이 수행하려는 과제 달성을 비롯한 조직의 성패와 직결된다. 의사소통의 중요성을 살펴보면 다음과 같다(최창호, 2002:218-219; 강용규 외, 2007:122-123. 재인용).

(1) 의사소통은 두 사람 또는 두 기관 사이에 공통 이해를 조성하여 공동 목표를 향한 상호 협조를 가능하게 해준다.
(2) 의사소통은 조직에서 행하는 의사결정(decision-making)에 있어서 전제적 조건이 된다. 왜냐하면 정보 없이 결정하는 것은 불가능하기 때문이다.
(3) 의사소통은 조직 내 구성원의 심리적 욕구를 충족시켜 주는 데 큰 역할을 한다. 즉, 조직이 커질수록 직원들의 소외감 내지 아노미(anomie)가 커지는데, 직원 간의 의사소통을 활발히 해줌으로써 그들의 소속감과 사기를 높일 수 있는 것이다. 인간은 본질적으로 의사나 감정을 표출함으로써 만족을 얻을 수 있다.
4) 의사소통은 장래의 대비를 가능하게 해준다. 의사소통을 통한 정보의 획득은 장래에 취할 태도나 행동의 대비에 중요한 역할을 수행한다.

스키드모어(R. Skidmore)는 사회복지행정에서 의사소통의 중요성을 효과성, 효율성, 사기라는 세 가지 측면에서 설명하고 있다(R. Skidmore, 1990: 164-165; 강용규 외, 2007:123-124. 재인용).

1) 효과성(Effectiveness)

사회복지조직에 있어서 서비스를 효과적으로 전달하기 위해서는 직원 상호간에 의사소통이 원활하게 이루어져야 한다. 만일 직원들 간에 의사소통이 이루어지지 않는다면 목표달성을 위한 건전한 정책이 수립될 수 없으며, 직원들이 그들의 생각, 의견과 감정을 서로 나눌 수 없다면 의미 있는 의사결정이 이루어질 수 없을 것이다. 조직에서의 효과성은 직원 상호간, 특히 상위직과 하위직 사이에 생각과 감정을 서로 공유하는 데 달려 있다. 쌍방적 의사소통(two-way communication)은 민주적 과정의 일부이며 효과적인 정책을 결정하고 건전한 의사결정을 내리는 데 필수적이다.

2) 효율성(Efficiency)

효율성은 직원 상호간에 개방적으로 의사소통을 함으로써 향상된다. 의사소통의 의미가 무엇이든 간에 직원들이 절차, 방법, 사례, 정책, 목표, 그리고 자신들의 열망에 대해서조차도 생각하고 느끼는 것을 서로 공유하는 것이 중요하다. 서비스 개선을 위해 효율적인 기법을 습득한 직원은 다른 직원과 공유함으로써 효율성을 높일 수 있다. 또한 어떤 절차가 부적절하고 비효과적이라는 것을 발견한 직원은 다른 직원들로 하여금 그가 발견한 사실을 알게 함으로써 조직에 도움을 줄 수 있다.

3) 사기(Morale)

사기는 조직의 운영에 있어 특별히 중요하다. 최고 관리 층과 조직의 구성원 간에 의사소통이 잘됨으로써 의기투합되었다고 느끼게 되면, 그들은 무엇이 어떻게 돌아가는지 알지 못할 때마다 서로 간에 훨씬 더 지지(옹호)하게 되고 조직의 목표를 달성하려고 노력하게 된다. 사기는 상위계층과 하위계층의 직원들이 그들이 무엇을 생각하고 무엇을 느끼고 있으며 또 왜 그렇게 생각하고 느끼고 있는지를 서로 간에 함께 나누어 봄으로써 향상된다. 이것은 그들이 매사에 의견이 일치한다는 것을 의미하는 것이 아니라 상대방이 어떻게 느끼고 있는가를 서로 인식하는 것이다. 조직의 사기는 서비스전달에서 서로 간에 의사소통을 하고 도움을 주는 행정가와 직원 간의 이해를 바탕으로 이루어진다.

4. 의사소통의 기능

의사소통은 조직에서 다음과 같은 기능을 갖는다(김규정, 2002:487-488).

(1) 정책결정·의사결정의 합리화 기능이다. 정책결정·의사결정의 합리성은 정확·신속하고 우수한 질을 가진 의사소통체제에 의하여 확보된다. 결함이 없는 결정이라 할지라도 결정이 불충분하게 전달되는 경우 소기의 성과를 얻기 어렵다.

(2) 사기앙양과 참여촉진 기능이다. 의사소통은 조직구성원의 심리적 욕구를 충족시키는 중요한 수단이다. 활발한 의사소통을 통하여 정책, 업무절차, 인사 등에 관한 정보를 제공하고 안정감, 소속감, 참여의식을 느낄 수 있게 함으로써 사기를 올리게 되며 행정능률이 향상될 수 있다.

(3) 조정의 효율화 기능이다. 조직 내에 활발한 의사소통이 이루어짐으로써 사업계획이나 조직목표에 대하여 구성원이 충분한 이해와 헌신적 태도를 갖게 될수록 조정이 효율화된다.

(4) 리더십의 발휘수단 기능이다. 의사소통을 활성화시키고 효과적으로 잘 활용할 수 있느냐의 여부는 행정 리더십의 성패를 좌우하게 된다.

제2절 의사소통의 원칙과 과정

1. 의사소통의 일반원칙

효과적인 의사소통을 위한 원칙들은 학자들마다 약간씩의 차이가 있으나 보편적으로 많이 소개되고 있는 레드필드(C. E. Redfield, 1953:29-45)의 의사소통의 일반원칙을 살펴보면 다음과 같다.

(1) 명료성(clarity) : 의사소통은 수신 받는 자가 그 의미를 정확히 이해할

수 있도록 명료하게 전달되어야 한다. 즉, 이상적인 의사소통이 이루어지기 위해서는 그 의미가 명확해야 하고, 최적의 통로를 선택해야 하므로, 어려운 단어나 복잡한 배경 설명, 어색한 문장구조, 진부성, 불필요한 전문용어, 지나친 미사여구 등은 오히려 의사소통의 명료성을 잃게 한다.

(2) 일관성(consistency) : 의사소통은 전후의 전달내용이 서로 모순되지 않아야 한다. 즉, 조직에서 명령이 전달되었다면 그 명령은 조직의 목표와 부합되어야 한다. 즉, 최초의 의사소통이 통로를 타고 전달되는 과정에서 수정이 번복되거나 가감이 됨으로써 일관성을 잃게 되므로, 어떤 의사소통이든 PR 주체의 목표와 부합되는 것이어야 한다.

(3) 적기적시성(timeliness) : 의사소통은 알맞은 시점에 전달되어야 효과가 있다. 즉, 아무리 좋은 의사소통의 내용이라 할지라도 적절한 시기와 시간을 맞추지 못하면 불필요한 것이 되고 만다.

(4) 배포성(distribution) : 정보를 전달하려는 전달자의 정보는 피전달자(수신자)에게 정확하게 전달되어야 한다. 즉, 의사소통은 주체에서 객체로 정확하게 전달되지 않거나, 다른 사람에게 잘못 전달될 경우 전달된 정보가 유해를 불러 올 수도 있다.

(5) 적정성(adequacy) : 전달되어야 하는 정보의 양이 너무 많거나 너무 적지도 않게 적정한 양을 전달해야 한다. 정보의 전달 양이 너무 많으면 수신자가 이해하는 데 무리가 올 수 있다.

(6) 적응성과 통일성(adaptability & uniformity) : 적응성이란 의사소통의 융통성, 개별성, 현실 합치성을 의미하는 말이다. 통일성은 각각의 의사소통이 전체로 일관된 정책이나 목표의 표현이 되게 하는 것을 말한다.

(7) 관심과 수용(interest & acceptance) : 의사소통은 피전달자가 관심을 가지고 수용적인 태도를 보일 때 가장 효과적으로 이루어질 수 있다.

즉, 의사소통은 그것에 대한 관심과 그것을 받아들일 수 있는 가능성이 있을 때에 비로소 그 가치가 있고 능률이 있는 것이며, 수용에는 어떠한 권위도 배제되어야 한다.

2. 의사소통의 과정

의사소통과정을 스키드모어(R. Skidmore, 1990:167-168; 강용규 외, 2007: 125-126. 재인용)는 ① 메시지를 보내고 받는 과정(sharing), ② 메시지를 이해하는 과정(understanding), ③ 메시지를 명확히 하는 과정(clarifying)으로 제시하였다. 카두신(A. Kadushin, 1995:43-54)은 ① 메시지의 암호화, ② 메시지의 전달과 피드백 대기, ③ 메시지의 해독으로 소개하고 있다. 벌로(D. K. Berlo)는 의사소통과정을 전달자(sender)가 메시지(message)를 특정한 경로(channel)를 통해 수신자(receiver)에게 전달하는 것으로 설명하면서 S-M-C-R 모형을 제시하였다(최항순, 2006:327). 그러나 이러한 의사소통 과정의 문제점은 의사소통의 한 흐름을 나타낼 수는 있지만, 피드백을 명확히 하지 않음으로써 양방향의 상호간 교류라는 의미가 약화될 소지가 있다. 따라서 학자들의 견해를 종합하면 다음과 같이 제시할 수 있다(백승기, 2009: 248-249).

(1) 발신자(sender) : 발신자는 정보전달을 행하는 사람이다. 발신자는 자기 자신의 생각뿐만 아니라 다른 사람의 정보를 해석하고 자기 생각을 가미해서 전하는 경우도 많다.
(2) 상징화(encoding) : 발신자의 의도는 송신을 위해 적당한 메시지로 전환하는 상징화 과정을 거치게 된다. 생각이나 정보에 코드를 부여하여 상대방이 이해할 수 있는 언어, 숫자, 그림, 몸짓, 표정 등으로 전환하는 과정이다(예 : 신체적 언어).
(3) 메시지(message) : 상징화가 끝난 정보는 메시지가 된다. 전달자가 가지고 있던 무형의 의미를 상징화하여 사람의 감각기관으로 감지할

수 있는 정보로 전환된 것을 메시지라 한다(예: 협상이 타결된 후 악수를 할 때 얼마나 강하게 상대방의 손을 잡느냐에 따라 감사의 정도를 알 수 있음).

(4) 채널(channel) : 메시지를 전달하는 방법을 말한다. 면대면 대화, 보고서, 전화, 편지 등의 방법이 있다. 효과적인 의사소통이 되기 위해서는 메시지에 맞는 채널선택이 매우 중요하다.

(5) 해독(decoding) : 해독은 발신자가 만든 코드를 해제하여 해석하는 과정이다. 즉, 발신자의 메시지를 의미 있는 정보로 전환하는 과정이다. 발신자가 의도했던 정보와 얼마나 근접하게 해독이 이루어졌는지는 의사소통이 얼마나 효과적이었느냐를 보여주는 중요한 척도가 된다.

(6) 수신자(receiver) : 발신자의 메시지를 받는 사람이다. 형식적으로는 수신자가 메시지를 접수한 것으로 일단의 의사소통은 종료된다.

(7) 장애(noise) : 효과적인 의사소통을 방해하거나 정확한 의사소통을 왜곡하는 모든 요소를 장애라 한다. 발신자의 표현력부족으로 상징화가 부적절하거나, 대화하는 중에 외부 소음이 너무 크다거나, 수신자가 주의를 기울이지 않는 것 등이 모두 장애에 해당한다. 장애는 의사소통의 모든 과정에 걸쳐 일어날 수 있지만, 특히 채널을 거칠 때 자주 발생하여 의사소통의 정확성을 감소시키는 요소로 작용한다.

(8) 효과(effect) : 메시지 송신의 결과로서 수신자의 지식, 태도 및 행동에서의 변화를 말한다. 물론 이러한 변화는 메시지의 이해를 통해서만 이루어지는 것이 아니며, 그것은 동기부여나 리더십 등에도 달려 있다.

(9) 환류(feedback) : 전달자의 메시지에 대한 수신자의 반응으로서 의사소통의 효과성을 평가하는 데 필수적 요소가 된다. 환류에 의해 전달자는 후속 메시지를 수정하는 데 이 결과를 고려할 수 있다. 그러므로 환류는 의사소통을 역동적이고 쌍방향적으로 만드는 중요성을 갖는다(이창원·최창현, 2007:359).

발신자에서 시작된 정보전달은 수신자가 해석하고 환류하는 과정을 통하여 다시 발신자에게 메시지가 전달되는 상호작용하는 순환과정인 것이다. 수신자의 메시지 해독은 곧 발신자 입장으로 변하여 언어, 비언어로 암호화되어 최초의 발신자에게 새로운 메시지로 전달된다. 따라서 의사소통에 참여하는 사람들은 메시지의 발신자인 동시에 수신자인 것이다. 수신된 자극에 반응을 하기도 하고, 반응을 일으키는 자극을 주기도 한다. 즉, 각 사람은 영향을 주고 다른 사람에 의해 영향을 받는다. 의사소통과정에서 각 사람은 다른 사람에 대한 영향력을 가지려고 하고 동시에 다른 사람에 의해 영향을 받게 되는 위험도 가지고 있다.

제3절 의사소통의 유형

1. 의사소통의 형태와 특성

의사소통 형태는 다양하지만 여섯 가지를 제시하면 다음과 같다(백승기, 2009:249-251).

1) 의사소통의 형태

(1) 원형(circle) : 원형은 집단 내에서 구성원들이 양 옆의 두 사람과 의사소통을 할 수 있게 되어 있는 형태이며 중심적인 인물이 없다.

(2) 연쇄형(chain) : 단순한 계선적 의사소통 망으로 조직 내의 직위 또는 연결점들이 한 줄로 이어지는 형태이다.

(3) Y형(y) : 의사소통망의 최상층에 두 개의 대등한 직위가 있는 경우이다.

(4) 바퀴형(wheel) : 집단 내에 중심적 인물 또는 리더가 존재하여 구성원 간의 의사소통이 그 리더를 통해서 이루어지는 형태이다.

(5) 개방형(all channels) : 가장 민주적인 의사소통 형태로서 각 구성원들은 집단 내의 누구하고나 서로 의사 전달을 할 수 있다.

(6) 혼합형(com-con) : 원형과 개방형이 혼합되어 있는 형태로 구성원들

이 서로 자유스럽게 의사소통을 하지만 리더인 한 사람이 중심적인 위치를 차지한다.

2) 의사소통의 특성

상기의 여섯 가지 의사소통망을 바탕으로 유형별 특성을 제시하면 다음과 같다.

(1) 의사소통의 신속성 : 유형의 경우 다른 형태에 비하여 중심적 직위가 뚜렷하고 중심적 직위와 외곽적 직위사이의 연계점이 적으므로 가장 능률적인 의사소통 망이라 할 수 있다. 반대로 가장 비능률적인 형태는 개방형이다.

(2) 구성원의 만족 : 구성원들이 느끼는 만족, 특히 사회적 욕구의 충족에 가장 좋은 조건을 제공하는 것은 개방형과 혼합형이다.

(3) 집권화의 정도 : 집권화의 정도는 바퀴형의 경우에 가장 높고, 다음은 Y형의 경우이다.

(4) 모호한 상황에 대응 : 예외적으로 발생하는 모호한 사태를 빨리 극복할 수 있는 의사소통망은 개방형, 혼합형, 원형이다. 유형은 모호한 사태가 발생하면 가장 큰 어려움을 겪는다. 유형의 능률성은 일상적이고 단순한 업무를 처리할 경우에 가장 잘 발휘될 수 있다.

2. 공식성에 따른 의사소통

1) 공식적 의사소통(Formal Communication)

공식적 의사소통은 공식적 조직 내에서 공식적 통로와 수단에 의하여 공식적으로 의사가 소통되는 것으로 특정한 요건을 갖추어 '누가', '누구에게', '무엇을', '어떻게' 전달하는 것으로 법제화하고 이에 근거하여 의사 전달하는 것이다(강용규 외, 2007:126). 이에 공식적 의사소통의 장·단점은 〈표 7-1〉과 같다.

〈표 7-1〉 공식적 의사소통의 장·단점

장점	단점
① 책임과 권한소재가 명확하다 ② 주로 문서화되어 의사소통 내용이 명확하다 ③ 문서화된 정보로 정보보존이 용이하다 ④ 전달자와 피전달자의 관계가 명확하다 ⑤ 상급직원의 권위를 유지할 수 있다 ⑥ 의사결정시에 정보의 활용성이 높다	① 융통성이 없다 ② 기밀유지가 곤란하다 ③ 상황변화에 능동적으로 대처하기 어렵다 ④ 형식화가능성이 높다 ⑤ 의사소통 속도가 늦은 편이다

2) 비공식적 의사소통(Informal Communication)

비공식적 조직을 통한 의사소통은 친분, 직책을 떠난 인간관계 등을 통하여 행해지는 의사소통이다. 공식적 의사소통을 보완하는 작용을 하기도 한다. 비공식적 의사소통의 대표적인 예가 포도넝쿨 망 의사소통과 배회관리식 의사소통이 있다.

(1) 포도넝쿨 망(grapevine) 의사소통은 조직 전체에 퍼져있는 포도넝쿨 같은 비공식적 의사소통 망을 말한다.

(2) 배회관리식(management by walking around : MBWA) 의사소통은 조직의 관리 층이 사무실 이곳저곳을 배회하면서 구성원들과 대화하여 의사소통을 하는 것이다(황윤원, 2004:270-271). 이에 비공식적 의사소통의 장·단점은 〈표 7-2〉와 같다.

〈표 7-2〉 비공식적 의사소통의 장·단점

장점	단점
① 상황변화에 신속하게 대응할 수 있다 ② 융통성이 높다 ③ 긴장감이나 소외감이 경감된다 ④ 배후사정을 자세히 전달할 수 있다 ⑤ 정보전달 속도가 빠르다	① 책임소재가 불분명하다 ② 공식적인 의사결정을 할 수가 없다 ③ 상급직원의 권위가 손상될 수 있다 ④ 조정 통제가 어렵다 ⑤ 풍문을 유포시킬 수 있다

3. 방향성에 따른 의사소통

1) 수직적 의사소통(Vertical Communication)

수직적 의사소통의 대표적인 것은 직속상관과 부하직원 간의 의사소통이다. 여기에는 정보의 흐름 방향에 따라 다음과 같이 나누어진다(김병식 외, 2003:131).

(1) 상의하달식(하향적 의사소통) : 하향적 의사소통은 조직의 명령계통에 따라서 위에서 아래로 전달되는 명령이나 지시 등을 포함하는 의사소통을 의미한다. 조직의 상부에서 하부로 내려가는 하향적 의사소통, 즉 상의하달은 업무활동상의 관계로 볼 때 직접적인 것과 간접적인 것으로 나누어진다. 직접적인 것에는 명령(지시, 각서, 지령 등)이 있고, 간접적인 것에는 일반적 통보(편람, 핸드북, 게시판, 구내방송, 기관 내 등)가 있다.

(2) 하의상달식(상향적 의사소통) : 조직의 하층에서 상층으로 올라가는 상향적 의사소통에는 보고, 내부 결재 및 인간관계의 유지향상을 위하여 행해지는 여러 가지 정보전달, 즉 각종 면담, 직장여론조사, 직장회의, 제안제도, 인사상담 등이 있다. 또한 상향적 의사소통의 내용으로는 개인적인 고민에서부터 조직의 발전을 위한 제안까지 매우 광범위하다.[16]

2) 수평적 의사소통(Horizontal Communication)

수평적 의사소통이란 동료들 간이나 부서 간에 이루어지는 상호작용적 의사소통을 말한다. 대부분의 사람들은 자신의 상사보다는 동료들과 의사소통할 때 보다 개방적이고 자유롭게 의사를 전달하는 경향이 있으므로 수

16) 참고로, 수직적 의사소통 중에서 상의하달식은 조직구성원들에게 동기부여를 위한 수단으로 사용되기에 적합하고, 하의상달식은 합리적인 정책결정을 위한 수단으로 바람직하다. 수평적 의사소통은 업무조정을 위한 수단으로 사용될 수 있다(권기현, 2009:421).

평적 의사소통은 조직 전체의 목적을 달성하기 위하여 구성원들과 부서 간의 기능을 조정하는 역할을 한다. 방법에는 사전협의제도, 사후통지제도, 회의 또는 위원회제도 등을 들 수 있다(김병식 외, 2003:131).

3) 대각선 의사소통(Diagonal Communication)

대각선 의사소통은 조직 내의 여러 가지 기능과 계층을 가로질러 이루어지는 의사소통을 말한다. 계선상 직속상관이나 직속부하가 아닌 사람들 간의 의사소통으로 계선과 막료 간의 의사소통이 여기에 해당한다(백승기, 2009:246).

4. 언어에 따른 의사소통

1) 언어적 의사소통

언어를 통한 의사소통은 교화되는 내용의 명확성을 높여 준다. 언어는 사람의 태도나 생각과 같이 정교한 개념들을 가장 효과적으로 전달해 주기 때문에 가장 간편하고 만족스러운 방법이라 할 수 있지만 실제로는 언어를 사용하는 사람들의 개인적 차이로 인한 편차도 크다. 클라이언트들은 특히 자기의 감정이나 생각을 말로 표현하는 데 익숙하지 않은 경우가 많다. 따라서 사회복지사는 다양한 방법으로 클라이언트와의 언어적 의사소통을 격려하는데 그 방법들을 커스트-애쉬맨과 헐(Kirst-Ashman & Hull, 1993; 엄명용 외, 2005:240-241. 재인용)은 ① 클라이언트에 대한 지지적 언어반응, ② 클라이언트 언어의 재구성, ③ 클라이언트의 감정에 대한 재구성, ④ 클라이언트 인식의 명료화, ⑤ 클라이언트의 장점 강조로 제시하고 있다.

2) 비언어적 의사소통

비언어적 의사소통으로는 시선접촉, 어조, 몸동작과 자세, 표정, 외모 등이 있다. 시선접촉은 중요한 의사소통의 수단이다. 시선접촉이 없는 전화상의 대화나 인터넷 상의 대화가 어려움을 겪는 것도 시선을 통해서 의사소통을 확인할 수 없기 때문이다. 목소리와 어조는 감정을 직접적으로 전달한다. 따라서 잘못 걸려온 전화의 짧은 대화를 통해서도 상대방에 대해서 많은 것을 느낄 수 있게 된다. 이 외에도 몸동작과 표정, 태도, 자세, 외모 등을 통해서도 많은 메시지들이 표현되고 있다. 따라서 언어적 내용과 비언어적 내용이 일치하면 내용이 정확하게 전달되기 쉬워진다. 그러나 불일치가 되면 혼란이 생기기 쉬우며, 많은 경우 비언어적인 의사소통을 더 믿게 된다. 예로, 말로는 '예'라고 하는데 얼굴 표정이나 어조가 '아니오'로 전달될 때는 어느 것을 믿어야 할지 혼란을 겪게 되며 대부분의 경우에는 비언어적 메시지를 더 믿게 된다(최선화, 2006:36-37).

5. 반응에 따른 의사소통

사티어(V. Satir)는 스트레스가 있는 곳에서 스트레스를 다루는 사람들의 네 가지 방법을 보면서 그 반응에 따라 의사소통의 네 가지 유형으로 회유형, 비난형, 계산형, 혼란형을 제시하면서 그에 따른 반응을 소개하고 있다(V. Satir, 2002:74-95).

(1) 회유형 : 회유하는 사람은 무슨 일이건 상관없이 기분을 맞추려고 애를 쓰고, 사과하고, 결코 반대하지 않으며 언제나 비위를 맞추면서 말한다. 보통 아첨꾼이 이 유형에 속한다.

(2) 비난형 : 비난자는 결점 발견자이고 독재자이며 우두머리이다. 높은 사람으로 행동하면서 "당신만 아니었더라면 모든 일이 잘되었을 것인데…."라고 생각한다. 비난을 잘하기 위해서는 가능한 큰 소리를 내고 포악하게 하고, 모든 사람들을 깎아내린다.

(3) 계산형 : 계산자는 어떤 감정도 나타내는 법이 없이 매우 정확하고 이성적이다. 조용하고 냉정하며 차분하다. 컴퓨터 같고, 사전과 같다. 목소리는 건조한 단음이면서 말들은 추상적이기 쉽다.

(4) 혼란형 : 혼란형의 행동과 말은 그 외 다른 사람의 행동이나 말과는 무관하다. 결코 적절하게 반응하지 못하며 그의 내면의 느낌은 어지러움이 가득하다. 목소리는 단조롭고 말과 조화가 안 되며, 아무 곳에도 초점이 없기 때문에 이유도 없이 오르락내리락 한다.

제4절 의사소통의 고려사항

1. 효과적인 소통을 위한 고려사항

메시지의 전달은 언어적, 비언어적으로 전달이 되는데, 메시지를 효과적으로 전달을 하려면 다음과 같은 점이 고려되어야 한다(양정남 외, 2004: 98-99).

(1) 클라이언트가 너무 감정적일 때는 메시지를 충분히 전달하지 못한다. 메시지를 잘 전달하기 위해서는 충분한 생각과 준비가 필요하며 효과적인 환경조성이 필요하다.

(2) 클라이언트의 신체적·정신적 상태를 고려한다. 만약 클라이언트가 심하게 정신적인 혼란을 경험하고 있거나 신체적 고통을 겪고 있다면 새로운 의미에 대해 토론하는 것은 바람직하지 못하다.

(3) 장소와 시간의 선택은 의사소통에 있어서 결정적 요소가 된다.

(4) 분위기에 대한 사회복지사의 영향이 중요하다. 협조적인 분위기가 의사소통하는 데 많은 도움을 준다. 사회복지사의 분위기가 공격적인가, 불안한가, 방어적·수동적인가 하는 것 등을 스스로 자각하여야 한다.

(5) 목소리 억양과 어조의 관계를 주의한다. 말하는 사람의 목소리, 어조의 높이에서는 다른 사람을 편안히 해주거나 걱정스럽게 하거나 두 가지 중의 하나이다. 따라서 자신의 목소리가 다른 목소리에 어떤 영향을 주는지 알 필요가 있다. 그리고 의사소통에 있어서 그의 어조, 목소리의 억양은 자신의 뜻을 말로 전달하는 데 중요한 요소가 된다.

2. 기술적 고려사항

언어적, 비언어적 의사소통기술과 더불어 사회복지사가 의사소통을 하는데 다음과 같은 기술적인 고려가 필요하다(이영호, 2008:45-49).

(1) 메시지를 미리 계획하라. 의사소통을 할 내용에 대해서 다음과 같이 계획을 세우는 것이다. ① 어느 정도의 시간을 메시지 전달에 사용할 것인가, ② 내가 전달하고 자는 메시지의 핵심적인 내용은 무엇인가, ③ 내 메시지의 어느 부분에 오해의 소지가 있고 혼란스러운가, ④ 나의 메시지를 상대방이 잘 이해하고 받아들일 수 있도록 어떻게 구성할 것인가, ⑤ 나의 메시지를 받는 사람이 언제, 어디에서 관심과 주의를 가장 잘 기울일 것인가, ⑥ 나는 이 메시지를 전달할 신뢰성과 지위를 가지고 있는가, 혹은 다른 사람이 이것을 전달하는 것이 더욱 효과적일 것인가 등이다.

(2) 자기소개를 잘 하라. 의사소통의 첫 단계는 상대방에게 자신을 소개하는 것이다. 자신이 누구이고, 원하는 메시지나 정보의 교환에서 당신의 역할이나 책임이 무엇인지 간단하게 묘사할 필요가 있다.

(3) 의사소통의 목적을 설명하라. 전달자가 메시지를 전달하는 이유를 설명, 언급하는 것이다. 이를 통해 수신자가 메시지를 적절한 맥락에서 파악할 수 있다.

(4) 비언어적 의사소통에 반응하라. 메시지 수신자는 메시지 내용에 동의하지 않거나 혼란스러워 하면서 이를 비언어적 표현으로 나타내는 경우가 종종 있다. 전달자는 이에 반응을 하는 것이 중요하다. 흔히 클라이언트들은 의사소통 과정에서 이해가 안 되면서도 사회복지사를 귀찮게 하지 않으려고 그냥 넘어가려고 하는 경우가 있다. 따라서 수신자가 메시지 내용에 동의하지 않거나 혼란스러워 하거나 건성으로 대하고 있음을 비언어로 나타낼 때 사회복지사는 이를 놓치지 않고 따라가면서 반응해야 한다.

(5) 메시지 수신을 확인하라. 수신자인 클라이언트가 사회복지사의 메시지를 완전히 그리고 정확하게 받아들였는지 확인하기 위해 여러

가지 질문과 탐색을 사용하는 것을 말한다.

(6) 자신의 메시지 수신을 확인하라. 자신이 메시지를 받았고 전달자가 의도한 것을 오해하지 않았다는 것을 입증하기 위해 여러 가지의 탐색과 질문을 사용하는 것이다.

(7) 질문에 응답하라. 질문에 대해 직접 부합하는 답을 분명하게 하는 것이다. 이것은 단순해 보이지만 사람들은 종종 질문을 제대로 듣지 못하거나 딴 생각으로 놓치는 경우가 있다. 질문에 대답할 때, 대답하는 사람은 질문자가 물어보는 것의 의미를 예측하거나 혹은 질문자가 어떤 것을 물어보려는 것이 틀림없다고 추측해서는 안 된다. 질문을 주의 깊게 듣고 필요 없는 부가사항을 첨가함이 없이 질문에 대답해야 한다.

(8) 단어의 의미를 확인하라. 사람들이 단어나 말을 자신이 이해하고 있는 수준에서 또는 서로 다른 방법으로 사용하기 때문에 의사소통의 문제가 많이 일어난다. 따라서 의사소통하는 사람들이 주요단어들을 같은 의미로 사용하고 있는지 확인하기 위한 질문을 한다.

제5절 의사소통의 장애와 활용방안

1. 의사소통의 장애요인

일반적으로 의사소통에서 나타나는 장애인요인은 다음과 같이 설명할 수 있다.

(1) 의사소통의 비계획성 : 의사소통은 적절한 시기와 내용, 통로 등에 대한 신중한 고려가 없이 이루어지는 경우가 많다. 무계획적 의사소통은 의사소통의 효율성을 저해한다.

(2) 메시지에 대한 해석 차이 : 전달자가 가지고 있는 뜻과 수용자가 해석하는 의미가 달라질 경우 의사소통은 장애에 직면하게 된다. 일반적

으로 가치관의 차이와 의사소통 당사자들 사이의 신뢰부족 등이 해석의 차이를 발생시킨다.

(3) 애매한 표현 : 애매모호한 어구의 사용도 의사소통을 저해한다. 여기에서 애매하다는 말은 표현의 구체성이 결여되어 있다는 뜻이다. 예컨대 '물가안정'이라는 표현은 구체적으로 얼마나 안정시킨다는 설명이 없으므로 애매하다.

(4) 부적절한 표현 : 부적절한 표현, 설명부족, 생략, 불필요한 전문용어, 지나치게 장황하여 초점을 흐리는 문장 등도 의사소통을 저해한다.

(5) 전달상의 손실과 기억력의 한계 : 의사소통과정은 정도의 차이는 있지만 메시지의 손실을 수반한다. 이러한 손실의 극복방법이 복수의 전달매체를 사용하는 것과 환류이다. 또 기억력의 한계도 의사소통의 장애로 작용한다.

(6) 무성의한 청취와 섣부른 판단 : 남의 말을 잘 들어주는 사람은 많지 않다. 사람들은 남의 말을 끝까지 듣지 않거나 지엽적인 표현만으로 성급하게 판단하는 경향이 있다. 이러한 태도는 의사소통을 저해한다.

(7) 불신과 위협 및 불안 : 불신과 위협 및 불안 등은 의사소통 자체를 불가능하게 한다. 의사소통자의 일관성 없는 행동은 불신을 낳는다. 또 수용자의 심리적 긴장은 방어적 태도에 의한 정보의 곡해를 초래한다.

(8) 변화를 위한 조정기간의 부족 : 의사소통은 바람직한 변화를 목적으로 한다. 그러나 수용자가 메시지를 충분히 소화하고 행동으로 옮기기까지는 시간이 필요하다. 때문에 성급한 변화의 요구는 의사소통을 오히려 저해한다(이평원, 2009:280-281).

(9) 왜곡 : 조직을 통해 메시지가 전달될 때 그 내용의 의미가 변하는 것을 말한다. 개인들은 준거틀이 서로 다르기 때문에 동일한 의사소통을 각각 다르게 해석할 수 있게 된다.

(10) 누락 : 메시지의 일부가 생략되는 것이다. 누락이 발생하는 이유는 수신자가 메시지의 전체내용을 파악할 수 없어서 단지 자기가 이해

할 수 있는 부분만 받아들이기 때문이다. 조직이 고층구조로 인해 의사소통단계가 길어지게 되면 불가피하게 누락현상이 발생한다.

(11) 정보의 과부하 : 수신자가 그의 처리 능력을 초과하여 정보의 투입을 받아 정보과다에 걸리면 의사소통에 장애가 생긴다. 정보의 홍수에 휩쓸리면 중요한 문제를 가려내지 못하거나 합리적인 의사결정을 못하는 때가 많다(백승기, 2009:252).

(12) 수용거부 : 수용거부는 의사소통의 내용을 이해하더라도 그에 승복하지 않는 것을 말한다. 수신자가 정보전달자의 말이나, 행동을 신뢰하지 않거나, 메시지에 대한 특정의 선입견을 갖는 경우 수용거부 현상이 나타난다. 이렇게 되면 의사소통의 원래 의도는 크게 상실된다.

2. 의사소통의 극복방안

의사소통의 장애를 극복하기 위해 요구되는 것은 학자마다 다양하지만 세 가지로 요약하여 제시하면 다음과 같다(이평원, 2009:281). ① 조직구성원들이 의사소통의 중요성과 목표를 명확히 인식하도록 교육하고 훈련되어야 한다. ② 조직 내에서 서로 믿는 분위기가 형성되고 상대방의 말을 신중하게 청취하는 태도가 길러져야 한다. ③ 계획적인 의사소통과 의사소통 체제에 대한 주기적인 평가 및 환류가 필요하다.

그리고 효율적인 의사소통의 극복방안으로 네 가지를 제시하면 다음과 같다(백승기, 2009:252-253).

(1) 눈높이 의사소통으로서, 발신자가 상대방과의 상대성을 고려하여 적당한 상징화 작업을 하여야 한다. 수신자가 어떤 사람이고 어떤 개인적 특성을 가지고 있는가를 확인하고 그들 감정을 추정하고 그들의 입장이 되어 주는 공감의 자세가 필요하다.

(2) 신뢰의 형성으로, 상사의 경우 권위에 의존하기보다는 개방적인 자세로 부하에게 다가가는 노력이 중요하다.

(3) 왜곡이나 누락의 가능성으로서, 의사소통이 흐르는 통로인 계층제의 수와 정비례하는 것이 바람직하며, 이것이 어려울 경우 정보를 가능한 한 기호화 하거나 계량화함으로써 왜곡현상을 방지할 수 있다.
(4) 정보과다의 통제로서 정보과부하에 대한 대응방법으로는 항구적 또는 잠정적으로 초분의 정보처리를 수임할 수 있는 '예비적 인력'의 확보가 필요하다.

그 외에 호제트(R. M. Hodgetts, 1982:299-305; 백승기, 2009:253. 재인용)는 의사소통의 기술로 네 가지를 제시하고 있다.

(1) 민감성을 개발하라. 부하들의 요구에 민첩하게 인식하는 것이다.
(2) 이해가능하고 반복되는 언어를 사용하라. 개요 설명이 있으면 상대방의 언어를 한층 더 잘 이해할 수 있다.
(3) 신뢰를 확보하라. 소통자는 필히 자신을 믿을 수 있는 사람으로 만들어야 한다.
(4) 나쁜 청취습관을 피하라. 나쁜 청취습관은 산만하거나. 너무 빨리 청취하거나, 지나친 격동을 하거나, 인내하지 못하는 청취를 말한다.

3. 의사소통의 효율화 방안

의사소통을 효율화시킬 수 있는 방안으로 인적측면, 구조적측면, 상황적 측면으로 구분하여 제시하면 다음과 같다(권기현, 2009:423-433).

(1) 인적측면의 효율화 방안으로는 의사소통에서 명료성, 일관성, 적정성, 적시성의 원칙을 준수하고, 개인의 의사소통 능력의 향상을 위한 교육이 충실히 이루어져야 한다.
(2) 구조적측면의 효율화 방안으로는 조직 내 실질적인 의사소통 패턴(pattern)이라할 수 있는 의사소통 네트워크(communication networks)가 형성되어야 한다. 정보사회의 의사소통은 다양한 의사소통 수단

에 의한다. 정보네트워크(인트라넷)에서 이루어지는 의사소통과 대면하여 이루어지는 의사소통(face to face communication)을 적절히 조화하여 활용할 필요가 있다.

(3) 상황적측면의 효율화 방안은 조직 내에서 직원 간의 회의와 토의, 그리고 하의상달이 쉽게 이루어질 수 있는 조직 분위가 조성되어야 한다. 자유로운 브레인스토밍(brainstorming),[17] 학습동아리, 멘토(Mentor)-멘티(Mentee)[18]제도, 비공식조직의 활용 등을 통하여 조직 내 하의상달과 수평적 의견교환이 원활하게 이루어질 수 있는 조직분위기를 형성하는 일이 중요하다.

생각해 볼 문제들

1. 사회복지조직에서 의사소통의 중요성을 설명하시오.
2. 의사소통의 원칙들 중 세 가지를 제시하시오.
3. 의사소통의 장애요인을 설명하시오.
4. 의사소통의 장애요인을 극복하기 위한 방안을 설명하시오.
5. 의사소통의 효율화 방안을 제시하시오.

---

17) 브레인스토밍(brainstorming)은 아이디어를 모으고 추출할 때 사용하는 기법으로, 10명 전후의 집단구성원에게 일정한 시간을 주고 격의 없는 대면대화를 통하여 많은 아이디어를 제시하게 한다. 자유로운 상호작용이므로 상대방 의견에 토를 달거나 비판하는 것은 허용되지 않는다.

18) 멘토(Mentor)는 현명하고 신뢰할 수 있는 상대, 지도자, 스승 등을 의미하는 말로서, 멘토로부터 가르침, 돌봄을 받는 이를 멘티(Mentee)라 한다. 업무에 대한 풍부한 경험과 전문 지식을 갖고 있는 사람이 1:1로 전담하여 멘티를 지도, 코치, 조언하면서 실력과 잠재력을 개발, 성장시키는 활동이라 할 수 있다.

참고 문헌

강용규 외 (2007). 사회복지행정론. 고양: 공동체.

권기헌 (2009). 행정학. 서울: 박영사.

김규정 (2002). 행정학 원론. 서울: 법문사.

김병식 외 (2003). 사회복지행정론. 서울: 창지사.

백승기 (2009). 행정학원론. 대구: 도서출판 대명.

양정남 외 (2004). 사회복지실천론. 파주: 양서원.

엄명용 외 (2005). 사회복지실천론. 서울: 학지사.

이영호 (2008). 사회복지실천기술론. 고양: 공동체.

이창원·최창현 (2007). 새조직론(개정판). 서울: 대영문화사.

이평원 (2009). 행정학의 이해. 서울: 형설출판사.

최선화 (2006). 풀어쓴 사회복지실천기술론. 고양: 공동체.

최창호 (2002). 새행정학. 서울: 삼영사.

최항순 (2006). 신행정조직론. 서울: 대명출판사.

황윤원 (2004). 행정학원론(개정판). 서울: 형설출판사.

Kadushin, A. (1995). 사회사업 면접의 기법. 문인숙·김만두 역, 서울: 홍익제.

Satir, V. (2002). *Peoplemaking*. 성문선 역. 사람만들기. 서울: 홍익제.

Hodgetts, R. (1982). *Management : Theory, Process and Practice*. New York: The Dryden Press.

Kirst-Ashman, K. & Hull, Jr. G. (1993). *Understanding Generalist Practice*. Chicago: Nelson-Hall.

Redfield, Charles E. (1953). *Communication in Management*. Chicago: Chicago University Press.

Simon, H. A. (1957). *Administrative Behavior*. New York: Macmillan.

Skidmore, R. A. (1990). *Social Work Administration : Dynamic Management and Human Relationship (2nd ed.)*. Englewood Cliffs. New Jersey: Prentice-Hall.

CHAPTER 08

조직구조

Social Welfare Administration

사회복지행정에서 조직구조는 업무의 유형과 목표, 그리고 규모에 따라 달라질 수 있다. 즉, 공공기관, 기업조직, 금융조직, 사회복지기관 등 조직체의 업종과 규모, 목표, 기술, 환경 등에 따라 조직구조가 다를 수 있다 사회복지행정에서의 조직구조는 조직의 문화와 환경 등의 관계성이 매우 중요하다고 본다. 따라서 본 장에서는 첫째, 조직구조의 개념, 둘째, 조직구조의 구성요소, 셋째, 조직구조의 영향요소 넷째, 조직구조의 유형, 다섯째, 조직문화 등을 중심으로 살펴보고자 한다.

제1절 조직구조의 정의

조직구조(organizational structure)란 일정한 공간 속에서 역할을 기본으로 하여 이루어지는 유형화된 관계라고 정의할 수 있다. 즉, 조직에는 구성원이 있고 조직의 목표를 달성하기 위하여 조직구성원의 관계를 설정하게 되는데, 이와 같이 관계를 설정해가는 과정에 조직구조가 형성되게 된다. 조직은 그 업종과 목표, 그리고 규모에 따라서 조직구조가 달라질 수 있다. 즉, 민간기업, 금융기관, 공공기관, 사회복지기관 등 조직체의 업종, 조직규모와 조직의 목표, 그리고 조직의 기술과 환경에 따라 조직구조가 다를 수 있다. 그리고 조직구조와 조직설계의 관계를 살펴보면, 조직구조는 조직자체의 행태(behavior of organization)에 연구의 초점을 맞추고 있으므로 조직구조의 기본적인 분석단위는 역할(role)에 두고 있다(박경원·김희원, 1999:31). 조직구조에 있어서 구성원에 대한 각 역할들의 특성, 역할들 간의 관계, 역할의 수행방법 등을 결정짓는 것이 조직설계(organizational design)이다. 따라서 조직설계의 결과로 나타나는 것이 바로 조직구조(organizational structure)라 할 수 있다.

조직구조는 사실들의 집합(a collection of facts)이라기보다 조직에 대한 일종의 사고방식으로 조직을 바라보고 분석하는 방법이다(이창원 외, 1997:57, 재인용). 즉, 우리가 연구대상으로 하는 조직과 그에 연관된 요인의 상호관계에 관하여 체계적·논리적으로 기술, 설명, 처방하는 조직이론인 것이다(오석홍, 1990:4). 이처럼 조직의 구조와 설계에 대해 연구하는 학문인 조직이론의 출발은 구조적 접근에서 시작되었다고 할 수 있다(김병섭 외, 2000:59). 이에 조직구조의 접근방법을 설명하면, "조직은 목적을 가진 존재이다." "이러한 목적을 달성하는 데 가장 중요한 변수는 조직의 구조이다. 조직이 제대로 기능을 수행하지 못하는 것은 구조가 잘못되어 있기 때문이다. 따라서 조직문제는 적절한 조직구조를 설계하면 해결될 수 있다." 라는 가정을 전제하고 있다(Bolman & Deal, 1984; March & Olsen, 1979).

이상에서 조직구조의 관점은 조직이론을 통해 어떤 규칙성을 찾아내고, 정의를 규정하여 측정하며, 조직관리자들이 이용 가능하도록 노력을 기울이는 데 있다. 결과적으로 제기되어 온 조직구조와 조직문화의 관계성을 진단하고 나아가 조직구조의 설계를 통하여 조직목표의 달성을 위해 필요한 조정활동을 수행할 필요가 있다.

제2절 조직구조의 구성요소

1. 복잡성

조직구조의 복잡성(complexity)은 조직 내 분화의 정도를 의미하는 개념이다. 즉, 조직의 분화와 통합의 정도를 복잡성이라고 할 수 있다. 조직활동을 분화시키는 가장 큰 이유는 조직의 목표를 효과적으로 달성하기 위하여 행하여지는데, 분화에는 조직활동의 분업화에 의한 수평적 분화와 분업화된 조직활동들을 조직목표 달성을 위한 방향으로 이끌기 위한 수직적 분화, 그리고 지역의 분산에 의한 공간적 분화가 있다.

조직구조에서 수평적 분화의 형태로는 분업화(specialization)와 부문화(departmentation)를 들 수 있다. 분업화는 분업의 원리에 따라 과업을 세분화하여 개인에게 할당하는 것이고, 부문화는 분업화의 결과 많은 전문가가 양산되는데, 이 사람들을 업무의 유사성에 의해 묶어 주는 것을 의미한다. 수직적 분화는 조직구조의 깊이(depth)를 나타내는 개념으로 통제의 폭(span of control)의 원리에 의해 이루어진다. 조직 내의 수평적 분화가 증가하면 계층수도 증가하게 된다(박경원 외, 1999:103-104).

여기서 주의해야 할 것은 수평적 분화와 수직적 분화는 서로 독립적인 것으로 이해해서는 안 된다. 수직적 분화는 수평적 분화의 증가에 대한 반응으로 이해하는 것이 바람직하다. 조직에서 분화의 정도가 증가할수록 과업들을 통합·조정해야 할 필요성이 커지게 된다. 조직은 많은 하위 시스템들로 구성되어 있기 때문에 효과적인 조직이 되기 위해서는 이들 간의 조정, 통제, 의사소통이 필요하다. 즉, 복잡성이 증가할수록 수평적, 수직적, 공간적 분화 속에서 이루어지고 있는 조직활동을 조직목표 달성과 효과적으로 연계시키기 위하여 각종 조직관리 기법들이 요구되는 것이다.

사회복지조직에 있어서 복잡성의 특성은 어떠한가? 사회복지조직의 특성, 즉 이용시설과 수용시설에 따라 차이점을 갖고 있지만 대체적으로 복잡성의 정도는 낮게 나타나고 있고, 하지만 점차적으로 공간적 분화의 확대로 공간적 복잡성은 증가하고 있다고 할 수 있다. 또한 사회복지조직의 통제와 책임성의 문제 대두로 복잡성의 정도는 증가하는 경향이 있다고 하겠다.

2. 공식화

공식화(formalization)는 조직 내의 직무에 대한 표준화 정도를 나타내는 것이다. 이에 조직 속에서 개인의 행위는 공식화 정도에 의해 결정적인 영향을 받기 때문에 개인의 재량권의 정도는 조직에 의하여 개인의 행위를 프로그램화한 정도와 역비례 관계가 있다. 조직이 직면한 상황을 다루기 위해서 만들어진 규칙과 과정들은 소위 공식화의 일부이며 규칙과 절차의 범위는 다양하다(고종욱 역, 1999:98). 공식화의 정도는 규칙과 절차가 아주 엄격한 조직부터 극단적으로 방임적인 조직에 이르기까지 매우 다양하다. 매우 일상적인 기술과 환경 속에서 일관적인 작업을 하는 텔레마케팅과 같은 조직은 매우 공식화가 높다고 할 수 있다. 반면에 문제를 해결하기 위해 직관과 영감이 요구되는 분야, 즉 선례가 없는 새로운 것을 추구하는 연구개발분야, 정신보건센터 등과 같은 인간문제를 다루는 조직은 매우 낮은 공식화를 갖는다고 할 수 있다.

공식화를 논하는 데 있어 상호조정의 의미는 매우 중요하다고 할 수 있다. 상호조정이란 어떤 문제를 정의내리는 데 표준화된 규칙보다는 구성원의 판단에 의존하는 경향이 있을 경우, 의사결정이나 조정활동이 이루어지는 과정에서 타협이 나타나는 것을 의미한다(홍용기, 2000:79). 따라서 공식화와 상호조정은 조직의 구조적인 특성을 나타내는 중요한 요인이라고 할 수 있다. 조직관리자는 공식화와 상호조정의 정도를 조직의 특성에 잘 맞추어가야만 한다. 예를 들어 공식화와 상호조정이 균형을 이룰 때에는 효과적인 통제가 가능하지만, 공식화가 상호조정보다는 강한 조직특성을 나타낼 때는 예측할 수 없는 상황에 대해 대응하는 데 어려움을 갖게 될 것이고, 공식화보다 상호조정이 강한 조직특성을 나타낼 때는 규정 및 절차의 부족으로 조직 활동의 통제에 어려움을 갖게 될 것이다.

3. 집권화

집권화(centralization)는 의사결정 권한이 조직의 어느 한 지점에 집중되어 있는 정도를 의미한다. 의사결정 권한의 집중도가 높고 낮음은 집권화와 분권화(decentralization)를 의미한다. 집권화와 분권화는 각각 장·단점을 가진다. 집권화의 장점은 분리된 하부단위들이 서로 연결 및 조정이 잘되기 위해서 중앙부서나 조직의 상층부에서 절대권력을 가지고 여러 부서로 관리하여 교통정리가 잘 이루어진다는 것이다. 반면에 권한의 집중은 부적절한 결정의 개연성을 높일 수 있다는 단점을 동시에 갖는다. 분권화의 장점은 변화하는 외부환경에 유연하게 잘 대응할 수 있다는 것이고, 조직구성원의 의견을 잘 반영할 수 있는 상대적 조직민주화가 이루어질 수 있다는 것이다. 그러나 조직이 추구하고자 하는 목표를 일사분란하게 이루는 데 많은 조정활동이 필요하게 되고, 긴급한 상황에 대한 대처능력이 떨어질 수 있다. 따라서 집권화와 분권화의 정도는 조직의 처해 있는 상황적인 요인에 의해서 그 정도가 결정되어야 할 것이다.

제3절 조직구조의 영향요소

조직구조의 구성요소를 통해 조직설계에 어떠한 영향을 미치는지를 살펴보는 것이 중요하다. 여기서는 조직구조를 형성하는 기본요소들이 어떠한 요소들에 의하여 영향을 받는지를 살펴보고자 한다. 지구상에 있는 대부분의 건축물들을 짓는 데 필요한 기본재료는 거의 돌과 흙과 나무 등으로 이루어진다. 그러나 지역의 환경과 문화 등에 따라 집의 구조(방의 넓이, 주방과 응접실의 위치 등)는 다르게 나타나고 있는 것과 마찬가지로 공간적 위치가 어디에 있든 조직구조는 관료제라는 특성을 기본으로 하고 있지만 조직의 환경요소에 따라 다른 형태의 조직의 구조를 형성하고 있다. 따라서 1950년대 이후 조직구조에 영향을 미치는 요소로 소개되고 있는 조직의 규모, 조직의 환경, 조직의 기술, 조직의 목표와 전략, 조직의 권력을 중심으로 살펴보고자 한다.

1. 조직의 규모

'큰 조직이다, 작은 조직이다'라고 표현할 때 우리는 흔히 조직의 규모를 연상하게 된다. 이러한 조직의 규모를 결정하는 기준에 대해 많은 논의가 이루어져 오고 있지만 킴벌리(Kimberly)는 네 가지를 들고 있다(J. R. Kimberly, 1976:571-597). 즉, 킴벌리는 조직의 물리적인 수용능력, 조직이 활용할 수 있는 직원, 조직의 투입과 산출의 양, 조직이 이용할 수 있는 처분가능 자원을 제시하면서 이들 변수 간의 높은 상관관계가 존재하지만 요소들 간의 개념적 차이가 또한 높으므로 분리해서 취급하여야 한다고 설명하고 있다.

조직의 규모를 논의하는 데 있어 상반된 입장은 1980년대 초까지 매우 보편적으로 논의되어 왔던 '큰 것이 우수하다'(Big is good)라는 것과 90년대 들어 '작은 것이 아름답다'(Small is beautiful)라는 표현으로 집약될 수 있다. 이는 대규모 조직이든 소규모 조직이든 조직의 장·단점이 존재함을 단적으로 표현한다고 할 수 있다. 대규모 조직과 소규모 조직의 비교하면 다음과 같다.

〈표 8-1〉 대규모 조직과 소규모 조직의 비교

구분	대규모 조직	소규모 조직
① 장점	규모의 경제달성	유연성, 신속성
② 조직구조의 특징	기계적 조직	유기적 조직
③ 문제해결의 방법	거시적 접근	미시적 접근
④ 주요대상 시장	안정적인 시장	틈새시장
⑤ 요구되는 인간상	조직구성으로서의 인간	개인능력 발휘 우선의 인간

이상에서 조직규모와 조직구조가 어떠한 관계를 갖는지 살펴보면 다음과 같다.

(1) 조직규모가 증가하면 조직의 분화정도는 증가할 것이다. 즉, 조직규모와 복잡성은 (+)의 관계가 존재한다고 할 수 있다. 하지만 규모가 증가한다고 분화가 끝없이 일어난다고 할 수 없을 것이다. 즉, 어느 정도의 분화는 일어나겠지만 어느 수준에서 분화의 정도가 체감될 것이다. 이는 사회복지조직에서 수용시설이나 이용시설의 클라이언트가 증가한다고 이에 비례하여 조직의 직원과 조직의 분화가 증가하지는 않는 것에서도 볼 수 있다.
(2) 조직규모가 증가하면 공식화의 정도는 증가하는 (+)의 관계를 갖는다고 할 수 있다. 이는 조직운영의 편리성을 위해 규모가 증가의 일반적인 현상인 인원과 업무의 양의 증가에 따른 해결책을 대체적으로 조직의 공식화(업무분장과 직위부여 등)를 통해 찾고 있음에서도 알 수 있다.
(3) 조직규모와 집권화의 정도는 (−)의 관계가 있다고 할 수 있다. '통제의 폭(span of control)'에서 알 수 있듯이 한 개인의 상급자가 부하를 통제하고 지도할 수 있는 정도는 한계가 있을 것이므로 이를 극복하기 위해서 분권화의 형태인 사업부제, 임파워먼트, 팀 빌딩 등을 도입하게 될 것이다.

2. 조직의 환경

환경에 대한 공통된 정의는 '조직 밖에 존재하는 모든 것'(박경원 외, 1999:121, 재인용)이다. 조직환경은 조직을 둘러싸고 있는 자원들의 집합이라고 정의할 수 있다. 즉, 사회 속에 존재하는 조직의 기본적인 환경(일반환경)과 조직의 활동영역에 따라 영향을 미치는 환경(과업환경), 그리고 조직에게 주어진 객관적인 환경(실제환경)과 조직운영자가 지각하는 주관적인 환경(지각환경)이 존재한다. 이처럼 조직과 환경과의 관계를 분류하여 논의하지만 공통적으로 조직에서 환경이 중요시되는 이유는 조직마다 처한 환경의 차이로 인해 환경의 불확실성(environmental uncertainty)이 존재한다는 것이다. 환경의 불확실성이란 의사결정자가 환경의 영향력에 대해 정보의 부재 또는 부족으로 인해 환경의 변화에 대응하기 어려운 상태를 의미한다.

환경의 불확실성은 환경의 복잡성, 동태성, 자원의 풍부성에 의해 결정된다(박경원 외, 2000:125). 즉, 의사결정자가 의사결정 시 고려해야 할 환경이 얼마나 '복잡 또는 단순하냐?', 비교적 환경변화가 '정태적 또는 동태적이냐?', 필요한 자원이 '풍부 또는 희소하냐?'에 따라 환경의 불확실성의 정도를 가늠할 수 있다. 여기서 조직의 환경과 조직구조가 어떠한 관계를 갖는지 살펴보면 다음과 같다.

(1) 불확실성이 높은 환경에 직면하고 있는 조직은 불확실성이 낮은 환경에 직면하고 있는 조직에 비해 좀 더 환경에 근접하려 하기 때문에 분화를 통해 환경의 불확실성을 낮추려고 한다. 따라서 환경의 불확실성과 조직구조의 복잡성 사이에는 직접적인 정(+)의 관계가 있다.
(2) 불확실성이 높은 환경에 직면한 조직에 비해 안정적 환경에 처한 조직이 조직활동의 표준화를 통해 조직의 목표달성을 획득하기가 상대적으로 쉽다. 따라서 불확실성이 높은 환경에 처한 조직은 조직활동을 공식화를 강화하기보다는 공식화를 낮추려하기 때문에 환경의 불확실성과 공식화는 부(−)의 관계가 존재한다.
(3) 환경이 복잡할수록, 즉, 불확실성이 높을수록 조직은 분권화된다. 즉, 조직이 처해 있는 환경의 구성요소가 복잡하게 되어있고, 역동성이 강할 때 조직은 이에 대응하기 위하여 분권화를 추진하게 된다. 하지만 조직의 구성요소가 극히 대립적이거나(노사갈등 등), 최고 결정권자의 성향 등으로 인해 불확실성 높은 환경에 처한 조직일지라도

분권화보다는 집권화를 추구하는 경우도 있다.

모든 조직에 일관성 있게 적용되는 논리는 아니지만 일반적으로 환경이 불확실할수록 복잡성은 높아지고, 공식화의 정도는 낮아지며, 분권화의 정도는 높아짐을 알 수 있다.

3. 조직의 기술

기술(technology)은 조직에서 원료를 원하는 물품이나 서비스로 전환하기 위해서 사용하는 지식, 능력, 도구, 기법, 방법, 활동 등을 총칭하는 것이다. 즉, 기술은 '조직 내에서 투입물을 산출물로 전환시키는 과정 또는 방법'을 의미한다. 지금까지 조직기술의 분류는 연구자의 시각에 따라 다양하게 정의되어 왔다. 대표적인 조직기술의 분류 연구자인 우드워드(J. Woodward)는 단위소량 생산기술, 대량 생산기술, 연속공정 생산기술로 생산기술의 복잡성에 따라 분류하였고(J. Woodward, 1965), 톰슨(J. D. Thompson)은 장치형 기술, 중개형 기술, 집약형 기술로 단위작업 간의 상호의존성을 기준으로 분류하였다(James D. Thompson, 1967). 또한 페로(C. Perrow)는 일상적 기술, 장인기술, 공학적 기술, 비일상적 기술로 과업다양성 차원과 문제분석 기능성 차원에 따라 분류하였다(C. Perrow, 1967:194-208.).

이처럼 조직기술을 분류하고 논의하는 데 다양한 기준이 제시되지만 공통적인 주제는 투입을 산출로 전환하는 과정에서 사용되는 기술이 일상적(단순화, 표준화, 자동화된 작업), 또는 비일상적(비정형적, 고객 지향적, 다양화된 작업)이냐에 관한 것이다. 여기서 조직의 기술과 조직구조가 어떠한 관계를 갖는지 살펴보면 다음과 같다.

(1) 비일상적인 기술을 요한다는 것은 새로운 요구와 전문가의 필요성이 증가하므로 조직의 구조는 자연히 수직화 분화가 증대된다. 따라서 비일상적 기술은 높은 복잡성을 일상적 기술은 낮은 복잡성과 정(+)의 관계가 존재한다.

(2) 조직활동의 공식화가 높음은 일상적 기술의 활용을 용이하게 할 뿐만 아니라 요구하게 된다. 따라서 비일상적 기술은 조직의 공식화와 부(−)의 관계가 존재한다.

(3) 일상적 기술은 집권화와 비일상적 기술은 분권화와 관계가 있다고 할 수 있지만, 지금까지 연구결과에서 기술과 집권화의 관계는 일관성이 없다. 하지만 기술과 집권화의 관계는 공식화의 정도에 따라 변화할 수 있음이 일반적인 결론이다.

4. 조직의 전략

전략(strategy)이란 조직이 목표를 달성하고자 사용하는 수단을 의미한다. 즉, 조직전체를 포괄적으로 통합하여 조직의 목적을 달성하려는 힘을 의미한다. 따라서 조직이 처해 있는 여건에 따라 조직의 달성하고자 하는 목적을 실현하기 위하여 다양한 차원의 전략을 실행한다. 전략과 조직구조의 관계에 대한 연구는 찬들러(A. Chandler)에 의하여 시작되었다(Alfred D. Chandler, 1962; 박경원, 2000: 153, 재인용). 찬들러의 "조직구조는 전략에 따른다"(Structure follows strategy)는 명제는 다음과 같은 논리에 의해서 뒷받침된다. 조직의 업무를 어떻게 구조화하는가 하는 것은 구조화 그 자체가 목표가 아니라 조직의 목표를 달성하기 위한 하나의 수단이다.

조직구조는 조직전략의 수행을 촉진하고 궁극적으로는 의도된 조직의 성과와 목표를 달성하기 위한 경영관리상의 도구인 것이다. 이러한 목표를 달성하기 위해서 설계되는 조직의 구조는 다양한 직무를 수행하는 조직구성원들이 협력하여 일을 하도록 도와주며, 조직의 구성요소들을 전략의 목표달성을 촉진시키고 성과를 개선하기 위한 방향으로 나아가도록 해주는 역할을 한다. 조직구조와 전략을 연결시키기 위한 의도적인 조직화의 노력이나 활동이 없이는 조직이 목표한 성과를 달성하는 데 어려움이 따를 것이다.

5. 조직의 권력과 통제

권력(power)은 많은 정의로 논의되고 있지만 '권력은 사회적 인간관계에서 상대방 의지와 무관하게 나의 의지를 상대방에게 관철시킬 수 있는 능력'으로 정의할 수 있다. 이러한 권력에 관한 논의는 권력의 관계적인 측면인 의존성 개념을 통하여 명확해질 수 있다. 즉, 권력의 상호의존성의 속성은 양 당사자가 서로 필요로 한다는 것을 의미한다.

조직구조와 권력 및 통제와의 관계를 논의함에 있어 쟁점은 구조적 상황이론에 대한 전략적 선택이론의 도전이라고 할 수 있다. 즉, 구조적 상황이론에서 조직구조의 결정요인으로 간주하고 있는 환경, 전략, 기술, 규모 등은 지배집단의 전략적 선택을 제약하는 요인에 불과하며, 조직구조를 결정하는 요인은 지배집단의 이해관계와 권력이라는 것이다(박경원 외, 2000:212). 구조적 상황이론의 전제로서 ① 조직의 구조가 상황에 따라 달라지며, ② 조직의 효과성이 조직의 구조와 상황의 적합도에 따라 달라진다는 것을 알 수 있다. 반면에 전략적 선택이론의 전제는 조직구조는 지배집단이 그들의 권력을 유지 및 강화시키기 위하여 전략적으로 특정의 조직구조를 선택할 수 있다는 것을 알 수 있다. 여기서 조직의 권력-통제와 조직구조의 구성요소가 어떠한 관계를 갖는지 살펴보면 다음과 같다.

(1) 지리적, 수평적, 수직적 분화의 증가는 조직 활동의 통제를 어렵게 만들기 때문에 관리자들은 조직구조의 낮은 복잡성을 선호한다. 따라서 권력의 집중을 통한 통제시스템 강화는 조직구조의 낮은 복잡성과 정(+)의 관계를 갖는다. 하지만 정보기술의 발달은 분화의 증가와는 관계없이 조직구조의 복잡성이 아무리 높다고 하더라도 권력집중을 통한 통제를 용이하게 할 수 있다.

(2) 권력은 조직의 공식화, 즉 규칙과 규정에 절대적인 영향을 미친다. 따라서 권력집중을 통한 강한 통제시스템을 사용하는 관리자는 공식

화를 높이는 것을 선호하므로 권력과 공식화는 정(+)의 관계가 있다.

(3) 일반적으로 시행착오의 비용이 클 때, 일시적인 외부의 위협이 존재할 때, 조직 전체의 관점을 반영한 의사결정이 요구될 때, 권력보유자가 의사결정권을 갖기를 원할 때 집권화가 나타난다.

따라서 권력집중을 통한 통제강화는 집권화와 정(+)의 관계가 있다. 조직에 따라 권력분산을 통한 통제의 효과성을 극대화를 위한 일환으로 분권화가 이루어지지만 그것은 피드백을 통한 하위계층의 의사결정을 감시하는 의사분권화(pseudo-decentralization) 현상에 지나지 않는다.

제4절 조직구조의 유형

조직구조는 해당 조직이 처해 있는 조직구조의 구성요소와 상황요소에 의해 조직구조의 유형, 즉 조직설계가 이루어진다. 이 세상에 각각의 목적을 실현하기 위해 무수한 많은 조직이 존재하고, 이들 조직 각각은 특유의 조직구조의 유형을 갖고 있다. 무수한 존재하는 조직의 유형을 일정한 기준에 의해 분류하는 연구는 지속되어 왔다. 특히 민츠버그(Mintzberg)의 조직구조 유형 분류는 매우 높은 일반성을 인정받고 있다. 여기서는 민츠버그의 조직구조 유형 분류기준을 중심으로 살펴보고자 한다.

1. 조직구조의 분류

민츠버그는 조직구조를 분류하는 기준으로 핵심운영 부문, 전략부문, 중간라인 부문, 기술구조 부문, 지원스태프 부문을 들고 있다(Henry Mintzberg, 1981).

(1) 핵심운영부문(operating core) : 일반적으로 최일선 부서로서 작업현장에서 제품이나 서비스를 생산해내는 부문을 의미한다.

(2) 전략부문(strategic apex) : 조직의 최고권력 부서로서 전반적인 책임

을 지고 조직전체의 생산성 향상을 위해 조직을 지휘·통제하는 부문을 의미한다.

(3) 중간라인부문(middle line) : 최고관리층과 일선 현장부서와의 연결시키는 중간관리자 부문을 의미한다.

(4) 기술구조부문(technostructure) : 조직 내의 기술개발과 유지의 책임을 지는 부문으로 과업과정과 산출물의 표준화 등을 전문적으로 담당하는 부문을 의미한다.

(5) 지원스태프부문(support staff) : 조직의 핵심업무가 잘 수행될 수 있도록 간접적인 업무수행을 주로 담당하는 전문가 그룹을 의미한다.

2. 조직구조의 유형

민츠버그는 다섯 가지 기본부문 가운데 어느 부문이 조직의 핵심부문으로서 활동을 하느냐에 따라 조직구조의 유형을 제시하였다. 이에 민츠버그가 제시한 조직구조의 유형은 〈표 8-2〉와 같다.

〈표 8-2〉 민츠버그가 제시한 조직구조의 유형

유 형	특 성	장·단점	적합한 상황
단순구조	단순하고 정교화되지 않은 형태, 분업화와 공식화가 낮음, 권한이 최고관리자에게 집중	• 변화대응에 신속·유연, 책임한계가 분명 • 적용범위 제한, 권한의 집권화로 문제야기	창업단계의 조직, 동태적인 환경의 조직
기계적 관료구조	표준화된 조직, 명문화한 형태, 전문가 중심의 운영구조	• 표준화의 장점 확보, 조직의 중복에 의한 낭비 방지 • 지나친 규정에 의한 경직성, 변화에 적응 둔화	단순하고 안정적인 대규모 조직에 적합, 일상적인 기술을 사용하는 조직: 자동차공장, 우체국
전문적 관료구조	표준화와 분권화가 결합한 형태, 전문가 중심의 운영구조	• 자신의 과업에 대한 동기부여 효과 극대화 및 책임의식 고조 • 하위부서의 갈등과 전문가 사이의 이견조정이 어려움	대규모 조직과 복잡하고 안정적인 환경, 일상적인 기술을 사용하는 조직: 대학병원, 도서관, 회계법인

유 형	특 성	장·단점	적합한 상황
사업부제 구조	중간부문 라인이 권력을 보유, 기능별로 분화되어 있고, 사업부들의 분화정도는 크고, 공식화 정도는 높음	• 구성원의 강한 책임감, 사업부 간의 결과 구분 명확 • 부서 반복으로 기능 중복, 조정의 어려움(NDH 현상)[19]	제품과 시장이 다양한 조직, 사업의 다각화를 추구하는 조직
애드호크라시	표준화와 공식화가 거의 이루어지지 않음, 전문성에 의해 권력행사, 문제해결을 위한 조직	• 변화에 신속 대응하고 구성원의 능력 최대한 발휘 • 책임소재에 대한 갈등, 구성원의 심리적 긴장 야기	다각화전략, 변화전략, 위험부담이 높은 전략을 구사하는 조직, 비일상적인 기술사용 조직: 매트릭스 조직, 방계구조, 네트워크 조직, 태스크 포스, 위원회, 대학형 조직

제5절 조직문화

1. 조직문화의 의미

조직문화(organizational culture)란 조직구성원 모두가 공유하고 있는 가치와 신념, 규범과 전통, 지식과 이념, 습관과 기술 모두를 포괄하는 종합적인 개념으로서 조직구성원과 조직체 전체의 행동에 영향을 주는 기본요소라고 할 수 있다(박연호, 2000:382). 또한 조직문화에 대한 개념은 학자들의 관점과 연구초점에 따라서 약간의 차이가 있지만, 기본적으로 조직구성원들이 집단적으로 공유하고 있는 것이며 조직구성원의 행동과 조직전체의 행동이 기본전제로서 작용하는 조직체 고유의, 그리고 지배적인 가치관, 신념, 규범, 관습, 행동양식 모두를 포함하는 거시적이고 복합적인 개념이라고 할 수 있다.

19) NDH(Not Developed Here) 현상은 한 사업부의 혁신이 다른 사업부 입장에서는 자신의 사업부에서 개발한 것이 아니므로 관심을 등한시하는 현상이 나타남.

조직문화의 구성요소는 조직구성원의 가치관과 신념, 규범과 관습 등 여러 가지 요소로 형성되어 있으므로 구성요소에 대해 많은 논의가 있지만 대표적으로 가치, 의례와 의식, 환경, 중심인물, 문화망을 들 수 있다. 사회복지조직이 갖고 있는 조직문화의 특성과 지배하는 주요 구성요소는 무엇인가? 가치를 중요시하는 문화일까? 아니면 사실을 우선시하는 문화일까? 또한 사회복지조직 구성요소 가운데 주도적으로 작동하는 것은 무엇인가? 이에 대한 대답은 사회복지조직이 추구해야 하는 목표와도 관련이 있을 것이고 목표를 달성하기 위해 작동하는 조직구성원의 행동에 직접적인 영향을 미침으로써 결과적으로 프로그램을 통한 클라이언트에 대한 복지서비스 내용에 영향을 미치게 될 것이다.

2. 조직문화의 유형

조직문화의 유형을 분류하는 데는 여러 방식이 있다. 여기서는 조직문화가 조직성과에 미치는 영향을 중심으로 분류한 딜(Terrence Deal)과 케네디(Allan Kennedy)의 조직문화 유형을 소개하고자 한다. 이들은 조직문화 유형을 조직활동에 따르는 위험의 정도와, 조직의 의사결정 전략의 성공 여부에 대한 피드백 속도의 두 가지 요소에 의해 네 가지 유형으로 구분한다(김병섭 외, 2000:537-538).

(1) '씩씩하고 남성다운 문화'(tough-guy, macho culture) : 조직의 위험도가 높고 성과에 대한 피드백이 빠른 환경 하에서 형성되는 문화로서 구성원들이 상호경쟁하는 개인주의적 색채가 짙다. 이와 같은 환경 하에서는 신속한 의사결정, 위험을 극복해 낼 능력이 요구되나 구성원들 간의 협력은 별로 요구되지 않는다.

(2) '열심히 일하고 노는 문화'(work-hard, play-hard culture) :조직의 위험도가 낮고 성과에 대한 피드백이 빠른 환경 하에서 형성되며, 조직구성원의 정력적 활동이 성공의 열쇠가 된다. 또한 팀워크가 중요시되

므로 개인과 집단 간의 협력, 형성이 중요하다.

(3) '조직목표 달성에 몰입하는 문화'(bet-your-organization culture) : 조직의 위험도가 높고 성과에 대한 피드백이 늦은 환경 하에서 형성되며, 올바른 결정이 중요하고 조직전체에 신중성이 강조된다. 의사결정은 상의하달식으로 이루어지며 회의가 중요한 의식이 된다.

(4) '과정중시의 절차문화'(process culture) : 조직의 위험도가 낮으며 성과에 대한 피드백이 늦은 환경 하에서 이루어지며, 결과로 나타나는 것보다는 과정에 초점을 둔다. 여기에서 조직구성원들은 자기가 하는 일의 결과를 알기가 곤란하기 때문에 현재 하고 있는 과정이나 절차에 집착한다. 기술적 정확성과 완벽성이 이 문화에서 요구된다.

3. 조직문화의 기능

조직문화의 기능에 대해 학자에 따라 약간의 차이를 나타내고 있다. 여기서는 순기능과 역기능으로 구분하여 살펴보고자 한다(김병섭 외, 2000: 539-540). 조직문화의 순기능으로서 조직문화는 구성원들로 하여금 자기조직이 다른 조직에 비해 어떤 우월성을 지니고 있다는 인식을 갖게 함으로써 조직에 대한 일체감을 높일 수 있다. 그리고 조직구성원들이 공유된 가치나 규범을 일탈할 때에 이를 규제하고 조직목표에 합치된 행동을 하도록 강요하는 통제 메커니즘의 역할을 수행한다. 조직의 행동에 일정한 안정성을 지니게 하고 결과적으로 조직외부의 사람이나 집단에 대해 긍정적 조직 이미지(organizational image)를 심어 줌으로써 조직의 중요한 자산인 신용과 신뢰를 창출할 수 있다.

조직문화는 조직구성원들의 가치체계 속에 내면화됨으로써 그들의 행동패턴이 조직목표에 부합되도록 드러나지 않게 통제하는 기능을 수행한다. 강한 조직문화를 개발하는 것이 반드시 조직구성원이나 조직에 대해 좋은 결과만을 가져온다고 일률적으로 말할 수 없다. 강한 공유가치 체계와 규범은 조직성과에 순기능적으로 작용할 수도 있으나, 반면에 역기능적으로 나타날 수도 있다. 따라서 조직문화의 역기능 현상 두 가지를 제시하면 다음과 같다.

(1) 환경에의 부적응으로 고도의 기술발전과 이에 따른 시장환경의 변화에도 불구하고, 경직화된 조직문화에서는 신속하게 이에 대처해 나가는 것이 용이하지 않은 경우가 있다.
(2) 조정 및 통합의 어려움으로서 기업가정신(entrepreneurship)과 자율성을 중시하는 조직문화를 지닌 조직의 경우, 하위부서들 간에 독자성이 강하기 때문에 이들 부서 간의 협력을 통한 조직전체의 통합력을 달성하기가 어렵다.

4. 조직문화의 평가

휴먼서비스 조직의 성공은 서비스 제공자와 서비스 대상자 사이의 관계 형성과 상호작용의 정도에 달려 있다(Charles Glisson, 2001:201). 조직문화는 사회복지, 보건의료, 학교사업, 그리고 다른 휴먼서비스를 제공하더라도 이들 당사자 간의 관계와 상호작용의 정도가 서비스의 질과 양을 결정한다. 그리고 이들 당사자 간의 관계와 상호작용의 수준과 특성은 조직문화에 의해 좌우되므로 휴먼서비스 조직에 있어 조직문화는 매우 중요한 요인임에 틀림이 없다. 따라서 Charles Glisson(2001)은 사회복지서비스 조직에서 조직문화는 무슨 역할을 하는가를 세 가지 관점에서 설명하고 있다(Charles Glisson, 2001:201-205).

(1) 조직문화는 사회복지서비스 체계의 규범과 가치의 역할을 한다.
(2) 조직문화는 사회복지서비스 제공자의 상황인식에 중요한 역할을 한다.
(3) 조직문화는 조직구성원의 행태와 인식, 그리고 태도를 통하여 조직의 효과성과 연결하는 역할을 한다.

생각해 볼 문제들

1. 조직구조를 정의하시오.
2. 조직구조의 구성요소를 간략히 설명하시오.
3. 조직기술과 조직구조의 관계성을 설명하시오.
4. 조직구조의 분류 다섯 가지를 제시하시오.
5. 조직문화의 역기능 현상 두 가지를 제시하시오.

참고 문헌

고종욱(역) (1999). 현대조직론. 서울: 한올출판사.

김병섭 외 (2000). 조직의 이해와 관리. 서울: 대영문화사.

박경원·김희원 (1999). 조직이론 강의. 서울: 대영문화사.

오석홍 (1990). 조직이론. 서울: 박영사.

이창원 외 (1997). 새조직론. 서울: 대영문화사.

홍용기 (2000). 조직론. 서울: 형설출판사.

Bolman, L. & Deal, T. (1984). *Modern Approaches to Understanding and Managing Organizations.* San Francisco. CA: Jossey-Bass.

Chandler, Jr., Alfred D. (1962). *Strategy and Structure : Chapter in the History of the Industrial Enterprise.* Cambridge. Mass: MIT Press.

Glisson C. (2001). *Organizational Structure and performance*. Social Welfare Management. Sage publications. Inc. Condon.

Jones, G. R. (1995). *Organizational Theory*. Reading. Mass: Addison Wesley.

Kimberly, J. (1976). *Organizational Size and the Structuralist Perspective : A Review. Critique, and Proposal*. ASQ. December.

March, J. G. & Olsen, J. P. (1979). *Ambiguity and Choice in Organizations.* Bergen: University-Forlaget.

Mintzberg, Henry (1981). *Structure in Fives : Designing Organizations*. Englewood Cliffs. New Jersey: Prentice-Hall.

Perrow, C. (1967). *A Framework for the Comparative Analysis of Organizations*. ASR. April.

Robbins, Stephen P. (1990). *Organization Theory (3rd ed.)*. Englewood Cliff. New Jersey: Prentice-Hall.

Scott, W. R. (1987). *Organizations : Rational, Natural, and Open Systems (2nd ed.)*. Englewood Cliffs. New Jersey: Prentice-Hall.

Thompson, James D. (1967). *Organization in Action*. New York: McGraw-Hill.

Woodward, J. (1965). *Industrial Organization : Theory and Practice*. London: Oxford University Press.

CHAPTER 09

인사관리

Social Welfare Administration

인사관리는 인적 자원을 최대한 활용하여 조직의 목적을 효과적·효율적으로 달성하기 위한 인력과 관련한 행정관리의 한 영역으로서 조직체 내의 모든 인사활동을 의미하고 있다. 대부분 정부의 인사활동을 인사행정이라 지칭하고 있으며, 일반기업의 인사활동을 인사관리라고 하며 인적 자원을 최대한 활용하여 조직의 목적을 효과적·효율적으로 달성하기 위한 인력과 관련한 행정관리 영역이다. 따라서 본 장에서는 첫째, 인사관리의 개념, 둘째, 인사관리의 과정, 셋째, 직원능력의 개발, 넷째, 슈퍼비전, 다섯째, 인사관리의 개선방안 등을 중심으로 살펴보고자 한다.

제1절 인사관리의 개념

인사관리는 피고용자, 혹은 종업원의 욕구와 관리자의 기대 및 사회의 욕구에 부합하여 기관의 운영 목적 달성을 위해 인적 자원을 최대한 활용하여 조직의 목적을 효과적·효율적으로 달성하기 위한 인력과 관련한 행정관리의 한 영역이다. 인사관리는 조직체 내의 모든 인사활동을 의미하고 있다. 대부분 정부의 인사활동을 인사행정이라 지칭하고 있으며, 일반기업의 인사활동을 인사관리라고 말하고 있다. 이러한 명칭은 어디까지나

편의상 붙여진 것이지 절대적인 차이를 나타내는 것은 아니다(박연호, 1985:497). 인적 자원을 최대한 활용하여 조직의 목적을 효과적·효율적으로 달성하기 위한 인력과 관련한 행정관리의 한 영역이다.

인사관리의 기능은 인력계획, 경력관리, 보수 및 퇴직금, 보건, 안전 및 복지후생, 사기와 인간관계 관리, 복무와 근무규율, 노사협조, 인사관리, 정보체계 등을 포함하고 있다. 우리나라 사회복지기관의 인사관리는 공적 부문의 경우 정부 인사관리행정에 의하고 있으나, 사회복지직을 확대·배치하는 것이 앞으로의 선결과제로 되고 있다. 민간부문의 경우는 조직의 규모, 예산 등이 빈약하여 합리적인 인사관리에 역점을 두어야 한다. 특히 직원들의 경력관리, 보수 및 퇴직금, 복리후생, 사기와 인간관계의 관리 등에 중점을 둘 필요가 있다.

제2절 인사관리의 과정

인사관리에 있어서 직원채용은 사회복지기관의 일원으로 적절한 사람을 신규로 충원하는 것을 의미한다. 따라서 스키드모어(Skidmore)는 인사관리의 주요 과정을 다음과 같이 제시하고 있다.

1. 모집

모집(recruitment)이란 자격 있는 지원자들을 공석 중의 직위에 배치하는 과정을 말한다(Mangum, 1982:96). 모집의 목적은 전문적으로 유능하고 여타 직원들과 원만한 대인관계는 물론, 클라이언트와 좋은 관계를 맺을 수 있는 능력을 지닌 직원을 고용하는 데 있다. 직원의 전문적 능력의 여부는 그 사람이 받은 훈련이나 이전의 경험과 관련되어 있다. 또한 다른 사람과의 원만한 대인관계를 맺을 수 있는 능력은 성격 특성뿐만 아니라, 자신의 경험과 훈련으로부터 나타난다. 그러므로 사람이 아무리 전문적인 능력을 지녔더라도 다른 사람과 좋은 관계를 형성할 수 없다면, 사회복지기관에서도 도움을 주지 못할 것이다(Skidmore, 1990:192).

직원을 모집하는 데 필요한 절차로서는 먼저 모집해야 할 직위(position)에 대한 직무분석(job analysis)을 하고, 직무의 종류 및 내용 등을 중심으로 직무명세서(job description)를 작성해야 한다. 다음으로 자격 있는 후보자들이 지원할 수 있도록 전국적 수준의 일간지, 사회복지신문, 사회복지와 관련된 각종 월간 및 계간지 등에 모집공고를 하거나, 각 대학의 사회복지학과 및 취업지원과, 개인적 접촉 등을 통하여 모집을 공고한다. 모집공고 등에 포함될 내용은 다음과 같다(Klinger, 1988:250).

(1) 직무명, 직무분류 및 봉급범위
(2) 근무지역 및 직무부서
(3) 직무명세서
(4) 최소한의 자격요건
(5) 시험 및 면접일시
(6) 신청절차
(7) 지원신청 마감일시 등

지원자의 자질파악을 위해서는 지원서를 이용한 서류심사를 통한 신상파악, 지원자의 지식, 경험, 개인적·감정적 특성 파악을 위해 면접을 실시한다. 그리고 전직 시의 고용주의 추천서, 관련경력 등 참고사항의 검토, 학교성적 파악, 건강진단 등을 실시해야 한다. 사회복지기관에서의 올바른 직원모집이 되려면 인사담당자나 기타 관리자가 사전에 채용될 직원의 역할과 책임에 동의할 필요가 있다. 일반적으로 인사부서의 사전승인 없이는 모집공고를 낼 수 없고, 또한 신규직원이 일하게 될 부서의 문서에 의한 동의 없이 직원채용을 해서도 안 된다.

따라서 모집공고를 하기 전에 신규직원이 일하게 될 부서의 장과 인사담당자가 함께 공석 중의 직위에 대한 최소한의 자격요건을 규정할 필요가 있다. 충원은 단기·중기·장기 직원 충원 계획을 수립하여 실시하여야 한다. 충원방법으로는 공고, 관련학교에의 서신의뢰 및 개별적인 접촉 등으로 한다.

2. 선발

직원선발에서는 조직의 요구와 기대, 채용될 사람의 요구가 중요하다고 본다. 직무명세서를 통해 직무에 대한 조직의 요구와 기대를 세심하게 파악하고, 지원자의 교육, 경험 등의 문서자료를 획득하며, 지원동기 등에 대한 진술을 요청해야 한다.

사회복지기관의 직원선발에 있어서는 두 가지 요소가 특히 중요하다. ① 기관의 요구와 기대이며, ② 채용될 사람의 요구이다. 특히 모집과정의 초기단계에서 직무에 대한 기관의 요구와 기대에 대한 세심한 배려가 있어야 한다. 지원자의 요구를 파악하기 위해서는 지원자로부터 교육, 경험, 기타 관계자료를 포함한 문서자료 등을 획득하는 것이 필요하며, 그 밖에 지원자의 지원동기와 기관에 대한 관심의 진술 등이 요청된다(Skidmore, 1990:193).

직원선발의 방법은 일정한 시험이 부과될 수 있다. 시험과정에는 객관성(objectivity), 타당성(validity), 그리고 신뢰성(reliability) 등이 있어야 한다. 이와 같은 속성을 확보하기 쉬운 것 같지만 현실적으로는 어려운 문제이다. 이에 표준화된 시험방법으로는 필기시험(written test), 실기시험(performance test), 면접시험(oral test) 등이 있다.

1) 필기시험

필기시험은 관리가 용이하고 시간과 경비를 절약할 수 있으며, 객관성과 타당성을 높일 수 있다는 점에서 많이 이용되고 있다. 필기시험의 방법은 주관식 시험과 객관식 시험으로 나눌 수 있다. 즉, 주관식 시험은 통찰력, 추리력, 판단력 등과 같은 고도의 복잡성을 지닌 사고능력을 측정하는데 효과적이며, 시험출제에 비교적 적은 시간이 소요된다. 그러나 채점자의 객관성에서 문제가 되며 채점에 많은 시간과 경비가 소요된다는 단점이 있다. 객관식 시험은 주관식 시험과는 반대로 채점이 용이하고 고도의 객관도를 확보할 수 있다는 장점이 있으나 고도의 복잡성을 지닌 사고능력을 측정하는 데는 비효과적이다(안해균, 1982:445-446). 현재 우리나라 사회복지 전문요원의 선발은 주로 객관식 필기시험 방법에 의존하고 있다. 선발의 방법으로서 부과되는 시험은 객관도, 타당도, 신뢰도가 있어야 하며, 시험방법으로는 필기시험, 실기시험, 면접시험 등이 있다.

2) 실기시험

실기시험은 필기나 면접 이외의 방법으로서 실제 근무하는 경우와 같은 조건 하에 같은 도구나 기구를 써서 시행한다. 이러한 시험의 장점은 타당성은 높지만, 단점으로는 많은 사람을 한 번에 테스트하기가 곤란하며 채점에 있어서도 객관성이나 신뢰성이 저하될 우려가 있다.

3) 면접시험

면접시험은 필기시험에서 체크하기 어려운 사람들의 태도, 성격, 창의성, 협조성 등을 파악하기 위해서 시행한다. 그러나 우리나라에서는 면접시험에만 치중하므로, 필기시험은 강조하지 않는 경우가 가끔 있다. 특히 면접시험은 면접관의 선입견이 개입될 가능성이 있으나, 면접관의 훈련, 면밀한 면접방법의 개발 등을 통해 보다 긍정적인 인식을 높여야 할 것이다(안해균, 1982:446). 그리고 사회복지기관에서의 직원선발은 개별적인 면접이 중요하다. 면접 시 질문은 생각과 감정을 함께 나눌 기회를 제공하면서 상대방의 마음을 편안하게 해야 한다. 사회복지기관에서의 직원선발은 무엇보다도 기관에서의 성실성과 전문성을 포함하여 직원들과 원만한 인간관계를 맺을 수 있는 능력이 충분히 고려되어야 한다.

3. 선발절차

(1) 직무분석(job analysis) : 업무에 따르는 의무와 자격을 밝힌다.

(2) 직무명세서(job description) 작성 : 직무분석의 결과를 정리한다.

(3) 지원자 모집공고 : 광고, 대학과의 연락, 직업소개소, 그리고 개인적으로 공고한다.

(4) 지원자의 자질파악 : 서류심사, 면접, 추천서, 건강상태, 학교성적 등을 파악한다.

(5) 선발 : 실제로 가장 적합한 지원자를 선발한다.

(6) 합격통지 : 월급, 의무, 책임 및 관계 등 중요사항을 통지한다.

4. 임명

시험방법이 끝난 후 임용지원자에 대한 성적순, 직종별로 등급이 매겨진 명부(eligible list)가 작성된다. 이 명부에는 시험성적, 전공분야, 근무희망지, 기타 필요한 사항 등이 기재된다. 임용지원자 명부는 일정한 기간 동안 유효하며, 곧바로 임명되지 않은 임용지원자들도 빈자리가 발생하였을 때 예비지원자로서 임명될 수 있는 자격이 부여된다. 그리고 인사부서에 의한 추천은 임용지원자 명부에 오른 사람들 중 소수 인원으로 제한된다.

일반적으로 임명권자는 임용지원자 명부의 상위 순으로 3~5명의 명단을 받으며, 공석이 한 자리 이상일 경우는 그 수가 늘어난다. 임명권자는 지원자가 채용을 원하고 있는지 여부를 확인하기 위해 그들과 접촉을 하여 지원자 중에서 선택하여 임명을 결정한다. 이와 같은 사실을 인사부서에 알린다. 이때 임명되지 않은 나머지 지원자들은 그대로 임용지원자 명부에 유효하게 남게 되며 임명된 사람들이 빠져 나감으로써 서열이 조정된다(Weiner, 1990:336).

사회복지기관에서 직원의 임명은 관리자에게 기관을 해석하고 설명할 기회를 제공한다. 현명한 관리자는 이를 잘 활용할 수 있다. 직원에게 기관목표, 조직구성, 기관의 직원들, 이사회, 그리고 환경으로서의 지역사회에 관한 정보가 제공되어야 한다. 또한 직원의 구체적인 직무와 책임, 봉급, 봉급지급일자, 특별급여, 근무시간, 휴가정책, 직원모임, 여행규정, 위원회구조, 직원개발계획, 다른 기관과의 관계, 서비스를 받는 지역사회주민들과의 관계를 제시할 필요가 있다. 이러한 기관의 잠재력에 대해 적극적으로 제시하는 관리자는 새로 임명된 직원에게 많은 도움이 된다. 특히 임명수준은 직원의 배경과 경험에 부합되어야 할 뿐 아니라 여타 직원들과 비교해서 공정해야 한다. 그리고 직위에의 임용은 기관운영자의 승인이 요구되며, 관리자가 임용대상자와의 관계를 향상시킬 수 있는 기회를 제공한다. 새 직원이 고용될 때 기관, 부서의 목적과 서비스를 재해석하는 일에 의해 이루어진다.

5. 오리엔테이션

오리엔테이션(신입직원 훈련)은 기관과 그 서비스 및 지역사회를 새로운 직원에게 소개하는 과정이다. 오리엔테이션은 직원의 구체적 책임과 기관의 목적, 조직 구성, 직원, 이사회, 지역사회 등과 보수, 부가급여, 근무시간, 휴가, 직원회의, 위원회의 구조, 직원개발 계획, 타 기관과의 관계 등을 포함한 직무에 관한 정보와 의무가 설명되어야 한다. 구체적인 책임, 기관의 목적, 조직의 구성, 직원, 이사회, 기관에 속한 지역사회 등의 정보를 알려준다. 보수, 부가급부, 근무시간, 휴가, 직원회의, 위원회의 구조, 직원개발계획, 다른 직위로의 전보 가능성, 타 기관과의 관계 등에 관한 정보를 제공한다.

6. 승진

(1) 가능한 한 객관적이어야 하며, 감정과 정실개입을 배제한다.

(2) 승진과 봉급인상에서 중요한 요소는 근무연한과 업무수행 능력에 입각한다.

(3) 경력을 기준으로 한 승진의 장·단점을 활용한다.

(4) 승진의 기준은 근무성적, 학력, 시험성적, 교육훈련, 상벌사항 등을 활용한다.

7. 평가

(1) 평가는 개인, 집단, 지역사회와의 서비스 활동에 있어 직원의 능력을 규정하는 일에 초점을 두고 있다.

(2) 평가의 목적(Carlisle)은 직원에게 그들이 얼마나 업무를 잘 수행하고 있는지를 알리는 데 있다. 그리고 업적에 의한 봉급인상의 결정, 훈련 필요성의 발견, 승진 후보자의 확인, 업무향상에 대한 장애나 문제점의 파악, 직무개선 방법의 토의기회를 제공한다.

8. 해고

(1) 해고는 상황에 따라 개인과 기관 모두의 이익을 위해 능숙하고 민감하게 처리해야 한다.

(2) 해고는 절차에 따라 짧은 시간에 하되 당사자가 반응할 수 있는 기회가 주어져야 한다.

(3) 해고의 경우는 법적 시비가 우려되므로 기관과 개인에게 모두 공정한 것이어야 한다.

제3절 직원능력의 개발

1. 직원능력개발의 필요성

직원능력개발은 직원들의 지식을 향상시키고 전문적인 태도를 심화시키는 데 있다. 특히 인간을 돕는 능력과 기술을 증대시키기 위한 목적으로 다양한 활동과 학습경험을 부여하는 과정이다. 현존 사회는 지식과 기술의 진보가 급속하게 이루어지고 있다. 사회복지분야에서도 새롭고 혁신적인 지식과 기술이 요청되고 있는 것이 사실이다. 따라서 사회복지실천에서도 이와 같은 변화는 불가피한 것이며, 사회복지기관이 보다 효과적이고 질적인 서비스를 제공하기 위해서는 급속한 발전에 보조를 맞추어야 한다.

직원능력개발은 기관의 전문가로 하여금 인간행동과 사회관계에 대한 이해와 지식을 증진시키며, 클라이언트에게 보다 효과적인 서비스를 제공할 수 있기 때문에 매우 중요하다. 또한 직원능력개발은 전문적인 태도에 대한 따뜻한 이해를 향상시킨다. 그리고 직원능력개발은 지식과 기술의 향상 및 전문적 태도의 심화를 위한 기회를 제공할 뿐만 아니라, 기관 운영의 효과성과 효율성을 직접적·간접적으로 향상시키는 데 일조하게 된다.

2. 직원능력개발의 전략

사회복지기관과 직원이 공히 유익이 되는 효과적인 직원능력개발의 전략은 다음과 같다(Skidmore, 1990:239-241).

1) 구체적인 목표설정

대부분 기관의 직원들은 지식과 기술을 향상시킨다는 의도를 갖고 모인다. 그러한 모임의 목표는 너무나 모호하고 비생산적인 경우가 많다. 효과적인 직원능력개발이 이루어지려면 보다 구체적이고 관찰할 수 있으며 측정할 수 있는 목표가 있어야 한다. 따라서 목표가 구체적일수록 그 결과는 더욱 바람직하게 이루어진다.

2) 예비적인 사정

직원능력개발을 위한 상세한 계획이 수립되기 전에 직원의 지식과 기술 수준을 주의 깊게 평가해야 한다. 직원의 배경과 능력을 파악하고 특정한 주제에 대한 이해의 수준을 확인하기 위하여 간단한 질문지 등을 사용하며 예비사정이 이루어져야 한다.

3) 효과적인 계획수립

직원능력개발에 있어서 실제적인 활동을 위해서는 전반적인 계획을 세워야 한다. 계획을 세우는 과정에서 관련 직원이나 특별위원회에 책임을 부여하여 조직적인 체계를 형성하는 일이 중요하다.

4) 적절한 학습경험

경험을 통한 학습이 효과적인 것은 일반적인 지식이다. 직원 등을 능동적으로 관련시키는 학습은 수동적인 학습보다 바람직하다. 즉, 역할놀이(role playing), 사이코드라마, 교육매체와 자료 등을 활용하는 것은 효과적인 학습의 방법이다.

5) 평가

평가는 학습경험의 부정적인 측면과 긍정적인 측면을 모두 고려해야 한다. 기관목적에 관한 평가는 장래 직원능력개발의 프로그램이 효과적으로 되도록 하는 데 도움이 될 수 있다. 따라서 사회복지기관의 관리자는 모든 직원들이 일상적이고 규정적인 생활활동에 국한되지 않도록 부단한 능력개발의 기회와 사기를 진작할 수 있는 풍토를 조성할 필요가 있다.

3. 직원능력개발의 방법

사회복지기관에서는 기관의 특성에 따라 직원들에 대한 교육훈련 프로그램을 세워 지속적으로 실시하고 있다. 어떤 경우에는 외부의 훈련기관에 파견하여 전문적 능력을 배양하기도 한다. 그러나 직원의 능력개발은 유능한 지원선발, 건전한 조직, 효과적인 인사 및 행정절차가 확립되어 있느냐의 여부에 따라 크게 의존하고 있다. 유능한 직원을 개발하는 것은 기관의 끊임없는 과정이다. 그리고 능력개발은 기관장의 책임 중의 하나로서, 이 책임은 총무나 훈련부서의 장에게 위임되는 것이 보통이다. 그럼에도 불구하고 유능한 인력으로 자원을 개발하는 것은 기관전체의 책임이며, 모든 직원들에게도 그 책임이 있는 것이다(Ehlers, 1976:128).

사회복지기관에서는 서비스를 시행하면서 이루어지는 훈련이 특정한 때에 몇몇 직원들에게 실시하는 훈련이 되어서는 안 된다. 오히려 모든 직원들에게 언제나 능력을 개발하는 프로그램이 되어야 한다. 결국 업무상의 훈련은 모든 직원들의 끊임없는 자질향상을 추구하는 것이다. 직원의 능력과 자질을 개발하는 두 가지 중요한 목적은, ① 기관의 업무를 책임감 있고 효과적으로 수행하기 위해서이고, ② 모든 기관의 피고용인들의 성장과 발달을 증진시키기 위해서이다.

테일러(Alice Taylor)에 의하면, 기관에서의 직원능력개발은 다음과 같은 여섯 가지 요소와 깊은 관계가 있다고 하였다(Ehlers, 1976:128). ① 오리엔테이션, ② 지도감독, ③ 기관 외 교육을 위한 계획 및 정책, ④ 정책입안에 직원의 참여, ⑤ 적절한 최신의 장비, ⑥ 기관 및 지역사회에 있는 자원의 원활한 활용 등이다.

제4절 업무자의 평가

사회복지기관의 조직이나 프로그램을 관리하기 위해서는 구성원들에 의한 업무수행의 정도를 어느 정도 평가하는 것이 필요하다. 업무자들의 능력을 평가한다는 것은 이들이 조직이나 프로그램의 목적성취에 얼마만큼 기여했는지를 평가하는 것이다. 조직구성원들에게 있어서 업무평가는 자신의 노력과 기여도를 조직이나 상급자들로부터 인정받는다는 의미가 있다. 이를 통해 자신들의 조직 내에서의 활동에 대한 피드백으로 활용한다는 의미도 중요하다. 이러한 피드백을 통해 자신의 업무수행이 조직이나 프로그램이 요구하는 방향과 방법들에 얼마나 부합되고 있는지를 알 수 있기 때문이다.

업무자의 능력에 대한 평가를 위해서는 업무수행력과 관련된 몇 가지의 직접적인 지표들을 활용할 수 있다. 이러한 직접적인 지표들은 대개의 경우 측정하기 어려운 점이 많다. 그 대안적인 지표로서 업무자들의 직업만족도와 같은 것들도 중요하게 다루어지고 있다. 특히 사회복지기관에서는 전문적인 업무자들이 중심이 되어 조직이 구성되고 있다. 또한 직접적인 서비스의 효과성에 대한 평가가 어려운 경우, 업무자들의 직업만족도를 서비스의 성과를 예측하는 간접적인 지표로 활용하는 경우도 있다.

1. 업무수행력

업무수행력이란 조직구성원들에 의해 개인적으로나 혹은 집단적으로 나타나는 업무행동을 의미하고 있다. 업무수행력은 몇 가지의 기준들에 의해 측정될 수 있다. 이러한 기준들에는 생산성, 효율성, 효과성, 서비스의 질 등이 있다.

(1) 생산성 : 생산성은 주로 서비스를 산출한 양으로 나타낸다. 예컨대, 클라이언트의 수, 인터뷰의 실행건수, 지원자의 수, 서비스 실천건수 등을 통해 생산성을 나타내는 지표들이다.

(2) 효율성 : 효율성은 투입과 산출물 사이의 관계로서 나타내는 것이다. 즉, 서비스에 동원된 투입물에 비해서 얼마만큼 산출물이 나왔는가에 의해서 표현된다. 동일한 산출물에 비해 투입물이 낮거나 동일한 투입물에 비해 산출물이 높게 나타나면 서비스는 더 효율적이라는 것이다. 이러한 개념의 효율성은 '한 서비스를 생산하는 데 소요되는 단위당 비용'으로 나타낼 수 있다.

(3) 효과성 : 효과성은 업무자들의 클라이언트와 관련한 활동들이 서비스 목적의 성취와 얼마나 인과적으로 관련되어 있는지의 정도를 나타낸다. 서비스의 목적에 대한 성과들이 업무자의 활동에 의한 것인지 아니면 다른 효과들에 의한 것인지를 판단해 내는 것이다. 최근에는 단일사례기법(single subject design) 등의 개발로 인해 비교적 적은 비용에 체계적으로 업무자의 행동과 클라이언트에 대한 목표성취 사이의 관계를 보여줄 수 있는 적절한 방안들이 제시되고 있다.

(4) 서비스의 질 : 서비스 질은 업무자들이 서비스의 목적을 성취하기 위해 가장 바람직한 것으로 여겨지는 방법이다. 서비스의 질을 판단하는 기준들은 이전 프로그램으로부터의 경험이나 전문적인 판단들을

통해 만들어진다. 이러한 기준들에 의해서 개별 업무자들을 평가하는데, 그것은 주어진 업무상황에서 서비스 질의 기준에 맞추어 방법이나 절차들이 어느 정도 부합되었는가를 판단한다.

이상에서 업무수행력의 네 가지 기준을 비교해 보면, 서비스의 질과 서비스의 효과성은 사회복지기관들에서 업무수행력의 측정을 위해 가장 중요하게 다루어져야 한다. 그럼에도 불구하고 이러한 측정들은 실제로 수행되기 어렵고, 비용과 시간을 많이 소모하는 변수들과 관련되어 있다. 그 결과 업무수행력을 평가하는 기준으로 서비스의 질과 효율성에 대한 대안적인 용도로서 생산성과 효율성을 강조하는 경향이 있다. 따라서 비록 서로가 대립적인 차원은 아니더라도 이러한 기준들은 서로 간에 대치될 수 없는 영역들로 효율성의 측정이 효과성과 서비스 질에 대한 평가를 대체할 수 없다는 것이다.

2. 직업만족도

직업만족도(job satisfaction)는 조직구성원들이 일과 업무환경에 대해서 갖는 긍정적인 태도와 인지를 말한다. 업무수행력은 개별 업무자의 행동과 그 결과를 다루는 데 반해, 만족도에 대한 측정은 업무자들의 업무와 조직상황에 대해 느끼는 주관적인 감정에 의존한다. 직업만족도를 측정하기 위해서는 다양한 방법들이 존재한다. 대부분 다음의 내용들이 포함된다. 즉, 급여, 승진기회, 동료와의 관계, 슈퍼비전, 의사결정에의 참여, 조직에 대한 소속감 등과 같은 직장이나 업무에 대한 업무자들의 사기를 다루는 것들이 주로 포함되어 있다.

사회복지서비스와 직업만족도, 사회복지서비스를 포함하는 휴먼서비스에서는 직업만족도가 효과적인 업무수행을 위한 필수적인 선행조건이라는 사실이다. 즉, 업무자의 높은 사기가 서비스의 질이나 효율성 등의 업무수행력 향상에 기여한다는 것이다. 사회복지행정 관리자는 업무자들의 직업만족도에 왜 관심을 가져야 하는 것인가, 그리고 실제로 많은 사회복지 실천현장이나 연구들에서 업무자들의 직업만족도가 계속해서 중요한 관심사가 되고 있다. 이에 대한 몇 가지 이유를 제시하면 다음과 같다.

(1) 행정관리자는 하급자들의 정서적인 측면에 대해 도덕적인 책임감을 가져야 할 의무가 있기 때문이다. 하급자들의 직업만족도는 정서적인 측면을 중요한 부분으로 차지하고 있다.
(2) 업무자의 직업만족도가 이직률에 많은 영향을 주기 때문이다. 직업만족도의 개선은 이직률을 줄이는 데 기여하며, 그로 인해 프로그램에 대한 부정적인 영향들을 감소시킬 수 있다.
(3) 직원들의 사기저하가 만연되어 있으면 조직 내에서 업무자들 간의 의사소통, 문제해결노력, 협동 등이 저해된다. 그 결과 업무환경에서 갈등, 불안, 일의 정체 등이 증가하게 된다.

이상에서 직업만족도에 대한 관심은 곧 조직의 원활한 업무수행에 대한 관심과 밀접히 결부되어 있다. 그렇다면 직업에의 불만족은 궁극적으로 업무자들로 하여금 감정의 고갈, 소외, 업무와 클라이언트에 대한 관심의 상실 등과 같은 바람직하지 않은 부가효과들을 유발하게 된다. 즉, 일선 업무자들의 소진증후군(burnout syndrome)을 나타나게 하는 것이다. 소진증후군은 업무의 요구가 자신의 인내와 능력으로 감내할 수 있는 정도를 초월할 때, 직업에서 오는 압박감과 스트레스에 압도당하게 되는데, 이런 느낌들이 한계점에 도달하게 되어 신체적·정서적인 고갈상태, 자신과 자신의 환경에 대한 부정 등과 같은 일련의 증상들을 나타나게 하는 것이다. 소진으로 인한 비용은 매우 큰 것으로 나타난다.

따라서 휴먼서비스의 업무자들이 소진현상으로 인해 자신의 일과 클라이언트에 대한 부정적 태도와 감정을 갖게 됨으로써 발생하는 비용은 막대한 것이다. 그러므로 사회복지기관과 프로그램의 관리자들은 일선 업무자들의 직업만족도에 대해 지속적인 관심을 가져야 한다. 그것은 업무자들 뿐만 아니라 클라이언트에 대한 책임성이라는 측면에서도 중요한 일이기 때문이다.

제5절 슈퍼비전

1. 슈퍼비전의 필요성

슈퍼비전은 직원의 능력을 향상시키는 데 이바지할 수 있는 하나의 교육적·행정적 과정이다. 즉, 책임 있는 지위에 있는 자가 그 직무에 관한 지식이나 기능을 유효하게 이용하여 부하직원에게 직무에 관한 지도를 행하는 것을 말한다. 원래 'Supervision'이란 말은 어원적으로 '위에서 내려다보다'라는 뜻으로 직원이 직무를 수행하는 데 필요한 지식을 발전시킴과 아울러 그 지식과 기능을 활용하도록 하는 데 초점을 두고 있다. 사회복지에 있어서 슈퍼비전은 본질적으로 행정적인 목적과 교육적인 목적을 모두 갖고 있다(NASW, 1977:1544).

사회복지는 하나의 전문직으로 현장교육을 포함한다. 슈퍼바이지들은 그들이 행하게 될 직업, 즉 전문직의 과업을 수행하는 방법과 실무의 경험이 요구된다. 그러므로 사회복지의 현장교육은 기본적 교과과정 중에 사회복지사가 되고자 하는 슈퍼바이지를 위하여 실시된다. 현장교육의 목적은 슈퍼바이지의 교육수준에 따라 달라질 수 있다. 초보단계의 슈퍼바이지에게는 관찰적인 실습이 주어지며, 이러한 실습은 기관을 소개받고 기관의 기능과 서비스의 형태 등을 볼 수 있는 기회들을 제공한다.

현장교육은 전문적인 수준으로 나아감에 따라 서비스 활동의 실제적인 경험을 하게 된다. 클라이언트와 접촉을 하고 실제기관의 과업을 수행하며, 학교에서 습득한 이론을 이러한 경험에 적용시킨다. 즉, 전문적인 사회복지사의 기술을 배울 수 있는 기회가 제공되는 것이다. 이러한 현장교육에서 슈퍼바이저는 슈퍼바이지가 목표로 하는 특정 전문직의 발전과 특정 기술의 개발 등 사회복지사로서 능력과 기술을 향상시키도록 지도하는 데 의미가 있다.

따라서 슈퍼비전의 교육적 기능은 직무의 양, 케이스, 절차, 효율성 등과 관련되어 있다. 한편 슈퍼비전의 교육적 기능은 일상적이고 공식적인 행정적 슈퍼비전을 초월하여 전문적인 지식을 갖춘 전문가를 중심으로 욕구에 기초하여(need-based) 이루어진다. 그러므로 슈퍼비전은 서비스의 맥락과 기관의 조직적 맥락에서 이해되어야 한다. 사회복지 서비스의 맥락은 전문가가 확신을 갖고 활동해야 하는 상황이다. 특히 개별화된 슈퍼비전을 강조하고 경험 있는 전문가에 주로 의존하는 것은 취약한 위치에 있는 클라이언트를 보호하고 책임성을 보장하기 위함이다(Lola Selby, 1968:153-154).

2. 슈퍼비전의 원칙

사회복지행정에 있었던 슈퍼비전을 위한 준거틀 다음의 다섯 가지 원칙을 제시하면 다음과 같다(Skidmore, 1983:219-220).

(1) 슈퍼바이저의 일차적인 역할은 기관의 서비스와 관련하여 기술과 원칙을 제공해야 한다. 사회복지사는 자신의 교육과 경험에서 배운 바를 슈퍼비전에서 재확인하며, 그가 속한 조직과 서비스와 관련하여 슈퍼바이지의 지식과 기술을 향상시키도록 돕는다.

(2) 슈퍼바이지는 슈퍼바이저의 원칙과 지식에 일치하는 목표를 선택해야 한다. 슈퍼바이지는 기관에서 그들의 역할과 관련된 개인적인 목표를 명확히 설정해야 한다. 일단 이러한 목표가 정해지면, 그것을 분석·평가하고 우선순위를 정해야 한다.

(3) 슈퍼바이저는 필요할 때 슈퍼바이지들에게 도움을 줄 수 있는 태도와 준비가 되어야 한다. 즉, 필요할 때 '문을 두드리는' 슈퍼바이지와 슈퍼바이저와의 관계에 대하여 분명한 인식이 필요하다. 슈퍼바이저는 슈퍼바이지의 프라이버시를 존중해야 하고, 동시에 슈퍼바이지의 문호가 개방되어 있음을 인식해야 한다.

(4) 슈퍼바이지들은 필요할 때 슈퍼바이저의 도움을 요청해야 한다. 문제가 있을 때 시기를 놓쳐서는 안 되며, 슈퍼비전의 과정을 최대한 활용해야 한다.

(5) 슈퍼바이지들은 슈퍼바이저에게 보고를 해야 한다. 이를 통해 그들은 공동으로 유익한 계획을 세울 수 있다. 이러한 원칙은 평가와 책임성을 포함한다. 그러므로 슈퍼비전의 과정에서의 평가와 보고는 주기적으로 요구되고 있다. 그리고 평가를 통하여 슈퍼바이저는 추가의 기술과 원칙을 제공할 수 있다.

이상의 다섯 가지 원칙은 슈퍼비전을 받는 대상이 스스로 결정하고 그 역할을 효과적으로 수행할 수 있는 능력이 있다는 가정에 기초하고 있다. 그러나 슈퍼비전의 과정은 문제가 발생할 때, 경험과 능력을 지닌 슈퍼바이저와 상호작용하고 지침을 얻는 기회를 아울러 제공해준다.

3. 슈퍼비전의 과정

사회복지현장실습과 관련하여 슈퍼비전의 과정을 제시하면 다음과 같다(Young, 1967:32-110).

(1) 학생을 위한 준비이다. 사회복지기관에서 실습의 배정을 준비할 때, 슈퍼바이저는 학생이 기관에 미치는 영향과 학생의 가능한 반응을 모두 고려해야 한다. 학생들은 기관의 다양한 정보를 요구하며, 기관에서 당연히 여기는 절차의 존재 이유를 묻기도 하고, 슈퍼바이저의 실천활동의 이모저모를 질문하며, 그들이 보고 느낀 것에 대해 비판적인 태도를 갖기도 한다. 이러한 것들은 기관에 대하여 성가신 것이기도 하며 신선한 자극이 되기도 한다.

(2) 오리엔테이션의 실시이다. 실습학생들을 위한 오리엔테이션을 통해 전반적인 내용을 숙지하도록 한다. 오리엔테이션 기간 중에는 기관의 직원, 정책과 서비스 등을 소개하고 파악하여 실습에 요구되는 것

이 무엇인가를 알아야 한다. 이를 위해서는, ① 학생은 슈퍼비전 회합이 언제 이루어지며, 얼마나 오랫동안 지속되며, 어떻게 준비해야 하는지를 알아야 한다. ② 학생은 어떤 종류의 기록을 어떻게 기록해야 하는지를 알아야 한다. ③ 학생은 배우는 입장과 역할을 수행하고 있다는 점이 가능한 한 보장될 필요가 있다.

(3) 교육적 진단의 실시이다. 실습배정 초기에 슈퍼바이저는 개별 학생을 위한 교육적 진단을 행하는 것이 필요하다. 슈퍼바이저는 학생의 교육단계에 대한 정보를 가져야 하며, 이를 통해 실습과 슈퍼비전을 위한 구체적인 계획을 수립할 수 있다. 슈퍼비전을 위한 교육적 진단에는 학생의 교육적 욕구, 그것의 달성방법, 학습목표 등이 포함된다.

(4) 케이스의 할당이다. 케이스 할당은 전문적인 훈련단계에 도달한 학생에게 슈퍼바이저가 제한된 양의 케이스를 부과하는 것이다. 이것은 학생이 클라이언트와 접촉을 하고 인터뷰와 방문을 할 뿐만 아니라, 기관의 다른 직원들과 케이스를 논의하고 케이스 기록을 작성하며 사례회의에 보고할 책임을 진다는 것을 의미한다. 만약 학생이 특정 케이스에 관한 활동의 모든 측면을 감당할 충분한 경험이 없는 경우에는 슈퍼바이저가 도움을 줄 수 있다.

(5) 케이스의 기록이다. 케이스의 기록은 학생 자신의 기록과 다른 전문가의 기록을 모두 활용할 수 있다. 동일한 케이스 기록은 학생의 교육단계에 따라 이루어진다. 다른 전문가의 케이스 기록을 활용하는 이유는, ① 기관의 서비스 내용과 방법을 소개하기 위한 목적이고, ② 클라이언트와 만나기 이전에 클라이언트와의 활동에 대비하기 위한 목적이 있다. 학생 자신의 케이스 기록은 그 자체가 배움의 수단이 된다. 자신의 기록은 실제의 경험과 밀접하게 관련되어 있으며, 다른 워커의 기록에 비하여 보다 나은 지식과 경험의 총체적인 학습기회를 제공해준다.

(6) 실습활동의 평가이다. 현장실습의 교육에서 실습결과와 학생의 진전

에 관한 문서상의 평가가 이루어진다. 일반적으로 이 평가는 실습과정의 종료 시 전반적인 결과를 중심으로 실시된다. 그러나 실습평가의 자체가 유일한 목적이 아니며, 직접적으로는 학생의 학습을 보다 진전시키기 위하여 활용되고 있다. 실습평가회는 실습의 마지막에 행해지지만, 실습기간이 긴 경우에는 중간평가가 더불어 이루어진다.

4. 슈퍼바이저의 역할

사회복지행정에 있어서 슈퍼비전의 중요성이 더욱 부각되고 있으며, 특히 현장 슈퍼바이저의 구체적인 과업이 새롭게 인식되고 있다. 따라서 슈퍼바이저의 역할로서 교육자(educator), 원조자(helper), 행정가(administrator) 등의 역할을 제시하면 다음과 같다(Young, 1967:12-30).

(1) 교육자로서의 역할 : 학습이 효과적으로 이루어지기 위해서는 슈퍼바이저가 학습지도에 관한 계획을 갖고 있어야 한다. 계획에 포함되는 경험과 활동의 프로그램은 슈퍼바이지의 발전단계, 학습의 목적, 코스의 목적, 기관에서 가능한 활동 등에 따라 달라진다. 그리고 선택되는 프로그램은 너무 많은 분량의 불연속적인 경험이 되어서는 안 되며, 슈퍼바이지의 전체적인 학습맥락에서 파악될 수 있는 하나의 코스로서 제공되어야 한다. 또한 사회복지사로서의 훈련에 필요한 활동과 기회가 제공되어야 한다.

(2) 원조자로서의 역할 : 현장학습의 목적은 전문 사회복지사가 되고자 하는 슈퍼바이지의 경험과 자질을 향상시키는 데 있다. 그러므로 슈퍼바이저의 주요과업은 슈퍼바이지들의 배움을 돕는 것이며, 이것은 슈퍼바이지의 발전을 방해하는 요인을 처리할 수 있도록 도와주는 일을 포함한다. 이러한 의미에서 슈퍼바이저는 원조자의 역할을 감당할 준비가 되어 있어야 하며, 전문 사회복지사로서 슈퍼비전을 행할 수 있는 지식과 경험을 지녀야 한다.

(3) 행정가로서의 역할 : 슈퍼바이저는 교육과 원조의 기능을 수행하는 한편, 소속기관 내에서의 기능과 책임을 갖고 있다. 그는 자신에게 부과된 상당한 양의 케이스를 갖고 있으며, 슈퍼바이지들에게 일정한 분량의 과업을 할당한다. 그러나 슈퍼바이지들에게 부과되는 과업은 그에게 자료를 제공할 목적으로 주어지는 것은 아니며, 클라이언트에게 제공되는 서비스의 한 부분이다. 따라서 슈퍼바이저는 슈퍼바이지가 행한 활동을 점검할 책임이 있으며, 슈퍼바이지가 담당하는 일에 대해 그들의 책임이 있음과 스스로의 활동에 대해 책임을 지는 것이 무엇인가를 가르쳐야 한다.

제6절 인사관리의 개선방안

인사관리에서 공적 부문의 경우는 정부 인사관리행정에 의하고 있으나, 사회복지직을 확대· 배치해야 하는 과제를 안고 있다. 민간 부문의 경우는 조직의 규모, 예산 등이 빈약하여 합리적인 인사관리에 어려운 점이 있고 경력관리, 보수 및 퇴직금, 복리후생, 사기와 인간관계 관리 등 여러 면에서 미흡한 실정이다.

미래의 사회복지조직은 경쟁력에 대한 요구가 더욱 더 급속도로 증대되고 있어 사회복지조직은 큰 변화의 압박을 받고 있다. 즉, 책임성, 투명성, 효율성을 요구하는 재정 공급자, 서비스의 효과성과 질적 향상을 요구하는 서비스 이용자, 그리고 전문성과 비용효과성을 제기하는 타 전문직업조직들에 의해 요구받고 있다. 그러므로 사회복지조직의 성과를 극대화하기 위해서는 서비스 전달에서의 효율성을 높이고, 서비스의 확대·유지에 필요한 자원을 확보하며, 조직 구성원에 대한 효과적 관리를 통해 결근, 소진, 이직을 줄이면서 조직 구성원의 만족도와 생산성을 최대화하는 것이 필요하다. 또한 클라이언트의 변화나 만족도, 서비스 질 등을 높이는 것 역시 조직의 성과를 최대화하기 위해 요구되는 것들이라고 볼 수 있다

생각해 볼 문제들

1. 인사관리를 정의하시오.
2. 인사관리의 과정을 간략히 제시하시오.
3. 직원선발의 표준화된 시험방법을 설명하시오.
4. 업무수행능력의 기준을 제시하시오.
5. 슈퍼비전의 과정을 간략히 설명하시오.

참고 문헌

박연호 외 (1999). 현대행정관리론. 서울: 박영사.

안해균 (1982). 현대행정학. 서울: 다산출판사.

Ehlers, W. et al. (1976). *Administration for the Human Services : An Introductory Programmed Text*. New York: Harper and Row.

Klinger, D. (1988). *Personnel Management*. in J. Rabin & M. B. Steinhauer *(eds.)*. Handbook on Human Services Administration. New York: Marcel Dekker, Inc.

Mangum, S. L. (1982). *Recruitment and Job Search: The Recruitment Tactics of Employer*. Personnel Administrator. 27.

NASW (1977). *Encyclopedia of Social Work*. Vol.11.

Selby, L. (1968). *The Field Work Supervisor as Educator in Education for Social Work* (eds.). E. Younghusband.

Skidmore, R. (1983). *Social Work Administration : Dynamic Management and Human Relationships*. Englewood Cliffs. New Jersey: Prentice-Hall.

Weiner, B. (1990). *Human Service Management : Applications (2nd ed.)*. Bdlmont. CA: Wadsworth Publishing Co.

Young, P. H. (1967). *The Structure and Supervision in Social Work Education*.

CHAPTER 10

재정관리

Social Welfare Administration

사회복지재정은 하나의 목적체계로서 예산작성의 관리, 보조금 신청, 급료지불, 세금지출, 금전장부의 항목설정 등과 관련된 기술적인 작업을 하는 것으로 볼 수 있다. 그리고 재정관리는 사회복지조직체의 서비스프로그램을 운영하기 위한 것으로 볼 수 있다. 사회복지행정에서 재정관리의 과정과 원칙은 실무행정에서 매우 중요하다고 본다. 따라서 본 장에서는 첫째, 재정관리의 개념, 둘째, 재정관리의 과정, 셋째, 예산집행의 원칙, 넷째, 회계의 방법, 다섯째, 재정관리의 개선방안 등을 중심으로 살펴보고자 한다.

제1절 재정관리의 개념

사회복지기관은 충분한 재원을 가지는 경우가 드물며, 한정된 자원을 효율적으로 사용하는 것이 중요하다. 재원의 관리와 통제는 사회복지관리의 가장 중요한 분야 중 하나이다(F. Cox, J., Erlich, J. Rothman, & J. Tropman, 1997:299). 재정관리의 용어는 사용하는 사람과 소요되는 장소에 따라 다양한 의미로 사용된다. 가정에서의 재정관리는 가족의 수입을 가장 적절하게 사용하는 것을 의미한다. 경영조직체에서는 재원을 축적하고 수입에 대한 지출을 합리적으로 하는 것을 뜻하고, 정부조직체에서는 세금을 징수하고 그것을 각 부처와 기관에 할당하여 지출을 통제하는 것을 의미한다.

오늘날 사회복지기관의 다차원적인 특성으로 인하여 재정계획, 자금조달, 부채조정, 예산수립, 지출통제 및 이와 관련된 주제들이 행정관리자의 일상적 관심거리가 되고 있다. 그러나 재정을 다루는 일은 인간서비스의 제공과 거리가 있는 것처럼 생각해 온 것이 사실이다. 대부분의 사회복지기관은 마치 독립된 두 가지 형태의 목적과 책임을 가지고 운영되어 왔다. 즉, 하나는 클라이언트의 전문적인 실천에 일차적인 관심을 가져 왔으며(R. Lohnmann, 1980:5-6), 다른 하나는 재정을 적절히 다루는 데 관심을 가져 왔다. 이러한 사회복지기관 활동의 이분화현상은 자연스러운 것으로 보인다.

사회복지의 재정적인 측면에서는 다른 차원의 접근방법을 취할 수 있다. 그것은 재정관리를 서비스의 목적과 수단 사이의 관계를 원활히 하고, 목적달성의 가장 바람직한 수단을 결정해 주는 하나의 행정수단으로 본다. 다시 말해서 서비스 목적이 설정되었을 때, 그 목적을 위한 재정적인 수단을 조정하고 통제하여 보다 효과적으로 목적을 달성해가도록 지원하는 과정을 재정관리라 할 수 있다. 재정관리는 조직체의 목적성취를 위하여 계획된 방법으로 자금과 기타 자원을 관리하고 사용함을 의미한다.

따라서 사회복지재정은 하나의 목적체계로서 예산작성의 관리, 보조금 신청, 급료지불, 세금지출, 금전장부의 항목설정 등과 관련된 기술적인 작업을 하는 것으로 볼 수 있다. 그리고 재정관리는 사회복지조직체의 서비스프로그램을 운영하기 위한 것으로 볼 수 있다. 그렇지만 사회복지 재정관리가 직면하고 있는 과제는 예산, 비용분석 및 기타 재정요소를 장기적 기관목표 달성을 위해 활용할 수 있도록 하는 데 있다. 과거에는 이러한 목표가 실현가능성이 없는 것으로 여겨졌으나, 사회복지기관의 관리자가 행정기술을 축적하고 관리상의 실제적 경험을 축적함에 따라 어느 정도 해소하는 것으로 여겨진다.

제2절 재정관리의 과정

1. 예산수립

사회복지기관은 재원을 충당하기 위하여 다양한 모금전략을 세우고 있다. 그렇지만 부족한 재원을 효과적으로 할당할 수 있도록 예산을 수립하는 작업은 매우 중요하다. 사회복지기관의 예산은 조직체의 운영과정, 정책 및 프로그램의 축소판이라 할 수 있다(M. Miringoff, 성규탁 역, 1985: 123). 그러므로 예산은 기관이 어떻게 기능하는가를 잘 알려주는 자료가 될 수 있다(H. Glenmester, 1976). 예산수립에 있어서 우선적으로 이루어져야 할 것은 재정계획이다. 이것을 실행하고자 하는 사업을 구상할 때 그 사업을 뒷받침할 재정상태를 검토할 필요가 있다. 중요한 사업계획이라 하더라도 그에 따른 재정능력이 없으면 실행이 불가능하다.

재정능력은 현재의 충분한 재정상태를 의미하기도 하고 앞으로 예상되는 재원조달능력을 의미하고 있다. 그러므로 현재의 재정상태가 충분치 못하다 하더라도 사업실행기간 동안에 예상되는 재원조달의 통로가 있다면 사업계획을 실행할 수 있다. 이러한 경우에 예상되는 재원의 조달이 확실하지 못하면 사업을 실행하는 데 어려움이 있고 기관의 목적달성에 차질이 생기게 된다. 이에 따라 사업계획에 의한 재정적 부담을 미리 조사하여 그러한 부담을 기관이 감당해 낼 수 있는가를 평가하는 것이 중요하다.

사회복지기관은 예상되는 재정의 수입과 지출의 균형을 이루는 것이 중요하다. 즉, 수입이 지출을 초과하는 것, 그것도 과도하게 초과한다는 것은 기관목적을 달성할 사업이 적절히 설계되지 않았거나 사업계획의 내용이 바람직하지 못함을 뜻하는 것이다. 한편 지출이 수입을 초과하게 되면 기관은 자금압박을 받게 되어 사업목표를 충분히 달성할 수 없게 된다. 그러므로 재정능력의 범위 안에서 기관의 목적을 높은 수준으로 달성하도록 사업계획을 마련하고, 마련된 사업계획에 대해서는 재원을 충분히 제공해 주어야 한다.

사회복지기관의 예산수립과정에서 중요한 활동은 이용 가능한 재원을 각 부서와 프로그램에 할당하는 것이다. 이 과정에서는 각 사업부서간에 갈등이 일어날 수 있는 요인들이 존재한다. 특히 재원에 관한 의사결정에서 정치적 요인이 많이 개입될 수 있다. 한 부서에 예산액이 많이 배정되면 그 부서의 지위와 권위가 높다고 인식되어진다. 따라서 각 사업부서의 대표자들은 어떻게 해서든 많은 예산을 얻어내려 한다. 그것은 부서 간에 알력과 갈등이 생기게 되고 예산에 관한 의사결정에서 효율적인 예산이 마련될 수 없고 기관의 목적달성도 어려워진다. 그러므로 이것을 방지하기 위하여 예산에 관한 의사결정에서 정치적인 합의를 이루도록 해야 한다. 예산과정을 주로 의사결정과정으로 보는 것도 이러한 이유 때문이다. 사회복지기관에서는 이러한 과정이 가장 중요한 행정과정의 하나이다(A. Wildavsky, 1964).

2. 예산수립의 모델

일반적으로 예산수립방법은 전년도 예산을 기준으로 해서 기관의 재정능력에 따라 일괄적으로 약간 삭감을 하거나 증액을 해서 별다른 변경이 없는 수정안을 예산으로 제출하는 것이다(Miringoff, 성규탁 역, 1985:126). 이러한 접근방법은 매우 합리적인 것으로 보이지만, 그 기관의 사업내용을 어느 정도 무시하는 것으로 볼 수 있다. 예컨대, 예산삭감이 되어서는 안 될 중요한 사업이 삭감되는 경우가 생겨 목적달성에 부정적 영향을 주게 된다. 따라서 사업부서 간의 갈등의 소지는 비록 적다 하더라도 사업내용면에서 바람직하지 못할 뿐만 아니라 비효율적인 것이다. 이러한 결함을 보완하기 위해 몇 가지 예산수립의 모델을 제시하면 다음과 같다.

1) 프로그램 예산제도

프로그램예산은 최초 미국행정부(1912)의 Taft Commission에서 시작되었다. 이 위원회는 경제성과 효율성을 기초로 해서 종전과는 다르게 포괄적인 실행예산을 수립하고 프로그램이나 기능의 관점에서 예산을 분류할 것을 주장하였다(D. Novick, 1967:30). 그 이후 제2차 세계대전을 겪으면서 예산편성의 기능과 활동에 대한 새로운 요청이 있어 왔다. 이에 따라 1949년 미국 Hoover위원회는 실행예산(performance budget)이라 불리우는 사업의 기능, 활동, 계획 등을 기반으로 하는 총체적 예산개념의 도입이 주장되었다. 즉, 실행예산은 프로그램예산과 거의 유사한 것으로서 초기단계와 거의 유사하지만 한 차원 발전된 형태의 프로그램예산이라 할 수 있다.

예산수립에 있어서 실행예산과 프로그램예산의 주요한 차이를 두 가지 제시하면 다음과 같다. ① 실행예산이 사무용품, 급료 등의 항목별로 분류되는 전통적인 기능적 항목별 예산양식을 취하고 있다. ② 프로그램예산은 사업목표에 따라 예산을 결정하기 때문에 예산서류에서 기관부서들의 본래모습이 깨어지게 된다. 즉, 기관부서에 상관없이 같은 목표를 가진 활동들을 같은 예산조목 아래 기록하게 된다. 이에 반하여 실행예산은 각 부서별로 예산서류에 기록되는 것이다.

미국에서는 공공행정의 분야에서 개발된 프로그램 예산제도가 사회복지분야에도 도입하게 되었다. 사회복지기관의 목적달성을 위한 많은 프로그램들이 개발되어 기존의 사업부서별로 예산수립을 하는 데는 무리가 따르기 때문이다. 새롭게 개발되는 프로그램은 어느 한 부서만이 실행에 옮길 수 있는 것이 아니라, 여러 부서가 혼합해서 운영할 필요가 있기 때문이다. 그러나 프로그램이 개발될 때마다 그에 따른 새로운 사업부서를 설립한다는 것은 현실적으로 불가능하다. 특히 프로그램을 무시한 전통적인 기능적 항목별 예산이나 수행예산은 어렵다.

따라서 프로그램의 성과도 알아볼 수 있는 프로그램예산을 사용하는 것이 바람직하다. 프로그램 예산제도는 통제하고 계획할 수 있는 관리능력을 증대시켜 준다. 그리고 프로그램예산과 프로그램 회계체계를 통합함으로써 예산을 수립하고 운영할 수 있도록 하는 피드백을 얻을 수 있다. 그러나 프로그램예산은 프로그램이 전체적이고 장기적인 목적을 제대로 달성하고 있는지의 문제를 간과하고 있다. 즉, 프로그램의 효과분석이 이루어지지 않는 단점이 있다는 점이다.

2) 계획예산제도

계획예산제도는 미국의 랜드연구소(Rand Corporation)가 1965년 국방성의 예산을 프로그램의 측면에서 이해할 수 있도록 개발한 예산제도이다. 계획예산제도(PPBS: Planning Programming Budgeting System)는 미국 연방정부의 각 기관에 도입되었지만, 닉슨 행정부가 이의 제도사용을 중단하였다. 기본적으로 계획예산제도는 프로그램예산의 아이디어와 비용-효과분석의 두 가지를 공히 광범위하게 활용하고 있다. 이러한 예산방식은 장기적인 계획과 이를 실행할 프로그램 활동의 두 가지를 결합시키기 위해 이루어졌다. 이 방식은 프로그램의 목표를 정의하는 것으로부터 시작하여 그것을 실행할 수 있는 대안적인 전략의 분석, 선택, 실행 등에 도움이 되는 관리정보체계를 마련해 준다.

계획예산방식은 사회복지 프로그램에도 적용가능한 것으로 사료된다(V. Held, 1966:102-115). 계획예산제도를 과정에 따라 제시해 보면 다음과 같다. 먼저 계획예산이 다루고자 하는 것은 목적달성을 위한 장기적인 기관의 계획이다. 기관의 목적을 달성하기 위한 사업들은 대개 단기적이라기보다는 장기적인 것들이다. 이러한 장기계획들이 수립되고 나면 각 계획의 목표를 수정해 나갈 프로그램들을 모색하게 된다. 즉, 프로그램들은 비용-효과분석과 비용-편익분석 등을 거쳐 선택되어진다. 이에 따라 기관의 목적을 달성할 장기적인 목표 아래 실행 프로그램이 선택되면 예산이 수립되는 것이다.

그러나 계획예산의 방식을 도입하기 위해서는 기본적인 선행요건이 요구된다. ① 장기적 계획의 사업목표가 명확히 제시되어야 한다. ② 조직체가 목표를 달성하는 데 있어서 가장 능률적인 대안을 선택해야 한다. ③ 장기적인 계획을 뒷받침할 수 있는 사업예산이 계획되어야 한다(유정해,

1996:524-628). 이와 같은 접근방법의 이점은 실천프로그램에 대한 비용-효과분석을 함으로써 전체적인 기관목적과 장기계획을 달성하는 데 도움을 제공해 준다. 일반적으로 사회복지분야에서는 프로그램 목표들이 다소 모호하고 갈등관계에 있다. 그러므로 이러한 목표들은 계획예산으로 다루기가 현실적으로 매우 어렵다. 이러한 단점은 평가분석을 위한 질적 분석기법을 개발함으로써 보완할 수 있을 것이다. 따라서 사회복지예산의 수립에 있어서도 경제적 분석방법을 적용한 계획예산제도는 그 활용가능성이 있다고 본다.

3) 영기준예산제도

영기준예산제도(zero-based budgeting)는 모든 사업부서와 프로그램들이 매년 예산수립과정에서 영(zero)의 상태로 돌아가 예산을 할당하는 제도이다. 즉, 전년도의 예산분배를 기초로 한 근거는 다음 회계연도 예산수립에서는 그 정당성이 소멸되어 새로운 정당한 근거를 제시하는 것이다. 새로운 근거로서 각 사업부서나 프로그램의 목표들에 대하여 서로 합의를 이룸으로써 정당화되어진다. 이러한 예산의 접근방식은 다음과 같이 몇 가지 이점을 제시할 수 있다. ① 사업부서들 간에 프로그램 목표운영의 능력에 대해 토의와 논쟁을 하도록 유도함으로써 예산에 대한 책임성을 증가시킨다. ② 각 프로그램의 성격에 따라 우선순위에 대한 합의를 이룸으로써 시급한 사업목표를 우선적으로 달성한다. ③ 현재 실시되고 있는 프로그램을 계속 평가해 나감으로써 프로그램이 공식목표를 달성하는가를 점검하며, 공식목표의 달성을 위해서 필요한 새로운 프로그램들이 마련되도록 유도한다.

그러나 영기준예산제도는 다음과 같은 몇 가지의 단점을 가지고 있다. ① 매년 각 프로그램에 필요한 자금을 배당하는 데 반드시 합의가 이루어진다는 보장이 없다는 점이다. ② 의사결정과정에서 능력요소나 가치요소보다는 정치적 요소가 개입될 여지가 더 많다는 점이다. ③ 장기적 프로그램을 운영하는 데 매년 새로운 예산근거를 정당화하기 위해 인력과 시간이 소비된다는 점이다. ④ 할당받지 못한 프로그램이 소멸될 경우 이 제도는 그대로 사회복지기관에 도입하여 사용하기에는 현실적으로 어렵다는 점이다. 그러나 이 제도는 프로그램 목표수행의 능력을 토의하고 예산에 대한 책임성을 증대하는 장점이 있기 때문에 여타 예산의 접근방법과 통합시켜 사용할 수 있다고 본다.

3. 예산양식

사회복지기관은 예산수립이 이루어지면 그에 따라 적절한 예산양식이 마련되어야 한다. 예산양식은 각 기관이나 조직에 따라 다양하게 이루어질 수 있다. 그러나 예산에 대한 접근방법에 따라 전통적인 기능적 항목별 예산양식과 프로그램 예산양식을 통합시킨 형태로 나타날 수 있다. 전통적인 항목별 예산양식은 주로 단일사업의 기관에서 사용되며, 이에 투입되는 세부적인 비용 등을 구분하지 않는 것이 일반적인 경향이다. 대부분의 경우 기관은 두 가지 이상의 프로그램을 하게 되는데, 이에 사용되는 예산양식이 항목별 예산양식이다.

예산양식은 각 사업마다 기능적인 항목들이 연결되어 각 사업의 예산내역을 알 수 있도록 해준다. 그러나 전년도 예산과 비교하여 사업을 관리하는 데 드는 비용을 포함시키면 다소 복잡한 형태를 갖추게 된다. 그리고 예산양식은 수입을 함께 명시하는 형태를 갖출 수 있다. 일반적으로 사회복지기관은 지출만 명시된 예산양식과 수입 및 지출이 함께 명시된 예산양식을 모두 사용하고 있다. 예산안이 마련되면 최고관리자에게 보고해야 한다. 또한 예산안은 수입과 지출을 사업별로 개괄적으로 명시하고 분기별 수입과 월별 지출을 포함시켜 기관의 전체예산을 일목요연하게 확인할 수 있도록 작성해야 한다.

제3절 예산집행의 원칙

사회복지기관의 예산이 적절히 편성되었다 하더라도 그것을 효율적으로 집행하지 못한다면 예산수립의 의미를 크게 상실하게 된다. 그러므로 조직의 목표를 효율적이고 효과적으로 달성할 수 없을 뿐 아니라, 더 나아가 조직의 존속까지 위협을 받게 된다. 따라서 재정관리에는 예산집행에 대한 관리가 반드시 포함되어야 한다. 예산집행은 수입과 지출에 관한 단순한 관리나 통제로서의 의미뿐만 아니라, 회계의 통제, 사업관리의 통제, 인시관리의 통제, 산출의 통제, 관리행위의 통제 등의 의미도 동시에 지니고 있다(Weiner, 1990:299-301). 이에 따라 사회복지기관에서 예산통제의 원칙과 예산집행의 통제기제를 간략히 제시하면 다음과 같다.

1. 예산통제의 원칙

사회복지기관에서 예산통제의 기본원칙은 네 가지 요소를 근거로 하고 있다. ① 활동을 허가하고 금지시키는 규칙이다. ② 한계, 표준, 구체적 요구조건을 정함으로써 규칙을 해석하게 하는 기준이다. ③ 규칙이나 기준에 따른 이해 혹은 상호간의 동의이다. ④ 규칙이나 기준에 의하여 타결된 합의서이다. 이러한 요소들을 기초로 하여 다음과 같은 세부적인 원칙들을 제시하면 다음과 같다(Lohman, 신섭중·부성래 역, 1989:266-270).

(1) 개별화의 원칙 : 예산통제의 체계는 개별기관 그 자체의 제약조건, 요구사항, 기대사항 등에 맞게 고려되어야 한다.
(2) 강제성의 원칙 : 예산통제 체계는 강제성을 띠는 어떤 명시적인 규정이 있어야 한다. 강제성이 없는 규칙은 효과성이 없다. 가끔 강제성은 개별성을 무시할 수 있으나 규칙의 동일한 적용을 통한 공평성과 활동을 공식화한다.
(3) 예외의 원칙 : 규칙에는 반드시 예외사항을 고려해야 한다. 예외적 상

황에 적용되는 다른 규칙도 반드시 명시되어야 한다.

(4) 보고의 원칙 : 통제체계는 보고의 규정을 두어야 한다. 재정활동에 대한 보고의 원칙이 없으면 재정관련 행위를 공식적으로 감시하거나 통제할 수가 없다. 즉, 예산의 남용이나 개인적 유용, 항목변경 등의 사실에 대해 정확히 보고되지 않으면 재정활동에 문제가 발생할 수 있으므로 규칙적으로 보고되어야 한다.

(5) 수정의 원칙 : 예산규칙에는 일정한 기간 동안만 적용할 수 있도록 제한되어 있거나 적용할 때 부작용이 나타날 경우를 대비하여 시간이 경과한 후에는 규칙을 새로 수정할 수 있어야 한다. 즉, 예산상 여비, 연료비 등은 물가의 상승과 연계되어 있으므로 일정한 기간마다 수정되어야 한다.

(6) 효율성의 원칙 : 예산통제에는 시간과 비용이 많이 드는 경우가 있다. 예산통제는 비용과 노력을 최소화하는 정도에서 이루어질 수 있어야 한다. 즉, 예산결과의 보고서 수를 많게 하거나 통제업무를 위해 인원을 새로 증가시키는 것은 비효율적이다. 그러므로 예산에 대한 효율성에 항상 유의하여야 한다.

(7) 의미의 원칙 : 효과적인 통제가 되기 위해서는 규칙, 기준, 의사소통, 계약 등과 관련된 모든 사람들이 잘 이해할 수 있도록 전달되어야 한다. 그리고 규칙은 의미 있게 쓰이고 통제자료는 쉽게 얻을 수 있어야 하며, 절차의 분류와 해석에 대해 명확하게 제시되어야 한다.

(8) 환류의 원칙 : 예산통제의 체계에 관한 규칙, 기준, 의사소통, 계약 등을 적용할 때 발생할 수 있는 여러 가지의 부작용과 장단점 등이 나타날 수 있다. 그러므로 예산관련자들로부터 문제점을 파악하여 개정과 개선의 기초를 수립해야 한다.

(9) 생산성의 원칙 : 예산통제는 서비스가 효과적이고 효율적으로 전달되도록 하기 위한 수단이므로, 이로 인하여 서비스전달이라는 생산성에 문제가 발생하지 않도록 유의해야 한다. 즉, 청소년 프로그램에

서 장비의 훼손, 남용, 도난 등을 방지하기 위하여 자물쇠를 단단히 잠근다면 생산성에 문제가 될 수 있다.

2. 예산집행의 통제기제

예산집행을 통제하는 기제는 여러 가지가 존재하지만, 현재 많이 활용되고 있는 기제를 제시하면 다음과 같다(Weiner, 1990:301-304; Hildreth & Hildreth, 1988:97-98).

(1) 분기별의 할당 : 예산집행은 계획된 수입과 비용의 지출에 근거를 두고 있다. 그러나 예상되는 수입과 비용의 지출이 월별로 또는 분기별로 동일하지 않고 어떤 시기에 집중되는 경우가 있으며, 한편으로는 예산을 집중하여 지출하는 것이 절약이 되는 경우도 있다. 이러한 경우 예산의 수입과 지출을 분기별로 조정하여 상호간 균형을 유지할 필요가 있다. 행정책임자는 예산집행의 사정을 하부책임자에게 이해시키고 상의하여 예산할당의 효과가 나타나도록 해야 한다.

(2) 지출의 사전승인 : 기관에서 일정액 이상의 지출을 할 경우 행정책임자의 사전승인을 받도록 하거나, 지출액수에 따라 중간책임자의 사전승인을 받도록 하는 것이 일반적이다. 이와 같은 사전승인은 수입과 지출의 균형을 유지하는 데 도움이 되며, 승인을 의도적으로 연기하여 지출을 억제할 수도 있다.

(3) 자금지출의 취소 : 예산의 원천으로부터 수입이 인가되지 않거나 또는 삭감정책에 의하여 예상된 수입액이 입금되지 않을 경우는 자금지출을 잠정적으로 취소하거나 또는 최종적으로 취소할 수밖에 없다.

(4) 예산현황의 보고서 : 행정책임자는 월별, 분기별로 예산현황을 보고받아 검토해야 한다. 예산보고서의 내용은 수입·지출의 현황, 변제비용, 인원당 비용, 기능별 비용, 서비스단위당 비용 등이 포함되고 있다.

(5) 예산대체의 방법 : 회계 연도에서 사업계정별로 과다지출이 되었거

나 또는 과소지출이 된 경우에는 과소지출분에서 과다지출분을 충당하기 위하여 대체할 필요가 있다. 이러한 예산대체는 조직의 구조와 액수에 따라 중간책임자의 승인을 받아야 한다.

(6) 예산지불의 연기 : 기관의 내외로부터의 예산지불의 요청에 대해 의도적으로 적당한 방법을 통해 연기를 함으로써 수입예산의 입금여유를 갖는다. 특히 예산지불의 연기로 벌칙이나 벌금이 없는 경우는 요청자의 양해를 얻어 최대한으로 지불연기를 할 수 있다.

(7) 예산의 차용 : 예산의 차용은 은행이나 특별단체, 협회, 연합회, 정부기관 등으로부터 자금을 차입하는 것을 말한다. 일반적으로 수입예산이 계획대로 확보되지 않을 경우, 불가피한 지출을 위해서는 은행, 사회복지관련단체, 정부 등의 기금으로부터 장기적 또는 단기적인 대부를 받을 필요가 있다.

제4절 회계의 방법

1. 회계의 의미

회계(accounting)는 재정적 거래를 분류, 기록, 요약하고 그 결과를 해석하는 표준화된 기술적 방법이라 할 수 있다. 회계의 목적에 따라 재무회계(financial accounting)와 관리회계(managerial accounting)로 구분할 수 있다(남상오, 1988:16-17; Hildreth & Hildreth, 1988:100-101).

(1) 재무회계 : 내부 및 외부의 정보이용자가 경제적 의사결정에 유용하도록 일정기간 동안의 수입과 지출사항을 측정·보고하는 것이다. 즉, 거래자료기록, 시산표의 작성, 분개작성, 결산 등을 주요 내용으로 하고 있다.

(2) 관리회계 : 행정책임자가 행정적 의사결정을 하는 데 필요하도록 재정관계의 자료를 정리하는 것이다. 즉, 예산단위의 비용을 계산하여

예산의 실행성과를 분석하는 것을 주요내용으로 하고 있다.

2. 회계활동

회계활동은 기록업무, 정리업무, 예산보고서의 작성 등이며, 이를 구체적으로 설명하면 다음과 같다.

1) 기록업무

예산의 수입과 지출에 관한 기록장부를 마련하고 회계원칙에 따라 장부에 기록하는 일은 중요하다. 사회복지기관은 사회복지법인과 관련하여 회계업무를 설명하게 된다. 사회복지법인의 재무·회계규칙에 의하면, 법인회계와 수익사업회계는 복식부기에 의하며, 시설회계는 단식부기에 의하도록 하고 있다. 사회복지 이용시설과 수용시설에서도 복식부기의 회계를 하면 시설의 전반적인 재정사항을 잘 파악할 수 있어 재정관리에 유익하다.

2) 정리업무

회계장부에 기록된 회계사항을 주기적으로 종결하여 업무를 정리하는 일은 중요하다. 이는 주기적으로 재정상태를 파악하기 위한 재정보고서의 작성을 위해서도 반드시 필요한 절차이다.

3) 보고서작성

사회복지기관의 재정상태를 정기적으로 파악하기 위하여 월별, 분기별의 재정보고서를 작성하여 이사회 등에 보고할 필요가 있다. 회계연도 말에는 당해 연도의 수입지출 현황을 알 수 있는 적절한 양식의 보고서를 작성하여 정부기관 및 이사회에 반드시 보고해야 한다. 그리고 재정원천이 되는 단체나 개인에게도 보고하거나 공개하여 그들이 제공한 재정자원이 어떻게 사용되었는지를 알려 주는 것이 바람직하다. 또한 재정보고서와 병행하여 사업실적보고서도 작성하여 보고하는 것이 바람직하다. 특히 지방자치제하에서는 지역사회의 여타 기관 및 단체와 지역주민들의 참여가 기대되며, 이들에 대해서 보고를 통하여 더 많은 관심과 지원을 받을 수 있도록 해야 한다.

3. 재정감사

사회복지기관의 예산과 프로그램들에서 점차 중요시되는 것이 감사이다. 감사(audit)란 사회적으로 할당된 자원들에 대한 청지기로서 조직이나 프로그램이 그 역할을 적합하게 수행하고 있는지를 확인하는 작업이다. 따라서 감사는 일반적으로 두 가지 형태의, 규정순응감사와 운영감사로 구분할 수 있다(Anthony & Herzlinger, 1986:16).

1) 규정순응감사

규정순응감사(compliance audit)는 일명 재정감사(financial audit)라고도 한다. 이 감사는 기관의 재정적 운영이 적절한 회계절차에 따라 시행되었는지, 재정보고서들이 적절하게 준비되었는지, 기관에 적용된 각종 규칙에 적절하게 따랐는지를 확인하는 것에 의미를 두고 있다. 일반적으로 기관이나 프로그램들의 경우에는 각 자금원천의 기관별로 감사를 대비해야 하며, 수집정보의 성격이나 규칙과 절차에 따라 상이하게 나타나는 것이 보통이다.

규정순응감사는 전통적인 품목별예산에 주로 이루어진다. 즉, 규정된 항목들에 따라 해당자금이 바람직하게 사용되었는지를 감사하게 된다. 본래 규정순응감사는 '사리사욕에 관한' 것을 감시하는 데 있다. 점차 기관조직이 복잡해짐에 따라 확대된 감사기능의 개념이 필요하게 되었다. 또한 기관의 프로그램이 입법의도와 일치하는 방식으로 운영되는지, 경제적이고 효율적으로 집행되었는지 등과 같은 예산집행의 기본적인 준수여부에 대한 관심이 규정순응감사에 포함된다.

규정순응감사는 규칙과 규제에 대한 순응여부를 감독함으로써 프로그램이 경제적이고 효율적으로 운영되었는지를 모니터링 한다. 이것은 기관의 프로그램이 규칙과 규제들을 잘 따르게 되면 경제적이고 효율적인 서비스 생산을 할 수 있을 것이라는 전제를 두고 있다. 그러나 규칙은 잘 순응했지만 생산은 비효율적일 수도 있고, 규칙에만 충실하다 보면 오히려 탄력성을 잃어 생산의 효율성을 저해할 수도 있다. 따라서 이러한 감사의 방법은 자칫 지나치게 형식적이고 절차에만 충실하여 문제해결의 본질과는 오히려 거리가 먼 경우도 있을 수 있다. 그러므로 형식적인 감사의 한계를 벗어나도록 하는 것이 바람직한 운영감사이다.

2) 운영감사

기관운영과 프로그램의 책임성을 취급하는 주요도구는 규정순응감사의 성격을 나타내는 것이 보통이지만, 점차적으로 운영감사가 중요시되고 있다. 운영감사(operational audit)는 바람직한 프로그램의 결과가 성취되었는지의 여부, 계획된 목표들은 어느 정도의 경제성과 효율성으로 성취되었는지 등과 같은 내용에 초점을 두고 있다. 운영감사는 규정순응감사와 마찬가지로 역시 예산과의 관련성에 관심을 두고 있다. 운영감사를 위해서는 적어도 기능별예산이나 프로그램예산과 같은 예산형식들이 갖추어져야 한다. 예컨대, 목표자체가 달성되었는지, 혹은 얼마만큼의 산출물이 예정했던 비용과 연계해서 발생했는지 등을 판단할 수 있다. 운영감사에서는 다음과 같은 두 가지의 사항들을 중점적으로 검토하게 된다(Comptroller General of the United States, 2).

(1) 효과성과 효율성 : 예산활용 부서가 자신들의 할당된 자원을 효과적이고 효율적인 방식으로 관리·운용하고 있는지에 대해 감사한다. 경영정보시스템(MIS)이나 행정적 절차와 조직구조에 있어서의 부적절함, 즉 비효율적이거나 비경제적인 조직활동들에 대해 그 원인이 어떤 것인지를 분석해 내는 것에 의미를 두고 있다.

(2) 프로그램의 결과 : 예산활용의 의도된 결과나 편익들이 성취되었는지, 자원제공의 기관에서 의도했던 목적들이 달성되었는지, 동일한

성과를 적은 비용으로 산출할 수 있는 대안들이 적절히 고려되었는지 등에 대해 감사한다.

따라서 운영감사는 규정순응감사에 비해 보다 폭넓은 지식수준과 기술들을 필요로 한다. 프로그램의 비효율성에 대한 원인들을 규정하고 확인해 내는 작업은 일상적인 서류들을 대조하고 확인하는 작업과는 크게 다르다. 그러므로 운영감사를 적절하게 수행하기 위해서는 사회복지전문가가 감사과정에 적극적으로 참여하는 것이 필수적이다. 사회복지행정 관리자들은 재정관리에 대해 비록 전문적이지는 않더라도 예산의 기초적 지식만큼은 갖추고 있어야 한다. 운영감사의 과정에서 소외되지 않을 만큼 갖추고 있어야 한다. 사회복지전문가가 참여해야 하는 이유는 단순히 실천적 전문직의 수행을 위해서가 아니라, 사회복지전문직이 대변하는 클라이언트 집단과 사회복지적 목적들이 감사나 평가의 과정에서 적절히 제시될 필요가 있다.

제5절 재정관리의 개선방안

1. 사회복지시설 재원의 합리화

정부의 재정지원은 현실적인 산출근거에 따라 재조정되어 시설운영비에 대한 보조가 현실화되어야 하며 합리적으로 지원함으로써 시설의 자체부담 확보에 따른 문제점을 조속히 해결해야 할 것이다. 그러므로 시설의 재정능력 향상을 위하여 수익사업관리 등에 대한 법적 혜택 및 관민합동의 복지재정 마련을 위한 모금활동 등이 적극적으로 이루어져야 하겠다.

2. 정부지원의 확대

현실적으로 사회복지시설의 재정악화는 아직도 심각하다고 본다. 따라서 정부는 사회복지시설 재원의 확충과 더불어 지원금 배분의 원칙을 새롭게 정립해야 한다. 그리고 정부의 시설 운영비 및 시설종사자 인건비에 대해 정부지원을 평등하게 합리적인 배분이 있어야 할 것이다.

3. 민간자원 동원의 활성화

사회복지시설의 재원확보를 위해서는 민간자원의 동원이 활성화되어야 한다. 현재 각 시설별, 목적사업별로 전개되고 있는 민간지원금 모금방안을 각 광역자치단체별 공동모금의 형태로 체계화하여 민간자원 동원을 활성화함으로써 시설별·지역별 민간지원금의 격차를 어느 정도 해소할 수 있을 것이다. 그리고 민간지원금의 모금과 사용내역을 공개하여 사회복지시설운영에 있어서의 재정운영 합리화를 도모해야 할 것이다.

생각해 볼 문제들

1. 재정관리를 정의하시오.
2. 예산수립의 모델 세 가지를 설명하시오.
3. 예산통제의 원칙을 제시하시오.
4. 회계활동의 세 가지를 제시하시오.
5. 재정감사 두 가지를 설명하시오.

참고 문헌

남상오 (1988). 회계원리. 서울: 다산출판사.

유종해 (1992). 현대행정학. 서울: 박영사.

Lohman, R. (1989). 신섭중·부성래 (역). 사회복지기관의 재무관리. 서울: 대학출판사.

Miringoff, M. (1980). *Management in Human Service Organizations*. New York: Macmillan. 성규탁 (역) (1985). 사회복지행정론. 한국사회개발연구원.

Anthony & Herzlinger. (1986). *Management Control in Nonprofit Organizations*. Homewood.

Comptroller General of the United States. Standards for Audit of Governmental Organization Programs, Activities and Functions. Washington, D.C.: U.S. Governmental Printing Office.

Cox, F., Erlich, J., Rothman, J., & Tropman, J. (1997). *Tactics and Techniques of Community Practice*. Itasca, Illinois: F.E. Peacock.

Glenmester, H. (1976). *Social Service Budgets and Social Policy: British and American Experience*. New York: Barnes and Noble.

Held, V. (1966). *PPBS Come to Washington*. Public Interest. Vol.22. Summer.

Hildreth, W. & Hildreth R. (1988). *Budgeting and Financial Management*. in J. Rabin & M. B. Steinhauer (eds), Handbook on Human Services Administration. New York: Marcel Dekker, Inc.

Lohman, R. (1980). *Breaking Even: Financial management in Human Service Organizations*. Philadelphia : Temple University Press.

Weiner, M. (1990). *Human Service Management: Analysis and Application (2nd ed)*. Belmont, CA: Wadsworth Publishing.

Wildavsky, A. (1964). *The Politics of the Budgetary Process*. Boston: Brown.

CHAPTER 11

정보체계관리

Social Welfare Administration

정보체계관리는 정보화를 통해 조직업무를 신속하게 처리하고 상호교류에 초점을 두고 있다. 최근 사회복지분야에도 정보기술이 비약적으로 발전하면서 지대한 영향을 미치고 있다. 모든 조직은 크든 작든 공조직과 사조직을 할 것 없이 일상 활동에 정보기술을 사용할 수밖에 없다. 즉, 국가, 사회, 조직, 개인 차원에서 정보기술에 의해 영향을 받지 않는 것이 없다는 것이다. 이에 사회복지행정의 차원에서 조직운영을 위한 중요한 수단으로서 정보체계관리가 우선되어야 한다. 따라서 본 장에서는 첫째, 정보체계의 개념, 둘째, 정보체계관리의 요건, 셋째, 정보체계관리의 설계, 넷째, 정보체계관리의 방안, 다섯째, 사회복지기관의 전산화 등을 중심으로 살펴보고자 한다.

제1절 정보체계의 개념

1. 정보체계의 정의

정보체계는 인간이 지닌 인지능력과 시간적 한계성을 극복하도록 도와주며, 대량의 복잡한 정보를 신속하고 효율적으로 활용토록 해 줌으로써 관리를 가능케 한다. 즉, 정보체계는 관리를 위한 매우 편리한 도구로 간주되고 있다. 사회복지기관의 서비스 및 유지활동에 관한 많은 양의 정보를 획득하고 보관해서 필요할 시 즉각 활용하는 능력을 보충해 준다. 이러한 능력을 갖추어 주고 제공하는 것이 소위 정보체계이다. 특히 정보체계는 정책결정과 행정을 위한 각종 복잡한 자료를 관리하는 체계로서, 일선 전문가들의 임상실무를 위한 지침작성에 필요한 정보까지 포괄적이고 체계적으로 분류하는 데 도움을 주고 있다. 정보체계에 관한 자료는 행정과 경영은 물론 사회과학 분야들에서 많이 제공되고 있다.

사회복지기관에 정보체계를 도입하는 데 있어서는 여러 가지 기술적 문제가 있지만, 관리자들은 한층 더 유용한 관리도구를 개발하여 이용할 필요가 있다. 사회복지행정에 있어서 정보체계란 사회복지행정의 개념과 정보체계가 연결된 의미이다. 우선 사회복지행정은 정치권력을 배경으로 한 사회복지정책을 위한 합리적인 행동이라고 할 수 있다. 이에 정보체계는 조직의 목적을 달성하기 위해 인위적으로 설계하여 개발한 물리적 요소(hardware, software, database, network 등)와 절차의 집합으로 인간과 기계의 종합적인 체계이다(G. Davis & M. Olson, 1985:6). 따라서 사회복지행정의 정보체계란 정치권력을 배경으로 한 사회복지정책의 구체화를 위한 합리적인 행동으로서 전반적인 체계라 할 수 있다.

사회복지행정의 정보체계는 일반적으로 사람, 컴퓨터, 운영프로그램, 데이터베이스, 그리고 제도적 장치 등으로 구성되어 있다. 또한 각종 사회복지 관련자료를 수집, 처리, 보관, 전달, 이용하여 의도하는 정책이나 효율적인 행정을 수행할 수 있게 한다. 사회복지행정의 정보체계는 서비스전문가와 정보전문가의 협력을 통해서 수립할 수 있다. 서비스전문가들은 정보체계에 대한 무엇(what)과 누가(who), 그리고 왜(why)를 지적해 주고, 정보전문가들은 사업의 취지, 목표, 관련된 요구 및 변수들 사이에 의미 있는 관계에 관한 지식을 가지며, 정보체계에서 어떻게(how)의 문제를 해결해 나가도록 해야 한다(성규탁, 1993:342).

2. 정보화의 대두

정보화는 정보공유의 폭을 넓혀가기 위해 개인과 집단, 조직 간의 접면을 넓혀가는 과정을 말한다. 개인과 조직 간의 공식 혹은 비공식적인 접촉이 늘어남에 따라 교류되는 정보량이 폭주하면서 정보화가 진행되고 있다. 이에 인간사회의 시간적, 지리적, 조직적 장벽을 극복하기 위해 정보통신 관련기술과 그 기반의 중요성이 증대되고 있다. 그리고 정보사회는 ① 정보가 중심가치가 되는 사회, ② 정보통신기술이 지배적으로 통용되는 사회를 의미한다.

따라서 전자는 내용 중심적인 정의이고, 후자는 기술 중심적인 정의라 할 수 있다. 이상의 두 가지 정의를 종합해 보면, 정보사회는 산업사회와 달리 정보의 생산과 저장·분배에 관련된 산업이나 경제의 가장 중요한 활동으로 보고 있다. 그리고 정보통신기술이 정치, 경제, 사회, 문화 등의 모든 생활영역에 지배적인 영향을 행사하는 사회를 의미한다. 이에 따라 정보화 사회는 정보화를 통해 새로운 사회를 향한 진행형으로서 정보사회에 진입하고 있는 과정의 사회라 할 수 있다.

3. 정보사회의 변화

정보화 사회는 사회발전의 역사로서 생산기술과 정보기술의 중심가치적 변화의 역사로 볼 수 있다. 기존 농업사회의 중심가치인 토지의 개발을 위해 농경기구와 관개기술 등의 농업기술발전을 추구하였고, 산업사회는 산업자본이 사회의 중심가치로서 동력기술과 기계제작기술, 전자기술 등의 발전을 추구하였다. 반면에 정보화 사회는 정보를 바탕으로 생산의 부가가치를 증대시키고 있다. 정보화 사회의 중심가치가 된 배경에는 두 가지를 제시할 수 있다. ① 산업의 정보화이다. 즉, 산업의 생산단계에서 제조의 가치보다 정보의 가치가 증대된 것을 의미한다. ② 정보의 산업화이다. 즉, 생산자와 소비자는 공히 다양한 정보를 요구함에 따라 정보의 생성, 저장, 저장, 유통 등이 산업의 성장을 주도하였다고 볼 수 있다.

따라서 사회복지전문가는 정보체계의 잠재력을 인식해야 하고, 기술자를 생산적으로 활용할 수 있어야 한다. 또한 어떤 정보가 필요한지, 어떠한 목적을 위한 것인지, 누가 그것을 제공하는지, 어디에서 사용해야 될 것인지 등을 결정해야 한다. 특히 사회복지의 관련자료를 필요로 하는 세 가지 주제들, 즉 클라이언트, 프로그램, 그리고 정보체계를 운용하기 위한 자문 등을 위해서 전문인에게 도움을 받아야 한다. 그리하여 기술적으로 적절하게 자료처리를 할 수 있도록 계획을 세워야 한다. 사회복지기관이나 시설의 정보체계 수립에 있어서는 정보체계 전문가들이 이러한 기관이나 시설의 운영에도 참여하여 협력을 통한 계획수립이 되어야 한다(박차상, 1999:194-195).

제2절 정보체계관리의 요건

1. 클라이언트정보체계

클라이언트정보체계(client information system)는 클라이언트와 관련한 정보들로서 서비스 프로그램의 상호연계성에 관한 정보들을 산출하고 조직하며 보고하기 위한 체계를 말한다. 이 체계의 기본적인 기능은 사회복지 프로그램을 이용하는 클라이언트들에게 서비스를 제공하는 데 역점을 두고 있다. 클라이언트정보체계와 연관된 하위체계들은 서비스를 제공하는 과정에서 나타나는 활동들을 반영하고 있다. 따라서 클라이언트정보체계와 관련된 정보원천으로서 최초 클라이언트의 접촉에서부터 종결에 이르기까지 전개과정의 내용을 제시하면 다음과 같다.

(1) 이용자의 확인 : 서비스의 잠재적 수요자 명단을 확인한다. 또한 다른 기관들에 의뢰하고 비공식적인 접촉을 하며 다양한 아웃리치(outreach) 활동 등을 통해서 이용자를 확인한다.

(2) 인테이크의 과정 : 개인이나 가족에 관한 개인력의 자료를 검토하고

해결될 필요가 있는 문제에 관한 자료 등을 점검한다.

(3) 자격여부의 결정 : 해당자의 프로그램에 대한 자격여부를 판단하는 데 적합한 자료를 활용한다. 그리고 누가 서비스비용을 지불할 것인가도 포함한다. 정부기관, 보험회사, 의뢰기관, 혹은 클라이언트 자신 등이 지불해야 하는가를 결정한다.

(4) 프로그램의 진단 : 문제, 욕구, 계획들 간의 관계에 대한 기록을 사정한다. 문제사정은 가끔 구술형식으로 하되, 반면에 치료계획, 개인적 혹은 케이스의 목표들을 보다 구체적으로 기록한 자료를 통해 진단한다.

(5) 서비스의 전달 : 언제, 누구에 의해, 어떤 서비스가 제공되는지 등이다. 연결된 서비스들의 경우 그 과정에 대한 자료도 포함한다.

(6) 케이스의 모니터링 : 활동계획과 실질적으로 제공된 서비스를 비교하여 케이스를 모니터링 한다.

(7) 케이스의 평가 : 케이스 혹은 개인의 서비스 결과에 관한 정보를 평가한다. 그리고 케이스 종료 직전 혹은 종료 후에 발생되는 정보를 평가한다.

(8) 케이스의 종료 : 케이스 종료의 시점과 이유에 관한 정보이다. 케이스 종료는 자발적 중단, 목표의 성공적인 성취 혹은 실패, 다른 지역으로의 이전 등과 같은 자료를 포함한다.

이상에서 살펴보듯이 각각의 단계에서 얻어진 정보들은 다른 단계들에서도 사용될 수 있어야 한다. 하나의 조직 안에서 뿐만 아니라 다른 조직들에까지 이러한 클라이언트에 관한 정보가 전달될 수 있는 여건이 마련된다면, 조직들 간의 자연스러운 정보체계의 공유까지도 가능하게 된다.

2. 조직정보체계

조직정보체계(organization information system)는 사회복지행정의 기획,

예산, 비용, 통제, 보고 등과 같은 기본적인 행정적 기능들을 보조해 주는 기능을 수행한다. 대부분 외부의 재정적 원천을 제공하는 기관들과 관련된 정보들을 수집하는 경우에 활용되고 있다. 조직정보체계에서 지원되는 전형적인 기능들을 제시하면 다음과 같다(J. Burch & F. Strater, 1974:28). ① 욕구사정, ② 운영기획, ③ 예산편성, ④ 조사연구, ⑤ 장부정리, ⑥ 재정통제, ⑦ 보고 및 예측 등이다.

조직정보를 산출하는 기본적인 원천은 운영단위로서 개별업무자를 말한다. 즉, 조직정보는 클라이언트에 관한 정보를 산출하고 개선하는 책임을 갖는 동일한 단위와 개인들에 의해서 조직정보가 이루어지고 있다. 이는 클라이언트 정보가 '누가, 누구에게, 언제, 어디서, 무엇을, 어느 정도로 행하였는지' 등의 문제들에 주로 초점을 두고 있다. 그러나 조직정보체계는 '누가, 어떤 자금으로, 어떤 목적을 위해, 어느 정도 사용했는가' 등에 주된 초점을 두고 있다. 조직정보에서 재정관리의 지출항목은 인건비, 운영비, 임차료, 훈련비, 물품비, 서비스 구입 등과 같이 기본적인 자료들로 이루어져 있다.

따라서 조직정보는 분류되고 산출되면서 집합적으로 이루어진다. 특히 조직운영과 관련한 다양한 자료들이 어떤 정보로 집계되고 제출되는가는 정보요구자의 입장에 의해서 대부분 결정된다(김영종, 2001:230).

3. 수행정보체계

수행정보체계(performance information system)는 바람직한 의사결정을 위해서 프로그램의 생산성과 효과성과 같은 다양한 측면들의 수행정보를 다루고 있다. 수행정보는 새로운 정보체계를 운영하지 않고서도 기존의 클라이언트 정보체계와 조직정보체계를 혼합해서 만들 수 있다. 이와 같은 두 체계의 혼합은 자료들을 호환하거나 공유할 수 있는 통합성을 갖고 있다는 점에서 유익하다. 정보의 혼합을 고려한다면 정보체계들은 모듈화가 필요하다(G. Bowers & M. Bowers, 1977:44). 모듈화(module)란 정보의 단위들을 쉽게 분리하거나 결합할 수 있게 하는 것이며, 각기 다른 정보체계들에서 생성된 정보단위들이 새로운 정보의 산출을 위해 손쉽게 혼합될 수 있게 한다. 업무수행의 보고내용과 형식들에 대한 상부로부터 가끔 변화된 요구가 있으며, 새로운 프로그램과 서비스가 지속적으로 변화되기에 클라이언트 정보체계와 조직정보체계가 모듈화되는 것이 바람직하다. 모듈화된 클라이언트와 조직에 관한 정보들을 혼합하면 수행정보들은 손쉽게 산출될 수 있다. 따라서 수행에 관한 정보는 기획정보와 평가정보를 구체적으로 제시하면 다음과 같다.

1) 기획정보

기획정보는 미래의 계획을 수립하기 위해 필요한 정보로서 장기간에 걸친 데이터의 축적이 필요하다. 기획 기간 내에 욕구를 지닌 클라이언트와 서비스 예상 클라이언트를 예측하는 데 필요한 정보가 주된 관심의 대상이 된다. 이를 위해서는 다양한 원천들로부터의 방대한 자료가 필요하다. 예컨대, 지역사회포럼, 지역사회서베이, 서비스 이용자기록 등에 관한 자료들이 활용되고 있다. 이러한 각각의 정보들은 독립적으로 만들어지며 서로가 호환성이 있다면 통합되어 사용될 수 있다. 그리고 기획정보는 자원과 비용에 관한 정보도 포함하고 있다. 케이스 부담률에 대한 예상, 서비스질 향상을 위한 비용추산, 인력과 시설비용, 서비스와 물품구입비 등은 기획과정에서의 비용에 관한 중요한 정보들이다.

2) 평가정보

평가정보는 서비스 성과와 비용에 관한 정보들을 포함하고 있다. 서비스 이용자들은 복수의 문제와 욕구들을 소유하고 있을 가능성이 높으며, 이들은 각기 다른 여러 기관들의 서비스를 사용하는 것이 일반적이다. 서비스의 효과성 평가를 위해서는 자신의 기관에서 제공한 서비스와 관련된 정보만이 아니라, 클라이언트와 다른 기관들에서의 다양한 서비스 경력에 관한 정보들도 요구된다. 이를 위해서는 다른 기관이나 프로그램들과 정보체계의 호환성 내지는 통합성이 필요하다. 한편 정보의 공유로 인해 클라이언트의 프라이버시가 침해될 가능성이 있으므로 보다 세심한 주의가 요구되고 있다(김영종, 2001:228-231).

제3절 정보체계관리의 설계

정보체계관리를 설계하는 데 고려해야 할 주요한 요건들은 다음과 같다(성규탁, 1993:344). ① 현존 자원이 어떻게 사용되고 있는가를 제시한다. ② 서비스전달 방식을 구체적으로 제시한다. ③ 사업관리자를 위한 보조와 조정역할을 제시한다. ④ 자금제공기관이 요청하는 보고자료를 제공한다. 그리고 모든 정보체계가 갖추어야 할 추가적인 요건은 포괄적이고 경제적이며 정확한 자료수집을 하는 것 등이다. 즉, 다른 자료체계와의 양립성, 변화하는 상황을 수용할 수 있는 체계의 유동성, 기록의 적절성 등을 갖출 필요가 있다. 따라서 정보체계의 설계요건을 몇 가지 제시하면 다음과 같다.

1. 자원의 할당

정보체계관리의 우선적 필요조건은 자원이 어떻게 사용되고 있는가를 제시하는 데 있다. ① 기관의 각 부서에서 구성원들이 자원할당 및 서비스 제공을 위해 그들의 시간을 어떻게 활용하였는지를 제시한다. ② 전문가에게 배당된 시간을 통해서 어느 정도의 서비스가 제공되었는지를 알려준다. ③ 기관의 유사한 부서가 재정부서를 통해서 비용에 관한 자료를 수집하도록 알려준다. 이를 통해 서비스비용이 결정된다. 자원할당에 있어서 적당한 비율을 결정하는 방법은 다양하지만, 이러한 방법들은 모두가 활용가능하고 유용하며 명확하게 정의된 형태의 자료들을 요구한다. 그러나 서비스방식과 유형에 대한 명확한 합의가 없으면 서비스 프로그램의 비용을 비교하기가 어렵게 된다.

2. 서비스의 전달

정보체계관리의 중요한 사항은 기관 내·외의 서비스 유형들을 결정하는 능력에 있다. 기관 내에서는 중복되는 책임성, 전문적인 역할들 간의 차이, 그리고 서비스 제공에서 누락된 클라이언트의 사후처리를 담당하게 된다. 기관의 외적에서 책임성은 중복되는 서비스 분야, 중복되는 책임성, 서비스의 지속성, 서비스 통합 등에 대한 요소들로 구분하게 된다. 특히 클라이언트는 관계된 변수들에 따라 적절한 서비스 영역에 의뢰를 해줄 수 있어야 한다.

3. 관리자의 보조

효과적인 정보체계관리는 기관의 각 하위체계로서 일선 관리자와 기관 내 구성원들에게 그들이 담당하고 책임져야 할 서비스 활동에 관한 전반적인 내용들을 제공해 준다. 그리고 관리자를 위한 보조로서 서비스 내용, 케이스 부담, 업무시간 및 치료결과에 관련된 전반적인 정보가 제공되어야 한다.

4. 보고서의 검토

정보체계관리의 중요한 요건은 보조금 제공자와 자금출처에서 요청하는 보고서를 작성하는 데 있다. 즉, 기관에 후원을 해주는 국영기관, 자문위원회, 감독위원회, 지역사회, 자금기관 기타 자금제공자가 요청하는 보고서를 작성하는 것이다. 이에 따라 기관에 요구하는 예상적인 제반조건뿐만 아니라 현존의 요구조건들도 재검토하는 것이 바람직하다.

5. 자료계획의 점검

정보체계관리의 필요조건 중 하나는 장·단기의 목표를 위해 적합한 계획자료를 제공하는 것이다. 이와 관련하여 단기적 결정사항에서는 두 가지의 요건이 필요하다. 첫째는 기관 내 직원과 기타 자원의 재분배에 관한 결정이다. 둘째는 기관의 서비스를 제공받지 못하는 클라이언트에게 활용

가능한 서비스를 개발하는 결정이다. 그리고 장기적 결정사항에 있어서는 세 가지의 요건이 필요하다. ① 기관의 서비스 내용, 치료를 위한 전문가들의 효과성 등에 관한 결정이다. ② 비효율적인 사업을 대체할 혁신적인 프로그램의 필요성을 확인하는 결정이다. ③ 클라이언트에게 새롭게 인지된 욕구를 충족시키기 위한 구체적인 프로그램 계획에 대한 결정 등이다.

6. 정보체계간의 연계

정보체계관리는 포괄적이고 정확한 자료를 수집할 뿐만 아니라 체계의 경제성과 효율성을 보장해야 한다. 정보체계를 통해 입력된 자료들은 구성원들이 최소한의 시간 내에 찾아볼 수 있어야 하고, 어디에서든지 자료를 활용할 수 있도록 정보체계 간의 연계성이 있어야 한다. 또한 기관의 정보체계 내에서 자료와 외부의 정보자원들 간의 협력적인 연계를 이룬다는 것도 매우 중요하다. 특히 외부의 정보자원은 인구조사의 자료, 사회복지기관의 자료, 학교체계내의 자료, 정부기관의 자료 등 매우 다양한 자료를 활용할 수 있다.

제4절 정보체계관리의 방안

1. 공공접근성의 보장

공공접근성의 보장을 통해 정보의 보편적인 서비스를 확보하는 것이 중요하다. 정보통신기반은 지역사회와 경제여건 등의 차별 없이 보편적으로 서비스가 제공되어야 한다. 아직도 정보공유서비스를 자유롭게 이용하는 계층이 있는가 하면 기본적인 정보통신서비스 조차도 활용하지 못하는 계층이 있다. 이에 정부는 기본적인 정보통신서비스의 이용에 있어 연령, 지역, 소득 등의 여건과는 무관하게 모든 국민들에게 보편적인 서비스가 시행되도록 조치해야 한다. 그리고 정보네트워크는 이용자가 기술적인 절차와 내용을 제대로 알지 못한다고 해도 이용자들이 쉽게 접근하고 이용할 수 있도록 설계되어야 한다. 따라서 사회복지기관에서 정보의 전산망은 국민의 삶의 질 향상에 기여하고 업무의 정보화와 정보의 생활화 구현을 가능케 한다. 특히 사회복지조직에서 정보전산망의 구축은 클라이언트의 질적 서비스 제공과 복지사회를 이룩하는 데 시대적 요청이 되고 있다.

2. 지식정보활용의 강화

지식정보활용은 정보사회에 대한 개인의 적응능력과 조직운영에 중요한 기능을 하게 된다. 즉, 컴퓨터나 다기능전화, 정보처리 및 정보통신기기 등을 사용하는 능력, 산재한 정보 중에서 자신이 필요로 하는 정보를 활용하는 능력을 의미한다. 지식정보활용의 능력이 낮은 경우 정보시스템에 접근하는 데 두려움을 느끼게 되며, 결국에는 정보격차가 벌어질 수밖에 없다. 따라서 사회복지기관에서 지식정보활용의 강화를 위해서는 우선 적극적인 정보교육이 이루어져야 한다. 정보이용교육의 지원체계도 갖추어져야 한다. 그리고 정보교육자원을 통합적으로 운영하고, 지역별 지식정보활용의 센터를 운영하는 것도 하나의 방법이 될 수 있다. 특히 초·중·고교의 정규교육과정에 정보교육을 양적으로 확충하고 질적으로 심화시키는 체계적인 교육이 필요하다.

3. 지식정보체계의 구축

국가인적자원정책의 총괄조정기능 강화, 산학연 협력과 파트너십의 도입, 평생학습, 국가 및 지역혁신체제 구축은 평생학습사회의 구현을 위한 초석이 된다. 현존 공교육의 하향평균화와 부실에 따라 사교육비에 크게 의존해야 하는 학교교육은 빈곤의 세습을 조장하는 측면이 없지 않다. 그리고 성인직업능력개발은 비정규직이나 중소영세사업장 근로자에 비해 정규직과 대기업근로자에게 상대적으로 수혜가 돌아가고 있다. 이러한 능력개발의 역진성 문제는 지식격차의 중요한 요인으로 작용하고 있다. 특히 사회통합을 위해서는 빈곤과 취약계층에 실질적으로 더 많은 학습기회가 제공되는 지식정보체계가 구축되어야 한다. 따라서 사회복지차원 지식정보공유의 기본권리를 보장해야 한다. 즉, 지식정보를 통한 학습의 기본권의 확보와 생산적 정보활용이 정립되어야 한다. 그리고 취약계층에 대한 지식정보기회의 보장으로 사회적 적응을 유도해야 한다.

4. 지식정보운동의 활성화

정보사회에서 민간운동의 활성화는 사회통합을 유지시키는 데 중요한 역할이 될 수 있다. 즉, 소외된 노인과 장애인, 정보공유의 약자들에게 컴퓨터를 가르치는 교육공동체나 소외지역에 컴퓨터 보급운동 등 정보운동이 전개되어야 한다. 그리고 정치·사회분야의 현존문제를 논의하기 위한 정보운동단체들의 활동이 요청되고 있다. 또한 민간의 정보화와 정보기술에 대한 공평한 접근권리를 보장하기 위한 노력이 더욱 증대되어야 한다. 따라서 사회복지조직에서 지식정보운동은 조직구성원의 업무능력의 향상과 클라이언트의 서비스제공에 유익함을 줄 수 있다. 그리고 기관의 정보인프라 구축과 운영과정의 투명한 공개, 이용자들의 정책참여가 보장될 수도 있다.

제5절 사회복지기관의 전산화

사회복지기관의 전산화는 정보체계관리의 운영을 가능하게 하고 가장 편리한 도구로서 컴퓨터의 활용으로 이루어진다. 따라서 사회복지기관의 정보체계를 전산화에 따른 요건들로 제시하면 다음과 같다.

1. 컴퓨터도입과 인력조정

사회복지서비스의 전달에 있어서 컴퓨터기술의 활용과 필요한 인력을 재배치할 필요가 있다. 이는 사회복지기관의 구성원들이 업무를 재규정하는 데 중요한 결과를 제공하게 된다. 특히 컴퓨터의 활용은 소수의 기술인력으로 엄청난 자료를 신속히 수집하고 처리하는 첨단적인 기능을 지니며 상당한 수의 구성원들을 다른 작업에 적절히 배치할 수 있다. 그리고 전문 인력의 업무배치에 있어서 경험 있는 사회복지사와 전문요원들이 사회복지기관에 관한 자료분석을 담당하는 것이 중요하다. 대부분 조직구성원들은 다소간의 컴퓨터작업을 하게 되므로 컴퓨터언어에 익숙해야 하고 업무수행에 필요한 제반 사항들과 과정들을 숙지해야 한다. 그리고 컴퓨터를 통해 여러 가지 통계기법을 활용할 수 있어야 하며, 특히 SPSS와 같은 통계기법을 활용하는 것이 매우 유용하다.

2. 기관의 자료관리

사회복지기관들은 사례에 관한 자료를 포함하여 여타 자료들을 정보체계 안에 보유하고 있지만, 대부분 자료들을 유용하게 사용하지 못하고 있는 것이 사실이다. 기관과 관련된 자료수집에는 막대한 양의 시간과 노력이 소요되며, 일단 자료들이 보관되면 체계적으로 분석해서 회수하기가 다소 어렵다. 그러므로 컴퓨터를 기관운영에 활용하기 위해서는 현재 수집된 기본정보를 코딩(coding)해서 판독 가능한 매체의 형태로 보관해야 한다.

컴퓨터에 보관된 자료는 통계처리되어 유용하게 쓰일 수 있고, 정보처리상의 변화를 시도함으로써 기관은 관리와 재무에 관한 각종 정보와 보고를 효율적으로 관리해야 한다. 그리고 컴퓨터를 활용함으로써 관련자료를 판독하고 보다 복잡한 자료분석을 통해 프로그램이 실행되어야 한다. 따라서 기관의 목표는 보다 구체적으로 분류되어 그 목표달성의 결과를 쉽게 측정할 수 있게 해야 한다. 그리고 기관업무수행의 달성도를 측정하기 위한 구체적인 지표가 개발되어야 하고, 이러한 지표들을 통해 컴퓨터 정보체계에 통합할 수 있는 자료관리가 이루어져야 한다.

3. 데이터베이스의 구축

사회복지기관 내에서 자료처리는 주로 전산시스템의 하드웨어에 관한 내용이고, 데이터베이스는 소프트웨어에 관한 내용이다. 데이터베이스(database)는 자료의 입력과 저장, 처리 및 산출 등에 대한 기능을 담고 있는 체계이다. 따라서 전산화된 정보시스템의 데이터베이스를 이해하기 위해 세 가지 기초적인 개념들을 제시하면 다음과 같다(김영종, 2001:234-236 원용).

(1) 필드(field) : 자료의 범주에 관한 단위 중에서 가장 기초적인 것이다. 조사방법론에서 쓰이는 변수(variable)라는 개념과 동일하다. 예컨대, 클라이언트에 관한 자료를 수집한다면, 클라이언트를 구분해낼 수 있는 개별적인 속성들의 한 집단단위를 말한다. 즉, 성별, 나이, 이름, 서비스 여부 등이 필드의 이름이라면, 이러한 필드들은 각기 속성 혹은 값들을 갖고 있다. 성별이라는 필드의 속성은 남녀로 구성되는데, 그에 따라 각기 1, 2라는 기호값을 배당하여 구분할 수 있다. 필드를 규정하고 값을 배정하는 이러한 작업은 속성들 간의 구분이 명확한 변수들에서는 쉽게 되지만, 질적인 자료들 특히 서비스와 관련한 구술적인 기록들에서는 쉽지 않은 것이 보통이다.

(2) 레코드(record) : 관련된 필드들을 묶어놓은 한 단위를 말한다. 조사방법론에서의 케이스(case)라는 개념과 같은 것이다. 한 레코드에는 한 개인에 관한 성별, 나이, 이름, 서비스 여부라는 필드의 값들이 들어 있을 수 있다. 한 프로그램 부서에서 이러한 데이터베이스를 운영한다면, 레코드의 크기는 클라이언트 수와 대부분 일치할 것이다.

(3) 파일(file) : 레코드들의 집합이다. 한 데이터베이스가 포함하는 자료들의 총합인 것이다. 컴퓨터 운영시스템의 입장에서는 파일은 정보 이동의 가장 기초적인 단위이기도 하다. 그리고 통합 데이터베이스는 다수의 파일들로 구성된 데이터베이스로서, 관련된 파일들 간의 이동이나 합성이 가능하도록 설계된 것을 말한다. 통합 데이터베이스를 위해서는 기본적으로 개별파일들을 묶을 수 있는 키필드(key field)를 모든 파일들에서 공통적으로 정의하여 갖는 것이 필요하다. 예컨

대, 각기 다른 데이터베이스를 사용하는 두 군데의 기관에서 클라이언트에 관한 서로의 정보들을 공유하려 한다면, 적어도 두 데이터베이스를 공통적으로 연결할 수 있는 키필드를 각자의 데이터베이스에서 공통적으로 규정해 두어야 한다.

따라서 사회복지조직에서는 통합 데이터베이스의 개념이 유용하게 적용되고 있다. 현존의 제한된 자원을 서비스에 적용하기 위해서는 자료와 정보처리에 소요되는 비용을 줄이는 것이 필요하다. 이에 자료의 공유와 주가적인 정보의 생성을 용이하게 하는 기관과 기관들 간의 통합 데이터베이스의 개발을 통해 사회복지자원의 활용과 효율화로서 실질적인 사회복지서비스 증대의 효과를 가져올 수 있다.

생각해 볼 문제들

1. 정보체계를 정의하시오.
2. 정보체계관리의 요건을 간략히 제시하시오.
3. 정보체계관리의 설계를 설명하시오.
4. 정보체계관리의 방안을 설명하시오.
5. 사회복지기관의 전산화에 따른 요건들을 제시하시오.

참고 문헌

성규탁 (1993). 사회복지행정론. 서울: 법문사.

박차상 (1999). 한국사회복지행정론. 서울: 대학출판사.

김영종 (2001). 사회복지행정. 서울: 학지사.

Bowers, G. & Bowers, M. (1977). *Cultivating Client Information System*. Human Services Monograph Services. Washington, D.C.: U. S. DHEW. Project Share.

Burch, J. & Strater, F. (1974). *Information System : Theory and Practice.* Santa Barbar. CA: Hamilton Publishing Co.

Davis, G. & Olson, M. (1985). *Management Information Systems : Conceptual Foundations*, Structure and Development. New York: McGraw-Hill, Inc.

Gates, B. (1980). *Social Program Administration: The Implementation of Social Policy.* Englewood Cliffs. New Jersey: Prentice-Hall.

제 3 부

사회복지행정의 관리론

CHAPTER 12

사회복지프로그램

Social Welfare Administration

사회복지행정은 사회복지정책을 사회복지서비스로 옮기는 과정으로서 사회복지프로그램을 통하여 전달하게 된다. 사회복지프로그램은 전문인력에 의한 계획적인 서비스를 실현하는 총체적 활동체계라 할 수 있다. 그렇다면 현존 사회복지프로그램이 얼마나 잘 구성되어 있고, 어떻게 프로그램을 실행하여 합당한 성과를 나타내는지가 중요한 과제이다. 따라서 본 장에서는 첫째, 사회복지프로그램의 개념, 둘째, 사회복지프로그램의 구성요소, 셋째, 사회복지프로그램의 기획, 넷째, 사회복지프로그램의 개발, 다섯째, 사회복지프로그램 개선방안 등을 중심으로 살펴보고자 한다.

제1절 사회복지프로그램의 개념

1. 사회복지프로그램의 정의

사회복지프로그램은 학자들마다 다양하게 정의하지만, 사회복지의 특정 목표를 성취하기 위한 활동의 집합이라고 정의할 수 있다. 특히 사회복지프로그램은 사람들이 원조를 받는 활동으로 구성된다. 먼저 랍과 포에트너(Rapp & Poertner)는 프로그램이란 하나의 목적을 성취하기 위해 유도된 행동들의 총체로 정의했고, 요크(York)는 프로그램이란 하나의 목표나 일련의 목표들을 성취하기 위한 유도된 상호의존적인 행동들의 세트라고 정의했다(C. Rapp, & J. Poertner, 1992; R. York, 1983; 지은구, 2007:20. 재인용). 프로그램은 특정한 목적달성을 위하여 자원과 기술이 투입되어 일정한 절차에 따라 이루어지는 계획적인 활동 체계라고 정의했다(황성철, 2005:17). 따라서 프로그램이란 일정한 기관에서 목적을 달성하기 위하여 모든 과정을 마칠 때까지 요구되는 내용의 선정과 조직, 활동목표체계, 시설, 자원, 지원체계, 기간 등에 관한 전체적인 계획이라고 정의하였다(정무성 외, 2001:15-16).

이상의 국내외 학자들의 정의를 볼 때, 사회복지프로그램은 사회복지서비스전달기관에서 서비스전달의 목적과 목표를 달성하기 위하여 계획된 총체적 활동이라고 할 수 있다. 사회복지프로그램은 사회구성원들에 대한 원조를 제공함으로써 사회의 욕구를 충족시킴과 동시에 사회복지사에게는 성취감과 만족감을 주는 수단이 되고 있다(김형식 외, 2009:171). 따라서 사회복지프로그램을 종합적으로 정의하면, 사회복지조직에서 사회복지적 목표를 달성하기 위한 활동들의 집합체라고 할 수 있다. 그리고 사회복지프로그램은 도움이 필요한 클라이언트의 욕구를 충족시키기 위해 사회복지 전문인력이 의도적이고 상호의존적인 계획을 통해 실시하는 다양한 활동을 의미하고 있다(양점도 외, 2010:16).

2. 사회복지프로그램의 중요성

사회복지프로그램은 일종의 건축의 설계도면과 같이 서비스전달을 위한 목적에 맞게 설정되어야 한다. 특히 사회복지프로그램은 정밀하게 만들어 실행되어야 보다 효율적이고 효과적인 서비스전달을 하게 된다. 따라서 사회복지프로그램의 중요성을 정리하여 제시하면 다음과 같다.

(1) 사회복지서비스전달의 효율성을 높일 수 있다. 사회복지프로그램은 목표를 담고 있고 그 목표를 달성하기 위한 구체적인 실행방법을 담

고 있는바, 보다 더 효율성을 높일 수 있는 실행방법을 사전에 만들어 실행을 함으로써 효율성을 높일 수 있다.

(2) 사회복지프로그램은 효과성을 높일 수 있다. 프로그램이 없는 진행보다는 정밀한 프로그램을 가지고 진행하는 것이 목표를 달성하는데 더 효과적인 것은 자명하다.

(3) 사회복지프로그램은 서비스 주체와 객체에게 정확한 방향을 제시해 준다. 주로 현장에서 사회복지공급주체자인 사회복지사도 어떤 목적을 가지고 진행되는지 방향을 알 수 있고, 객체인 클라이언트도 기대되는 것이 무엇인지를 알고 있게 된다.

(4) 사회복지프로그램은 사회복지사의 업무만족을 높일 수 있다. 프로그램이 기획되지 않고 주먹구구식으로 진행된다면 사회복지사의 업무도 혼란을 야기할 것이다. 그러나 사회복지사가 프로그램의 기획된 방향을 따라 업무를 추진할 때 시행착오도 줄일 수 있고 업무만족도 높일 수 있다.

(5) 사회복지프로그램은 외부자원을 확보하는 데 매우 중요하다. 사회복지현장의 자원의 상당부분은 사업제안(proposal)을 통한 자원획득이 강조되고 있는데, 여기에서 사회복지프로그램은 이러한 외부의 자원을 확보하는 데 중요한 도구가 되고 지지를 받는 강력한 증거가 된다.

(6) 사회복지프로그램은 기관의 역량을 강화시킨다. 프로그램의 작성과 실행에 철저한 훈련이 된 기관의 직원들은 업무를 어떻게, 어떤 목적을 가지고 처리하고 수행하는지를 잘 알게 되고, 이러한 능력은 기관의 잠재적 역량강화와 맞물리면서 사회적 지지와 신뢰를 확보하는 데 중요한 기회를 제공한다.

제2절 사회복지프로그램의 구성요소

사회복지프로그램을 실행하기 위한 몇 가지의 구성요소를 제시해 보면,

① 서비스목표, ② 서비스기술, ③ 정보관리체계, ④ 인적관리체계, ⑤ 예산관리체계, ⑥ 평가체계 등이다(김형식 외, 2009:172). 기본적으로 프로그램의 구성은 ① 목표, ② 자원과 기술, ③ 계획된 활동 등을 제시하고 있다(황성철, 2005:18-22). 이에 사회복지프로그램은 관련된 주요 구성요소에 대한 올바른 인식이 없이는 완전하게 실행할 수 없다는 것이다. 따라서 사회복지프로그램의 구성요소를 분석적으로 제시하면 다음과 같다.

(1) 참가자 : 사회복지프로그램의 성패는 참가자에 달려있다. 프로그램의 참가자에 대한 적절한 이해가 필요하고, 참가자의 배치와 편성에서 신중한 배려가 필요하다. 참가자에 대한 이해는 참가대상의 명확화와 규모, 그리고 참가집단의 구성 등을 지적할 수 있다. 참가대상을 명확하게 하기 위해서는 참가자의 속성을 체계적으로 분석하는 일이 필요하다. 참가자의 속성을 구분하는 방법에는 대체적으로 개체의 성질(성별, 발달단계별 등), 생활의 장과 공간적인 면(가족, 직업, 시민 등), 프로그램 참가의 경험 면(경험유무, 참가유무, 활동의 수준 등) 등에 의해 구분할 수 있다.

(2) 실시주체 : 사회복지프로그램의 실시주체가 누구이냐에 따라 계획, 실행, 결과 등이 달라지게 된다. 따라서 우선 프로그램을 지향하고자 하는 의도가 무엇인가를 정확하게 파악하고, 모든 것을 프로그램에 반영하도록 하는 것이 필요하다.

(3) 활동내용 : 사회복지프로그램의 내용은 목표에 도달하기 위한 하나의 수단이라 할 수 있다. 이와 관련하여 활동내용을 선택하고 편성하는 데 있어서 유의할 사항은 다음과 같다. ① 활동내용을 정선하여 세분화하는 일이다. ② 프로그램 활동내용을 실시하는 방법 및 장비·도구 등과 관련시켜 선정·편성하는 일이다. ③ 프로그램 내용을 활동의 연속성 및 발전성을 고려하여 선택하고 편성하는 일이다. ④ 프로그램 내용의 양과 질을 고려해서 선택하고 편성하는 일이다.

(4) 실시방법 : 사회복지프로그램은 적절하게 선택되고 편성되어 실시방법이 단순해야 한다. 즉, 프로그램의 내용에 대한 이해가 용이하고 효율적이고 효과성이 있도록 전개되어야 한다. 그리고 프로그램의 참여활동에 변화를 가져오도록 하고 집단의 분위기를 조성해 주는 등 여러 가지의 교육적 효과를 지닐 필요가 있다. 따라서 효과적인 실시방법을 전개하기 위해서는 ① 목표달성에의 효과성, ② 제공되는 내용의 질과 양에 대한 적절성, ③ 적절한 장비와 도구의 이용 가능성, ④ 지도자 및 참가자의 경험능력에 대한 적합성, ⑤ 참여의 효과를 높이기 위한 둘 이상의 방법혼용 가능성, ⑥ 개인지도방법과 집단지도방법을 상호보완한 사용가능성 등을 고려해야 한다.

(5) 장비도구 : 사회복지프로그램의 활동효과를 높이기 위해서는 적절한 지도매체의 선택이 매우 중요하다. 프로그램 지도매체의 선정에 있어서는 ① 활동목표, 주제, 내용, 방법에 대한 적절성, ② 참가자의 경험 및 기술수준, ③ 지도매체에 대한 지도자의 이해도 및 숙련도, ④ 지역성 및 참가자의 일상생활과의 긴밀성 등을 고려해야 한다.

(6) 실시시간 : 사회복지프로그램의 편성에 영향을 미치는 시간적 요소로는 프로그램 실행의 시기, 시간대, 총 시간 수 등을 들 수 있다. 프로그램이 실시되는 시기는 프로그램의 내용 및 방법에 따라 좌우되는 경우가 많기 때문에 이를 유의하여야 한다. 그리고 참가자들이 이용 가능한 시간대에 프로그램편성과 프로그램의 실시시간이 지나치게 길거나 짧으면 참가자의 참여 및 활동의욕에 있어서도 문제가 생길 수 있으므로, 실시시간을 적절하게 편성하는 것이 바람직하다.

(7) 장소선정 : 사회복지프로그램의 실시를 위한 장소선정에 있어서 가장 먼저 검토되어야 할 것은 장소가 프로그램의 내용과 방법에 적절한 것인가이다. 즉, 프로그램의 목적을 원만하게 달성할 수 있는 장소인가를 확인해야 한다. 그리고 참가자의 성향, 행동양식 등과 같은 비언어적 행동의 변화는 활동환경의 분위기에 영향을 받기 때문에

활동환경이 긍정적으로 작용될 수 있느냐에 대한 검토가 필요하다.

(8) 프로그램담당자 : 사회복지프로그램 운영의 성패는 담당자에게 달려있다. 프로그램 담당자는 일반적으로 슈퍼바이저(supervisor), 스태프(staff), 자원봉사자(volunteer) 등으로 구성된다. 유능한 담당자를 배치하는 것은 프로그램의 효과성을 높이기 위한 최우선 과제이다. 일반적으로 프로그램 수행역할에 대해 총괄, 조정, 협조 등 대략적으로 명시하는 경우가 많은데, 좀 더 구체적으로 프로그램에서 담당하는 역할을 명시해야 한다. 또한 프로그램 수행역할에 관련된 학력, 경력이나 훈련, 자격요건을 구체적으로 명시해야 한다. 할당시간의 경우, 주 단위의 전체 시간 중에서 담당자가 신청 프로그램에 투여하는 시간을 명시하여야 한다.

(9) 예산 : 사회복지프로그램의 총예산을 인건비, 관리비, 기자재 및 집기 구입비, 수용비, 사업비 등의 항목으로 나누고 있다. 특히 프로그램의 각 항목별 산출근거를 구체적으로 제시해야 한다. 그리고 프로그램의 예산항목별 자금조달계획을 알 수 있도록 항목별 산출근거도 구체적으로 제시해야 한다.

(10) 평가계획 : 사회복지프로그램의 효과를 평가하기 위해서 각 단계의 유의사항을 고려해야 한다. 그리고 프로그램 평가의 대상, 주체, 시기, 방법 등을 프로그램 편성 시 미리 구성함으로써 평가의 정확성과 운영의 효율성을 기할 필요가 있다.

제3절 사회복지프로그램의 기획

1. 프로그램기획의 정의

기획은 프로그램의 목표를 달성하기 위한 전반적인 활동을 포함하는 과정이며, 프로그램의 효과성, 효율성, 사회에 대한 책임성 및 기획자의 사기와 직결되어 있다. 사회복지프로그램은 재정적인 측면을 비롯하여 클라이언트의 행동변화에 이르기까지 외부환경의 영향을 크게 받으며, 그로 인한 불확실성을 많이 내포하고 있다. 따라서 성공적인 사회복지프로그램의 수행 혹은 관리를 위해서는 치밀한 프로그램 기획이 전제되어야 한다(P. Kettner, et al., 1990; 정무성, 2007:131. 재인용).

워터스톤(A. Waterston)에 의하면, 기획(planning)은 특정한 목표를 달성하기 위하여 장래의 활동에 관한 이용 가능한 방법이나 절차를 의도적으로 개발하는 과정을 의미한다. 기획의 가장 현저한 특징은 일련의 계속적인 활동이 본질로서 하나의 과정(process)이라는 점이다. 기획은 그 과정의 산출물인 계획(plan)과 구별된다. 기획은 장래에 대한 의도적 통제를 추구하는 합리적이고 미래지향적인 활동이다. 미래예측은 기획에 있어서 핵심적인 요소의 하나이다. 이에 기획은 통제와 합리성, 미래지향성, 과정적 성격 등을 본질로 하는 활동으로 이해할 수 있다(이평원, 2009:104).

따라서 프로그램기획은 어떤 기관에서 구체적인 프로그램을 설계하기에 앞서 어떤 목적 하에 언제, 어디서, 어떠한 방법으로, 어떻게 문제를 해결할 것인가에 대한 연차별 활동을 개략적으로 수립하는 것을 의미한다. 즉, 프로그램 기획이란 ① 특정기간에, ② 프로그램 담당자들이, ③ 특정한 방법과 자원을 사용하여, ④ 특정한 사람들을, ⑤ 바람직한 상태로 이끌기 위해 사전에 마련된 구체적인 시도를 강조하고 있다(정무성, 2007:134).

2. 프로그램기획의 필요성

스키드모어(R. Skidmore)는 프로그램기획의 필요성을 바탕으로 프로그램의 과학적 설계가 중요한 이유를 다음과 같이 제시하고 있다(정무성, 2007:139-140 재인용).

(1) 불확실성의 감소 : 기획과정이 없다면 사회복지조직은 급변하는 환경과 미래상황에 대한 불확실성이 증가될 것이고, 이로 인하여 사회복지조직의 목표가 혼동되거나 조직 성원이나 이용자가 권력지향적

인 행정가들에게 희생당할 가능성도 있다.

(2) 합리성의 증진 : 프로그램 진행의 기준마련을 통해 프로그램의 정책 수행과 운영에 안전을 기할 수 있다. 프로그램 목적을 객관적인 자료를 근거로 합리적으로 수립하게 함으로써 프로그램에 대한 행정에 있어 조령모개적인[20] 정책이나 방침변경 같은 것을 배제할 수 있다. 프로그램 기획수립은 프로그램이 계획대로 얼마나 잘 작성되어 수립되었는가를 가름할 수 있는 평가의 기준이 됨과 동시에 그 실행과정에서 미흡하였던 점을 파악하여 이를 개선하는 기초가 될 수 있다.

(3) 효율성의 증진 : 확정된 목표를 가장 효율적으로 달성할 수 있는 대안을 선택하게 함으로써 효율성을 증진시켜 준다. 효율성이란 목적을 경제적으로 달성하게 하는 것을 뜻한다. 사회복지조직은 언제나 인력과 재원이 제한되어 있기 때문에 최소의 비용과 노력으로 서비스 목표를 달성하는 것이 바람직한데 이를 위해서는 사전에 치밀한 계획이 필요하다.

(4) 효과성의 증진 : 사회복지조직이 이용자에게 제공한 서비스는 그의 문제나 욕구를 해결하는 데 효과가 있어야 하는데 소기의 효과를 얻기 위해서는 사전에 기획이 반드시 수립되어야 한다.

(5) 책임성의 이행 : 사회복지조직은 사회의 인가를 받아 정부와 개인의 기부금 등을 사용하고 있기 때문에 조직이 목표하는 서비스를 효과적이고 효율적으로 제공할 책임을 가지고 있다. 따라서 책임을 잘 수행하기 위해서는 서비스에 대한 기획이 반드시 필요한 것이다. 이는 조직 활동에 대한 평가를 하기 위해서이다. 사회복지조직의 기본적인 문제는 사회적으로 인정을 받을 만큼 좋은 서비스를 제공하는 것

20) 조령모개(朝令暮改)는 "아침에 내린 명령을 저녁에 고친다"는 뜻으로서 일관성이 없이 갈팡질팡함을 나타내는 말이다.

이다. 이렇게 사회적인 책임을 이행하기 위해서는 철저한 기획을 하여야만 한다.

(6) 관련자의 이해 : 프로그램기획에는 그 프로그램에 관련된 전문가, 이용자, 지역사회 관계 인사들이 참여하게 된다. 이들이 프로그램에 적극적인 관심을 가지게 되고, 프로그램 자체가 이용자의 요구에 맞게 개발하고 적용될 수 있다.

(7) 실무자의 사기진작 : 프로그램기획에는 많은 조직 성원이 참여할 수 있고, 참여를 통하여 자신들이 조직에 기여하였고, 자신들의 생각이 받아들여졌다고 여긴다. 또한 자신들의 참여로 어떤 계획이 이루어졌다는 데에 타인으로부터 인정받고 성취감도 얻을 수 있기 때문에 기획은 사기진작을 위해서도 필요하다. 이러한 프로그램의 기획과정을 통해 직원들은 직무에 대한 성취감이나 만족감을 가질 수 있다.

3. 프로그램기획의 특징

프로그램기획의 중요한 특징을 몇 가지 제시하면 다음과 같다(정무성, 134-137 원용).

(1) 기획은 지속과정적 : 기획과정은 일회적인 행동이 아니고 계속적인 과정이다. 따라서 모니터링(monitoring)과 환류(feedback)를 중요시 한다. 또한 1년 계획을 수립한다고 하더라도 그 계획은 일회적인 연중행사라고 할 수 없으며, 그 계획이 시행되는 동안에 상황이 변화하게 되면 수정이 불가피하기 때문에 기획은 지속적인 과정이라고 할 수 있다.

(2) 기획은 방향지향적 : 기획은 무엇을 할 것인가에 대한 해답으로서 지향점을 가져야 한다. 이러한 지향점은 프로그램의 목표로서 구체적으로 표현된다. 전문성을 가지고 해결해야 할 과제나 문제를 규정하고, 이를 해결 또는 개선할 수 있는 목표가 명확하게 제시되었다면 기

획은 인증을 받을 가능성이 높아짐은 물론, 실질적인 프로그램의 방향을 잃지 않고 일관되게 수행할 수 있도록 나침반 역할을 하게 된다.

(3) 기획은 목표지향적 : 기획은 적절한 수단을 통해서 목표를 달성하려는 과정인 것이다. 특히 사회복지프로그램기획은 특정 집단의 정치적 권력이나 경제적 이익을 유지시키는 데 목적을 두는 것이 아니고, 사회에 공헌할 수 있는 방향으로 개진되어야 한다. 또한 기획은 목표와 수단을 연결시키는 것이다. 계획을 수립할 때 목표를 분명히 설정하여야 하며, 그러한 목표를 달성하기 위한 수단을 분명히 하는 것은 매우 중요한 일이다.

(4) 기획은 미래지향적 : 프로그램이란 미리 정해진 목표를 달성하기 위해 사용하는 과정이라고 할 수 있는 것이다. 따라서 프로그램 기획은 과거와 현재를 토대로 하여 미래의 사건을 꾸미는 것이다. 과거에 있었던 사실을 기술한다거나, 이미 결정이 내려진 것에 대한 정당성을 부여하는 등의 행동은 기획이라고 할 수 없다.

(5) 기획은 현장중심적 : 현장 중심성이라는 것은 클라이언트와 사회복지사의 관계가 우선적으로 중요하다. 그리고 클라이언트의 상호작용과정에서 파악되는 욕구에 대한 사회복지사의 냉철한 문제의식이 현장성을 높이는 데 출발점이 된다. 이를 위해서 사회복지사는 현장의 작은 변화나 새로운 출현에 늘 관심을 가지고 지켜보고 왜 그런 변화가 나타났으며, 무엇이 문제이며 과제인가를 늘 고민하고 그러한 것들을 해결할 수 있는 대안과 실천력 등을 다양하게 산출할 수 있어야 한다.

(6) 기획은 개방변화적 : 기획된 프로그램은 수행되는 과정에서도 많은 돌발변수가 발생할 수 있으며, 이에 대처하기 위한 역동성과 가변성을 스스로 갖추거나 준비해야 한다. 이러한 의미에서 기획은 확정적이거나 정형적이지 않다. 기획이 가지고 있는 개방성은 다양한 아이디어의 창출과 수용에 있어서 전형적 유연성을 가져야 한다는 것을

의미한다. 기존의 것을 보다 효과적으로 보완할 수도 있으며, 시대적 변화에 대응하는 새로운 아이템들을 개발해야 할 필요성이 기획에서는 더욱 많이 요구된다.

(7) 기획은 대안탐색적 : 기획은 단지 사실이나 경향을 예측하는 것만이 아니고, 여러 가지 선택대안들의 결과를 예측하는 과정이라 할 수 있다. 따라서 기획에서는 모든 프로그램개발의 대안들이 탐색되어야 한다. 프로그램의 목적과 목표를 어떻게 정할지의 경우에도 여러 대안이 있으며, 동일한 목표라 하더라도 해결할 수 있는 실천 프로그램 또한 다양한 방법들이 고려되어질 수 있다. 따라서 폭 넓고 다양한 사고를 통하여 유용하되 최대한 많은 대안들을 기획과정에서 제안해 주어야 할 것이다.

(8) 기획은 의사결정적 : 기획은 정책결정에 초점을 둔다고 할 수 있다. 즉, 기획의 목적은 정책결정과정을 용이하게 하는 것이며, 정책결정과정에 합리적인 방법과 체계적인 절차를 부여하는 데 있다. 따라서 어떠한 활동도 그것이 정책이나 사업을 결정하는 것과 관련을 갖지 못한다면 기획을 위한 활동이라 할 수 없다.

(9) 기획은 인증가능적 : 기획은 인증을 받아야 프로그램으로 실행될 수 있다. 따라서 인증 가능성을 가지지 못한 기획은 부족한 것이라 할 수 있다. 인증의 조건은 타당성, 예산과 자원, 재원을 지원하는 기관(정부, 재단, 공동모금회 등)의 특성과 가치에 따라서 달라질 수 있으나, 현실적 실현가능성이 중요한 요소이다. 이러한 맥락에서 외부 재원을 획득하기 위한 프로그램기획은 다소 정치적인 과정이라고 할 수 있다.

(10) 기획은 학습지향적 : 기획과정에서 지역문제를 검토하고, 새로운 사업이나 기존 사업의 개선을 검토하는 활동 자체가 중요한 학습의 과정이다. 기획을 통하여 구성된 내용들은 프로그램 실행의 토대가 되며, 프로그램의 수행을 통해 얻어진 경험의 체계화, 문서화 과정은 담당인력의 전문성 향상과 관리능력 성장의 밑거름이 되는 것이다.

4. 프로그램기획의 유형

1) 일반행정의 유형

일반행정에서 기획은, ① 기간에 따라 장기기획, 중기기획, 단기기획, ② 대상에 따라 경제기획, 사회기획, ③ 지역수준에 따라 지방기획, 지역기획, 국가기획, 국제기획, ④ 종합성에 따라 사업별기획, 통합적공공투자기획, 종합기획 등으로 구분할 수 있다(이평원, 2009:105-107 원용).

〈표 12-1〉 일반행정의 유형

분류	종 류	내 용
기간	장기기획	10-20년을 대상으로 하는 기획/ 예측성 실현성 낮음/ 비전제시에 장점
	중기기획	5년 내외(3-5년)/ 운영계획의 지침을 제공/ 경제사회발전 5개년 계획
	단기기획	3년 미만, 보통 1년/ 국가기본운영계획/ 현실성 높음/ 구조적 변동이나 획기적 발전에 적합하지 않음
대상	경제기획	경제발전방향 등을 유도하려는 종합적이고 계속적인 정책결정과정
	사회기획	성장 부작용을 억제하고 복지증진을 위한 기획
지역수준	지방기획	지방정부단위의 기획
	지역기획	낙후지역 또는 특정지역의 전략적 개발을 위한 기획
	국가기획	국가 전체를 대상으로 가장 일반적인 종합기획
	국제기획	둘 이상의 국가가 관련된 기획(인더스 강 하류개발기획)
종합성	사업별 기획	공공투자사업의 개별적 항목들을 의미하는 가장초보적인 형태의 기획
	통합적 공공투자 기획	체계적이고 총괄적인 분석에 의해공공부문의 투자항목들 간에 유기적인 기획
	종합기획	공공과 민간부문의 자원이용을 모두 고려한 기획

2) 사용용도의 유형

사용용도에 따른 기획은, ① 사용처에 따라 내부용 기획, 외부용 기획, ② 개별동기에 따라 개선형 기획, 개발형 기획, 홍보마케팅 기획, 학습형 기획,

③ 의사소통에 따라 하의상달형 기획, 상의하달형 기획, ④ 사업목적에 따라 문제해결형 기획, 역량강화형 기획, 삶의 질 개선형 기획, 보조원조형 기획 등으로 구분할 수 있다(우수명, 2004:83-86 원용).

〈표 12-2〉 사용용도의 유형

분 류	종 류	내 용
사용처별	내부용 기획	프로그램의 내부승인이 목적
	외부용 기획	프로그램의 외부승인이 목적
개별 동기별	개선형 기획	기존프로그램을 유지하면서 발전 추구하는 기획
	개발형 기획	새로운 프로그램 수행 위해 실시하는 기획
	홍보마케팅 기획	홍보, 외부자원개발, 기금마련을 위한 기획
	학습형 기획	훈련, 과제, 견습을 위한 기획
의사 소통별	하의상달형 기획	실무자의 문제의식이나 전문성으로부터 나온 기획
	상의하달형 기획	기관장이 실무자에게 문제나 과제가 제시된 기획
사업 목적별	문제해결형 기획	클라이언트가 당면한 욕구나 문제해결을 위한 기획
	역량강화형 기획	클라이언트의 권익이나 자조능력을 향상시키기 위한 기획
	삶의 질 개선형 기획	클라이언트의 삶의 질 향상을 위한 기획
	보조원조형 기획	사회적 요보호대상자에 대한 기획

3) 기획방법의 유형

기획방법에 따라, ① 욕구중심 기획, ② 문제해결중심 기획, ③ 자원활용중심 기획, ④ 참여중심기획 등으로 구분할 수 있다(정무성, 2007:142-143 원용).

〈표 12-3〉 기획방법의 유형

분 류	내 용
욕구중심 기획	계획을 세우기 이전에 프로그램에 참여할 대상을 통하여 무엇을 원하는지(요구) 사전에 측정·조사하여 프로그램기획에 반영하는 것.
문제해결중심 기획	대상 집단이 가지고 있는 어려운 문제들을 나열하고 이러한 문제가 발생하는 근본원인을 근본적으로 해결하기 위하여 프로그램을 기획하는 것.

분 류	내 용
자원활용중심 기획	관련지역이나 집단이 보유하고 있거나 구할 수 있는 인적·물적(시설 등) 자원을 최대한 활용할 수 있도록 계획을 수립하는 것.
참여중심 기획	프로그램에 관련된 사람 모두가 함께 기획에 참여하는 방법. 집단이 너무 크면 대표들로 구성된 위원회를 활용.

4) 프로그램형태의 유형

프로그램형태에 따른 기획은, ① 프로그램성격에 따라 사회화프로그램, 치료지원프로그램, 서비스개선프로그램, ② 표적집단에 따라 임상적 프로그램, 제도적 프로그램, ③ 기능별 프로그램 등으로 구분할 수 있다(황성철, 2005:30-36 원용).

〈표 12-4〉 프로그램형태의 유형

분 류	종 류	내 용
프로그램 성격 및 정책유형별	사회화와 발달욕구충족 위한 프로그램	아동양육·보육 프로그램, 청소년 성장프로그램, 노인 사회참여 강화프로그램 등
	문제를 가진 개인 또는 가족의 치료, 보호, 지원 서비스프로그램	입양 및 위탁가정보호프로그램, 가출청소년 선도프로그램, 빈곤모자가정 사회재활프로그램 등
	서비스 접근성을 개선하기 위한 안내·의뢰 프로그램	홍보·정보제공 또는 접근성 향상 프로그램, 클라이언트 의뢰나 신규대상자 접수 관련 프로그램 등
표적집단별	임상프로그램	상담, 치료, 재활, 정보제공, 의뢰서비스 등 대면관계에서 제공되는 프로그램
	제도적 프로그램	조직, 지역사회, 전체사회 등 매크로집단을 대상으로 하는 사회복지행정, 지역사회조직 관련 프로그램 등
기능별	사회복지관의 각 프로그램이 가장 대표적임.	

5) 조직위계의 유형

조직위계에 따른 프로그램은, ① 최고관리층 기획, ② 중간관리층 기획,

③ 감독관리층 기획, ④ 관리실무자 기획 등으로 구분된다(신복기 외, 2009 :224 원용).

〈표 12-5〉 조직위계의 유형

분 류	내 용
최고관리층 기획	목표, 정책, 장기적 계획, 조직전체영역
중간관리층 기획	할당, 사업계획, 보완적 목표, 정책
감독관리층 기획	구체적 사업계획, 일정표, 단기목표, 운영기획
관리실무자 기획	일상적 업무 및 사소한 절차에 국한

5. 프로그램기획의 과정

프로그램기획의 과정은 학자들마다 다양하게 제시하고 있다. 여기서는 스키드모어(R. Skidmore)가 제시한 여섯 단계를 중심으로 제시하고자 한다(R. Skidmore, 1995; 정무성, 2007:145-147; 신복기 외, 2009:232-235. 재인용).

1) 문제의 정의

의사결정과정의 방향을 재설정하는 단계이다. 문제와 욕구를 확인하는 목적은 합리적이고 한정된 시간과 자원을 가지고 성취하기를 바라는 활동을 규정하는 것이다. 이용자의 욕구가 불만족에 기인한 것일 때 바람직한 목표와 현재 상태 사이에 나타난 격차가 무엇이며, 어디에서, 언제, 얼마만큼의 격차가 일어났는가를 확인하여야 한다. 목표와 현 상황사이의 격차에 대한 자료를 확보한 후에 프로그램기획자는 문제의 심각성, 피해계층 그리고 문제의 원인과 결과 간의 인과관계에 대해 진술해야 한다. 그리고 이러한 문제를 해결하고자 하는 조직과 구성원의 욕구를 확인하는 작업이 이루어져야 한다.

2) 정보의 확보

기관조직의 내외 관련정보를 획득하기 위하여 조사활동을 하는 단계이다. 이 단계에서는 과거에 이루어졌던 결정에 관한 지식, 현재 상태와 목표에 대한 자료, 유사한 타 조직에 관한 정보 및 기록의 활용을 통하여 대안 수립과 평가의 근거가 될 수 있는 관련정보를 수집하여야 한다. 수집한 정보들은 의사결정 상의 수행을 추정할 수 있도록 분류·정리한다. 그리고 대안적 행동 방침을 판단할 수 있는 선정기준을 마련하여야 하며, 그 기준은 조직 또는 특정 사업의 목표에 근거를 두고 수립되어야 한다.

3) 대안의 개발

목표 및 잠정적·현실적 제약 사항을 고려하여 일련의 대안적 행동방침을 개발하고, 비교 가능한 방식으로 대안을 영역별로 분류해야 하며, 각 대안에 대한 객관적 분석이 이루어져야 한다. 그리고 앞에서 설정한 기준을 활용하여 각 대안의 장·단점을 파악하고, 각 대안의 성공가능성을 예측하여야 한다.

4) 대안의 선택

최선의 대안을 선택하는 단계로서 가장 적합한 대안을 선택하기 위해서는 대안적 행동방침을 수집하고, 명확한 기준에 따른 대안의 상대적 장·단점을 평가하고, 대안적 행동방침의 성공가능성에 대한 합리적 예측에 근거를 두어야 한다. 그리고 실용 측면뿐만 아니라 윤리적인 측면까지도 선택과정에서 고려되어야 한다.

5) 대안의 실행

각 단계의 상황을 바탕으로 실행하는 단계이며, 이 단계에서는 이용가능한 자원의 배분, 자원의 조직화, 성공적 해결에 필요한 활동 등 다양한 요인들이 대안의 실행과 최선의 해결에 영향을 미친다.

6) 환류

변화에 대비한 마지막 단계로써 검색 및 평가단계로 구성된다. ① 자원을 가장 효율적이고 효과적으로 사용하기 위해서 지속적으로 사정하는 일이며, ② 선택된 행동방침이 목적달성에 어느 정도 적절하였는지를 평가하는 일이다. 상황이 변하지 않았거나 목표를 향한 보다 향상된 절차가 개발되지 않았을 경우에는 원래의 계획이 그대로 진행되지만 보다 나은 향상을 위해 계획수정이 필요하거나 유용한 자원을 확보할 수 있을 경우 신축적으로 계획을 변경해야 한다. 기획과정은 항상 순서대로 진행되지는 않으며, 어떤 과정은 생략되기도 하고 중복·수정되기도 한다. 따라서 변화에 대비한 융통성과 개방성의 유지는 기획과정에서 필수적인 요소이다.

제4절 사회복지프로그램의 개발

1. 프로그램개발 시 고려사항

사회복지프로그램을 개발하는 과정에서 고려해야 할 사항을 네 가지 기준으로 제시하면 다음과 같다(정무성·정진모, 2001:32 원용).

(1) 가치성 : 프로그램 참여자들이 받아들일 수 있는 가치가 반영되어 있는가?
(2) 실현가능성 : 프로그램을 실행할 정치적 승인과 경제적 자원을 동원할 수 있는가?
(3) 준비성 : 주관기관이 제안되는 프로그램을 진행할만한 준비가 되어 있는가?
(4) 합리성 : 프로그램이 객관적 사실에 근거하여 준비되고 있는가?

랍과 포에트너(Rapp & Poertner)는 프로그램설계의 준비단계에서 세 가지를 제시하고 있다(지은구, 2007:49-51 재인용).

(1) 사회적 프로그램은 사회복지 가치에 근거해서 설계되어야 한다.

(2) 프로그램 설계를 위해 필요한 모든 정보가 확보되어야 한다.
(3) 프로그램 개입수준을 분명히 해야 한다.

신복기는 프로그램개발에 고려해야 할 요소들을 5P(Purpose, Person, Problem, Process, Place)로 제시하여 설명하고 있다(신복기 외, 2009:442-444 원용).

(1) Purpose(목적) : 프로그램 내용은 목적이 제시하는 바로 그 내용에 적합하여야 한다. 참여자로 하여금 협동심을 고취시킨다는 목적이나 목표를 세워 놓고 그 내용에는 경쟁상태의 활동 내용만을 포함시켰다면 그 내용은 그만큼 목적이나 목표에 일치시키지 못한 셈이다. 따라서 프로그램 내용에 지나치게 치중하여 수단이 목적(purpose)이나 목표(objectives)에 전도되는 '목표전치' 현상이 발생되지 않도록 유의하고 프로그램을 진행하는 중간, 중간에 목적과 목표를 점검해 보도록 한다.
(2) Person(사람) : 프로그램 내용 선정에 있어서 가장 중요한 것이 대상자에 대한 고려이다. 프로그램의 내용은 대상자의 필요와 흥미 또는 능력 수준을 고려하여 주제의 내용과 방법이 적합하고 친밀감이 있는 것으로 선정한다. 뿐만 아니라 프로그램의 대상자에는 참여자 및 그 가족들을 포괄할 수 있는 것이 보다 바람직하다.
(3) Problem(문제) : 프로그램의 통합성이란 프로그램에 참여하는 대상자의 문제해결이나 목표달성을 위하여 단편적인 프로그램을 제공하는 것이 아니라, 인간의 경제적·사회적·심리적·문화적 제반 문제들을 통합적으로 고려하는 프로그램을 제공하는 것이다. 예를 들어, 단순히 비행청소년이나 범죄자의 비행성을 감소시키거나 재범방지 및 사회복귀에만 그치는 것이 아니라 이와 함께 대상자와 그 가족의 사회적 관계망을 유지하거나 회복시켜 주고 정서적인 안정과 자립, 갱생을 도모할 수 있는 대인적 서비스의 병행이 고려되어야 한다.
(4) Process(과정) : 프로그램은 지속적이며 제도적인 안정성이 있어야 한

다. 프로그램들은 일시적이고 일회적인 접근으로 이루어져서는 안 되며, 장기적이고 체계화된 일정 계획 아래, 지속적으로 제도화된 프로그램이 되어야 한다. 또한 프로그램의 내용을 구성할 때, 지식, 이해, 기능, 태도 등의 측면이 프로그램 장면에서 의미 있게 통합되어 보다 높은 공통목표를 성취하는 데 기여할 수 있도록 다양한 성격의 서비스기관들이 참여할 수 있도록 해야 한다. 예를 들어, 비행 청소년이나 범죄자의 재범방지나 원만한 사회복귀 및 갱생을 위하여서는 공공시설, 기업, 민간, 종교단체 등 다양한 인적·물적 자원을 연결시키는 체계적인 서비스 지원시스템을 구축하여 프로그램의 네트워크를 꾀한다.

(5) Place(장소) : 프로그램을 실시하는 기관의 지역적, 문화적 상황이 다르기 때문에 프로그램의 내용 선정에서도 지역적 특성을 반영하고, 각 지역의 독특한 특성을 발굴해 내는 일 또한 중요하다. 특히 그 지역의 문화적 특성이나 전통, 관습, 방언 등을 발굴하여 프로그램명이나 집단명으로 활용할 때, 프로그램 참여자나 팀 구성원 및 지역사회 주민들이 프로그램에 보다 쉽게 접근될 수 있고 많은 호응도를 불러 일으킬 수 있는 이점이 있다.

2. 사회복지프로그램의 과정

케트너(P. Kettner)는 프로그램개발의 과정을 ① 프로그램정의, ② 문제분석, ③ 욕구사정, ④ 전략선택, ⑤ 프로그램설계, ⑥ 관리정보시스템, ⑦ 예산수립, ⑧ 프로그램평가 등 여덟 단계를 제시하고 있다(P. Kettner, et al., 1990). 김영종은 프로그램의 과정을 ① 문제확인, ② 목적설정, ③ 프로그래밍, ④ 실행, ⑤평가 등의 5단계로 제시하였다(김영종, 2010:316-318). 이상의 내용을 공통적으로 포함하여 사회복지프로그램의 과정을 몇 단계로 제시하면 다음과 같다.

1) 문제의 분석

문제의 원인을 분석한다는 것은 어떻게 그와 같은 사태가 발생했는가, 그 문제의 원인은 무엇인가, 또 이 문제에 이해관계가 걸려 있는 제 집단은 누구인가, 문제가 해결되기를 바라는, 또는 바라지 않는 집단은 누구인가 등을 살펴보는 단계이다.

2) 욕구의 사정

욕구파악 및 분석은 사회의 어떤 바람직하지 못한 상태가 인지되었을 때 그 바람직하지 못한 상태의 실태를 조사하고, 원인을 파악하려는 노력을 말한다. 그리고 욕구사정을 할 때 점검사항(Check List)은 ① 해결할 문제는 무엇인가, ② 영향을 받는 사람은 누구인가, ③ 표적집단은 누구인가, ④ 대상자의 지역경계가 분명한가, ⑤ 측정기준은 마련되어 있는가, ⑥ 왜 미충족된 욕구의 상황이 존재하는가, ⑦ 어느 정도가 수혜를 받고 있는가, 등을 사정하는 단계이다.

3) 자원체계의 확인

자원체계의 확인이란 프로그램을 하기 위해서 필요한 인적 및 물적 자원이나 지식 및 기술, 사회적 환경이 어떠한가를 살펴보는 활동을 의미한다. 그리고 표적집단의 규모 및 성격파악은 다음의 네 가지 집단을 구분하여 파악하는 단계이다. 즉, ① 일반집단, ② 위험집단, ③ 표적집단, ④ 클라이언트집단 등이다.

4) 목표의 설정

목표를 구분하여 이해해야 한다. 목적은 다소 추상적, 철학적, 이상적인 요소가 담긴 표현이라면, 목표는 계측할 수 있도록 제시된 것을 말한다. 즉, ① 목적(Goal)설정, ② 목표(objective)설정 등의 단계이다.

5) 대안의 설정

관련 자료수집과 유사프로그램 존재유무를 확인한 후에 대안을 선택한다. 프로그램을 구성하는 활동의 대안들은 많으며, 이들 중에서 프로그램의 목적 및 목표달성에 가장 적합한 대안을 결정해야 한다. 대안을 설정하는 작업에는 프로그램참여자 전체의 합의가 있어야 하므로, 각각의 의견을 개진하여 서로 타협과 조정을 해 나가는 작업의 단계이다.

6) 실천계획의 수립

관련 자료가 수집되고 우선순위에 의해 대안서비스들이 설정되고 나면 이를 달성하기 위한 구체적인 실천계획이 수립되어야 한다. 실천계획의 수립은 결국 목표를 달성할 수 있는 체계를 창출하는 과정이며, 선택된 대안 서비스들이 구체적으로 작성되는 과정이다. 즉, 실천계획의 수립은 프로그램 목적 및 목표의 설정, 내용의 선정과 조직, 프로그램의 실행과 관리에 관한 기본계획을 포함하는 단계이다.

7) 프로그램의 실행

프로그램실행은 정해진 시간 내에 계획한 서비스를 실천하는 것을 말한다. 프로그램 실행 시 유의할 것은 프로그램계획에 지나치게 얽매여서 목표전치가 발생하지 않도록 한다. 따라서 프로그램의 실행은 탄력적으로 운영할 수 있는 융통성과 목적달성을 위하여 프로그램을 실천하는 단계이다.

8) 프로그램의 평가

프로그램의 평가는 실행의 생산성을 측정하는 것이며 효과성을 평가하는 것을 말한다. 특히 프로그램의 평가는 설정된 목표가 달성되었는가를 알아보기 위한 과정이며, 실행한 프로그램의 가치와 의의를 판단하는 사회적 과정의 단계이다.

제5절 사회복지프로그램 개선방안

1. 프로그램전달의 개선방안

1) 공적 전달체계의 개선점

공적 전달체계는 주로 최일선에서 사회복지전담공무원이 수행하고 있다. 공공사회복지서비스의 정책수립은 보건복지부에서 전담하고, 집행은 행정안전부로 이원화되어 있다. 사회복지전담공무원은 국가공무원법의 적용에 따르고, 소속은 행정안전부에 속하고 있다. 이에 공적 전달체계의 개선점은 다음과 같다. ① 분산된 행정체계를 일원화하여 보건과 복지서비스가 연계되어야 한다. ② 사회복지전담공무원의 인력을 보충하여 프로그램의 개발 및 전달의 한계를 극복해야 한다. ③ 사회복지업무를 사회복지전공공무원이 담당하여 공적 사회복지프로그램의 전달이 이루어져야 한다. ④ 사회복지전담공무원의 신분보장에 따라 공적기관과 민간기관과의 충돌을 방지해야 한다.

2) 민간 전달체계의 개선점

민간 사회복지관들은 프로그램을 개발하고 수행을 하지만, 대부분 중앙에서 규정하는 프로그램을 수행하고 있다. 이러한 민간 전달체계의 구조적 관계에 따른 문제점과 개선점은 다음과 같다. ① 사회복지기관의 프로그램운영을 지역특성에 맞게 개발할 수 있도록 선택권을 제공해야 한다. ② 사회복지재정이 취약하므로 프로그램을 개발할 수 있는 자원확보의 방안이 마련되어야 한다. ③ 프로그램수행을 위한 전문인력의 충분한 임금보장이 이루어져야 한다.

2. 프로그램설계의 개선방안

사회복지프로그램의 설계과정에서 나타나는 문제점에 따른 개선점을 제시하면 다음과 같다. ① 사회복지서비스의 단발성 프로그램보다는 지속성과 장기적인 프로그램개발이 이루어져야 한다. ② 지역주민의 참여를 통해 그들을 위한 프로그램의 개발이 추진되어야 한다. ③ 프로그램의 평가를 위한 실적 쌓기 보다는 클라이언트의 문제해결에 초점을 두어야 한다. ④ 사회복지 전문인력의 확보와 프로그램수행에 필요한 재정을 확보해야 한다. ⑤ 프로그램의 기획에서 베끼기식보다는 지역특성에 맞는 프로그램을 고안해야 한다. ⑥ 지역주민을 위해서 협력적이고 일체감 있는 프로그램이 되도록 노력해야 한다.

생각해 볼 문제들(사회복지프로그램)

1. 사회복지프로그램의 개념을 설명하시오.
2. 사회복지프로그램의 구성요소 열 가지를 제시하시오.
3. 사회복지프로그램기획의 유형을 간략히 제시하시오.
4. 사회복지프로그램의 개발 시 고려할 5P를 설명하시오.
5. 사회복지프로그램의 개선방안을 설명하시오.

참고 문헌

김순기·정순여 (2002). "정부조직의 성과관리 : 균형성과표와 성과주의 예산제도의 연계", 서강대 경영논총. 13-2집.

김영종 (2010). 사회복지행정론. 서울: 학지사.

김형식 외 (2009). 사회복지행정론. 파주: 양서원.

박차상 외 (2008). 사회복지행정론. 서울: 창지사.

양점도 외 (2010). 사회복지프로그램개발과 평가. 파주: 양서원.

우수명 (2004). 프로그램개발과 평가. 서울: 인간과 복지.

이평원 (2009). 행정학의 이해. 서울: 형설출판사.

신복기 외 (2009). 사회복지행정론. 고양: 공동체.

정무성 (2007). 사회복지프로그램 개발론. 파주: 학현사.

정무성·정진모 (2001). 사회복지프로그램개발과 평가. 서울: 양서원.

지은구 (2007). 사회복지프로그램개발과 평가. 서울: 학지사.

황성철 (2005). 사회복지프로그램개발과 평가. 고양: 공동체.

Kettner, P. and Martin, L. (1993). *Performance, Accountability and Purchase of Service Contracting*. Adminstration in Social Work, 1.

Rapp, Chrles A,, & Poertner, John. (1992). *Social Administration : A Client-Centered Approach*. New York: Longman.

Skidmore, R. A. (1995). *Social Work Administration*. Needham Heights. MA: Allyn & Bacon.

York, R. O. (1983). *Human Service planning : Comcepts, Tools & Methods*. Chapel Hill: The University North Carona Press.

CHAPTER 13

사회복지행정의 평가와 책임성

Social Welfare Administration

사회복지기관은 공적자원의 투입과 공공재 성격을 갖는 만큼 조직의 운영에 대한 포괄적인 책임성과 효율성을 검증받고 있다. 사회복지행정의 평가와 책임성은 향후 기관조직이 지속적인 사회적 지지를 받을 수 있는지를 대내·외적으로 공인받는 성격을 가지고 있다. 이에 사회복지기관의 운영에 있어서 평가와 책임성은 조직의 향후 존립과 깊이 연계될 수가 있다. 따라서 본 장에서는 첫째, 사회복지행정 평가의 개념, 둘째, 사회복지행정 평가의 유형, 셋째, 사회복지행정 평가의 개선방안, 넷째, 사회복지행정의 책임성, 다섯째, 사회복지행정의 변화전략 등을 중심으로 살펴보고자 한다.

제1절 사회복지행정 평가의 개념

1. 평가의 정의

평가(evaluation)라는 말은 평가조사(evaluation research)를 줄인 말로서 평가조사는 사회조사(social research)의 한 유형을 의미하고 있다. 평가조사나 평가는 단순히 사회복지분야에서 사용되는 용어라기보다는 사회과학적 용어로서 공공분야, 환경분야, 교통분야, 보건분야, 교육분야 등에서 다양하게 사용되고 있다. 여기서 평가대상 혹은 평가적용의 차이가 있다는 것은 분명하지만 평가방법의 공통점이 대단히 많다는 점이다. 평가방법의 유사성은 평가조사가 사회조사의 한 유형이므로 사회조사로서 기본속성을 유지하는 한 평가방법의 유사성을 피할 수가 없다. 따라서 평가조사를 사회조사의 한 분야로서 실제성을 강조한 응용사회조사(applied social research)로 표현하기도 한다.

일반적으로 평가는 일상의 삶 속에서도 적용되고 있으며, 인간은 누구나 끊임없이 평가받는 상황에 놓이게 되고 동시에 누군가를 평가하며 살고 있다. 이에 평가의 의미는 '좋고 나쁨의 가치판단 행위' 혹은 '보다 바람직한 상황을 만들고자 하는 진단 및 수정 행위'라고 할 수 있다(황성철 외, 2009:351-352). 사회복지영역에서 평가는 한 기관의 전체 또는 선별된 프로그램의 효율성, 효과성 및 적절성을 철저하게 비평적으로 검토하는 과정이라고 강조하고 있다. 그리고 평가는 어떤 것에 대한 심판이며, 유용성, 장점, 가치 등을 결정하는 과정을 의미하고 있다.

따라서 평가는 전문적 활동에 대한 서술, 전문적 활동의 결과에 대한 조사, 새로운 치료개입 형태에 관한 실험, 효과적인 개입방법 등을 개발하기 위하여 설계된 조사를 의미한다. 특히 평가는 변화의 과정과 변화의 성과 모두를 측정하기 위해 객관적인 조사방법을 적용하고 있다. 이에 프로그램 평가는 프로그램의 범위와 목표달성의 과정에서 프로그램의 노력성, 효과성, 효율성, 적합성 등에 대한 합리적 판단을 내리는 것이라 할 수 있다. 그리고 대부분 사회복지행정에서 프로그램의 평가에 초점을 맞추어 시행되는 경향이 많다.

2. 평가의 목적

사회복지 평가의 목적은 세 가지로 구분하여 제시하고 있다(성규탁, 1994:187). ① 평가는 정보를 제공할 목적으로 시행된다. 즉, 프로그램 과정상의 환류를 통한 프로그램의 유지, 축소, 확대, 중단 여부 등을 판단하는 근거를 제시한다. ② 평가는 기관운영에서 책임성을 부여하는 목적으로 시행된다. 즉, 평가는 프로그램 담당자들의 활동에 사회적 책임을 부여하는 기제가 된다. ③ 평가는 이론형성에 기여하는 목적을 가진다. 즉, 보조적 목적으로 프로그램 속에 내재된 변수 간의 인과관계를 검토하고 확인한다.

따라서 사회복지프로그램의 평가에 대한 목적을 다섯 가지로 제시하면 다음과 같다(박차상 외 2인, 2008:321-323).

(1) 행정상의 의사결정에 도움을 받기 위한 합리적 의사결정이다. 프로그램평가는 기관이 수행하는 활동에 관한 정보뿐 아니라, 이러한 활동이 클라이언트에게 미치는 효과에 관한 자료를 제공한다. 조직활동에 관한 정보는 의사결정자로 하여금 자원할당, 직원의 역할, 서비스제공 내용과 여부 등에 관한 중요한 이슈를 다룰 수 있도록 도움을 제공한다. 그리고 평가는 보다 합리적인 의사결정 하에서 조직이 운영될 수 있는 중요한 정보와 자료를 제공하는 목적을 수행할 수 있다.

(2) 기관조직에서 운영하고 있는 프로그램 개선이다. 프로그램평가의 주요한 목적은 무엇보다도 기획이나 설계단계에서 마련된 기준에 비추어 진행 중인 프로그램을 비교하는 데 있다. 이에 평가는 프로그램의 질을 개선시킬 수 있는 하나의 도구가 된다. 물론 프로그램평가는 기관의 발전적 방향을 반드시 제시해 주는 것은 아니지만, 체계적으로 평가를 활용하게 된다면 기획과 운영과정상의 괴리 혹은 차이를 보여주게 된다. 따라서 프로그램평가를 통하여 프로그램의 질을 개선하고 보다 발전적인 프로그램을 개발하는 데 있다.

(3) 프로그램결과에 대한 책임성의 수행이다. 프로그램실행의 책임성은 특정 업무에 대한 책임 이외에도 집단이나 개인에 대한 책임의 의미를 포함하고 있다. 따라서 프로그램평가의 활동은 기관이 실행하는 프로그램에 대한 책임성을 강화시키는 데 있다.

(4) 기관프로그램에 대한 외부 지원의 확보이다. 프로그램평가는 기관의 효과성을 입증해 주고, 이를 알리는 역할을 하기 때문에 기관의 입지를 강화시킬 수 있다. 그리고 프로그램평가는 지역사회나 정부로부터 지원을 받거나 지지를 획득할 수 있는 정보를 제공하고 있다.
(5) 사회복지서비스 제공방법에 관한 지식개발이다. 프로그램평가는 기관의 활동내용이나 그 여부에 대한 일상적인 평가의 의미도 가지고 있지만, 기관의 성과에 대한 평가라는 의미로 이해되고 있다. 그리고 프로그램평가에 사용되는 방법들은 기관의 개입활동과 계획한 성과 간의 관계에 대한 지식을 개발하는 데 활용되고 있다.

이상에서 사회복지프로그램 평가의 목적을 종합해 보면, 프로그램평가 자체가 목적이 되는 것이 아니라, 목적달성을 위한 하나의 수단으로 활용되어야 한다. 즉, 프로그램평가를 통하여 환류된 정보들이 이후에 프로그램개선이나 기관의 발전에 응용되어야 하며, 구성원들이 보다 전문성을 증대시킬 수 있어야 한다.

3. 평가의 중요성

사회복지프로그램의 평가를 왜 수행해야 하는지의 네 가지로 이유를 제시하면 다음과 같다(M. Smith, 1990; 정무성, 2007:367-368; 지은구, 2007:263-267. 재인용). ① 신념체계를 정립하기 위함이다. ② 책임성을 증진시키기 위함이다. ③ 지식기반을 구축하기 위함이다. ④ 소비자중심주의를 증진시키기 위함이다. 그리고 사회복지기관에서 프로그램평가가 왜 중요한지를 제시하면 다음과 같다(김기원, 2001:509-511 원용).

(1) 프로그램결과의 책임성에 대한 사회적 요구가 제기되기 때문에 평가가 중요하다.
(2) 사회복지기관의 프로그램 정체성을 확립하는 데 평가가 중요하다.
(3) 프로그램실행을 효과적이고 효율적으로 수행하기 위해 평가가 중요하다.

(4) 사회복지기관의 전문성을 형성하는 데 평가가 중요하다.

(5) 프로그램운영이 수급자 중심적이 되도록 하는 데 평가가 중요하다.

(6) 프로그램의 운영방향을 일관성 있게 설정해 주는 데 평가가 중요하다.

(7) 사회복지프로그램과 관련해서 객관적인 이론을 정립하는데 평가가 중요하다.

제2절 사회복지행정 평가의 유형

1. 평가시점에 따른 분류

1) 형성평가

형성평가(formative evaluation)는 일종의 과정평가로서 프로그램진행이 원활하고 성공적인 수행을 위한 목적으로 실시되는 것을 말한다. 형성평가는 귀납적 방법에 의하여 항상 변화하는 프로그램의 전달, 기관의 운영상황, 클라이언트의 변동욕구 등을 결정하기 위하여 인식하는 데 초점이 있다. 그리고 형성평가는 모니터링(monitoring)의 테크닉과 환류(feedback)를 중요시하기 때문에 융통성이 많은 것이 특징이다(신복기 외, 2009:465). 따라서 형성평가를 두 가지로 구분하여 제시하면 다음과 같다(황성철 외, 2009:362 원용).

(1) 운영과정평가 : 원래 운영계획대로 활동이 잘 이루어졌는가, 계획된 양·질의 자원이 계획된 시간에 투입되었는가, 원래 의도한 프로그램 대상집단을 상대로 실시되었는가, 관련된 법규나 규정을 준수하였는가 등이다.

(2) 운영관계평가 : 어떠한 경로를 통해 프로그램 효과가 발생하게 되었는가, 프로그램 효과가 발생하지 않는 경우 어떤 경로에 잘못이 있었는가, 프로그램 효과에 강한 영향을 미치는 경로는 없는가 등이다.

2) 총괄평가

총괄평가(summative evaluation)는 일종의 결과평가로서 프로그램이 달성하고자 했던 목표를 얼마나 잘 성취했는가의 평가를 말한다. 총괄평가는 프로그램의 결과와 효과를 평가하고 프로그램실행이 종결된 후에 실시하고 있다. 특히 총괄평가는 모든 구성원들이 기관의 사명, 목표 등을 충분히 숙지하고 있다는 것을 전제로 하고 있다. 그리고 총괄평가는 프로그램의 종결 후 프로그램 투입에 대한 총체적인 판단을 내리기 위해 행하여지는 평가를 의미하고 있다(신복기 외, 2009:465). 따라서 총괄평가를 두 가지로 구분하여 제시하면 다음과 같다.

(1) 효과성평가(effectiveness evaluation) : 과연 의도했던 프로그램 효과가 발생하였는가, 프로그램 목표와 대비하여 어느 정도 효과가 발생하였는가, 프로그램 효과는 원래 사회문제를 해결하는 데 충분한가 등이다.

(2) 효율성평가(efficiency evaluation) : 프로그램의 직접적 비용은 얼마인가, 사회적 충격에 대한 사회적 비용은 얼마인가, 프로그램 효과는 비용을 상쇄시킬 만큼 큰 것인가 등이다.

2. 접근방법에 따른 분류

1) 양적 평가

양적 평가는 수량화된 자료나 증거를 가지고 평가대상을 기술하고 분석하는 평가방법이다. 양적 평가는 경험주의와 실증주의의 전통적 방식을 따르고 있다. 양적 평가에 있어서 중요한 것은 평가가 인간판단의 주관성을 극복할 수 있는 수단이기 때문에 통일된 기준을 가지고 있어야 한다. 체계적인 절차를 통해서 객관적이고 타당하고 신뢰성 있는 결과를 수치로 나타낼 필요가 있을 때 사용한다. 즉, 평가의 내용을 양적으로 표현하여 누구나 알아볼 수 있는 형태로 제시하기 위한 목적도 가지고 있다. 따라서 양적 평가는 수량화가 필수적이며, 평가한 내용을 일반화하여 다른 프로그램평가에서 활용할 수 있도록 해야 한다.

2) 질적 평가

질적 평가는 양적평가와 달리 평가의 주관적 측면을 고려한 평가방법이다. 즉, 질적 평가는 숫자로 표현하기 어렵거나 수량화하기 어려운 정의적 영역에 대한 평가를 위하여 활용하는 평가방법이다. 이에 질적 평가는 이론적으로 현상학적 혹은 해석학적 인식론을 기초로 하고 있다. 그러나 질적 평가의 단점은 주관성을 완전히 배세하기 어렵다는 점이다. 따라서 질적 평가는 주관성을 어떻게 효과적으로 활용하느냐가 평가의 관건이 될 수 있다(양점도 외, 2010:270-271).

3. 평가주체에 따른 분류

1) 내부평가

내부평가는 자체평가로서 프로그램을 기획하거나 운영을 담당하는 사람이나 조직 내의 다른 구성원이 실시하는 평가를 말한다. 따라서 내부평가는 주로 평가를 통해 얻은 정보를 조직 내에 환류하여 조직운영이나 프로그램을 개선하고자 할 때 활용하고 있다.

2) 외부평가

외부평가는 프로그램을 수행하는 조직체가 아닌 대학교수, 연구기관 등 외부의 제 삼자가 행하는 평가를 말한다. 따라서 외부평가는 내부평가와 마찬가지로 조직운영이나 프로그램 개선을 목표로 하고 있다. 그러나 평가결과가 제한적으로 외부에 공표되거나 다른 기관과의 비교자료로 활용되는 등 평가결과의 활용방법에 있어서는 내부평가와 차이가 있다(황성철 외, 2009:360).

4. 평가대상에 따른 분류

1) 프로그램평가

프로그램평가는 프로그램의 효과성, 효율성, 만족도 등에 주된 관심을 가지고 평가하는 것을 말한다. 여기서 평가자는 프로그램에 대한 충분한 이해와 견해를 가지고 있는 전문가여야 프로그램을 평가할 수 있다.

2) 기관평가

기관평가는 평가대상이 기관일 경우 평가하는 것을 말한다. 즉, 기관조직이 효과적으로 목표달성을 할 수 있는 조직으로 되어 있는지 등에 관한 기관체제에 초점을 두고 평가를 하고 있다.

제3절 사회복지행정 평가의 개선방안

1. 사회복지평가의 활용방안

1) 평가활용의 유형

(1) 조정과 지원 : 사회복지평가의 결과에 대한 파악이 끝나면 평가가 주는 현실적 의미가 사장되게 해서는 아무 소용이 없다. 그러므로 평가의 결과가 현실정책에 반영되도록 해야 한다. 이것이 바로 현실적용의 단계이다. 현실적용은 조정과 지원으로 논의할 수 있다(C. O. Jones, 1984; 허만형, 2004:484 재인용). 따라서 긍정적 효과가 있는 프로그램에 대해서는 계속적 지원을 보내고, 긍정적 효과가 나타나지 않는 프로그램에 대해서는 조정작업을 거쳐 새로운 프로그램이 재형성되도록 해야 한다.

(2) 보상과 유인책 : 사회복지평가는 프로그램을 담당한 개인에 대한 이익 혹은 불이익과 연결될 수 있을 뿐만 아니라, 조직 전체에 대한 보상과 유인책으로 사용할 수 있다(허만형, 2004:484-485). 미국은 후자를 많이 사용하고 있다.[21] 평가결과를 보상과 유인책으로 활용하는

것은 상당한 효과를 거두고 있다. 왜냐하면 정치인에게 있어서 평가결과가 기준치 이상을 준수하지 못했다는 것은 곧 실정을 의미하는 것이고 차기 선거에서 엄청난 불이익을 당할 수 있기 때문이다.

(3) 도구적 이용과 관념적 이용 : 리치(R. Rich)는 평가를 활용하는 방식을 도구적 이용과 관념적 이용으로 정리하고 있다(R. Rich, 1977; 허만형, 2004:485 재인용). 도구적 이용은 평가의 결과를 의사결정이나 문제해결을 위해 사용할 경우를 말한다. 관념적 이용은 사물이나 사건에 대한 관념이나 사고를 바꾸어 놓는 데 사용되는 경우를 말한다.

2) 평가결과의 활용방안

(1) 개선목적에 활용 : 평가는 프로그램의 개선목적에 활용되도록 관심을 가져야 한다. 외부평가에서 도출된 정보에 대해 조직내부에서 의문이 제기될 수 있다. 외부기관에 의해 수행되는 공식적 평가과정에서도 내부자와 외부자 간에 시각차이가 크게 나타나기 쉽다(김영종, 2010:448-449). 특히 사회복지프로그램처럼 목표나 과정, 기술 등에 대한 합의점 도출이 쉽지 않은 경우, 평가에 주관적인 판단요소들이 개입될 가능성이 한층 높다. 외부평가자에 대한 불신 때문에 내부 관리자들은 타당도와 신뢰도가 의문시되는 비공식적인 내부평가를 선호하는 경향이 있다. 따라서 사회복지프로그램의 관리자는 평가에 대한 선호적 판단보다 평가의 과정과 결과를 조직이나 프로그램의 개선목적에 어떻게 적절히 활용할 것인지에 관심을 가져야 한다.

(2) 기준행동의 준수 : 평가는 지향하는 목적에 맞게 명확한 기준행동을 준수해야 한다. 궁극적으로 프로그램에 대한 평가가 지향하는 목적은 클라이언트의 복지서비스 제공에 있다. 그러나 평가가 본래의 목적을 상실하고 방법 자체에 충실하게 되는 경향이 나타날 수 있다. 따

21) 근로연계복지(workfare)를 주도하고 있는 미국은 연방정부의 포괄교부금방식으로 주정부의 일자리장착 프로그램을 독려하고 있다. 주정부가 일자리장착에 성공을 하면 연방정부는 포괄교부금을 증액시켜 주는 방식이다. 반대로 성과를 내지 못하면 교부금은 대폭 삭감된다.

라서 사회복지행정의 관리자는 평가기준을 제시하는 것이 프로그램 전체 유효성에 상당한 영향을 미친다는 것을 이해하고 대처해야 한다. 비록 외부평가로부터 특정한 기준들이 강요되더라도 외부의 기준강요가 프로그램에 영향을 주는 것을 최대한 관리해야 한다.

2. 사회복지평가의 개선방안

1) 평가의 어려움

(1) 행정의 목표와 기준이 불특정성을 지니고 있으며 객관적 평가에 어렵다.
(2) 어떤 원인행위에 의해 결과가 발생하였는지 규명하기가 어렵다.
(3) 평가자료와 정보를 수집하기가 어렵다.
(4) 서비스의 질적 평가를 하기가 어렵다.
(5) 한정된 시간에 평가를 해야 하기에 어렵다.

따라서 프로그램의 성과를 평가하기 전에 평가를 객관적으로 할 수 있을 것인지, 평가를 할 만큼 투자가치가 있는 것인지 등을 평가 이전에 충분히 검토해야 한다.

2) 평가의 개선방안

(1) 계량화할 수 없는 부분을 평가에 점진적으로 포함시켜야 한다.
(2) 외부평가와 내부평가를 병행하여 책임성을 부여해야 한다.
(3) 지역적 특성을 고려한 평가기준을 활용해야 한다.
(4) 평가결과를 지역주민에게도 공개해야 한다.
(5) 평가결과를 재위탁선정에 적극 반영해야 한다.

제4절 사회복지행정의 책임성

1. 책임성의 의미

서구 복지국가에서는 복지국가의 위기를 거치면서 대부분의 조직에서 책임성(accountability)의 문제가 제기되었다. 즉, 업무의 비효율성, 약한 경쟁력, 도덕적 해이, 공금의 유용 등에 관한 내용이었다. 이는 조직운영의 비효과성, 질적 저하, 팀워크의 해체, 근시안적 기획, 낭비적 요소, 노동불균형 등을 초래하는 것으로 지적되었다(D. R. Sheldon, 1996; 정무성, 2007: 31 재인용). 사회복지조직에서 책임성 위기에 대한 논의가 계속되고 있는 것은 기관운영과 관련된 사회복지행정의 미숙에 기인하고 있다.

책임성의 문제를 해결하기 위해서는 행정적인 차원에서 수행성과(performance), 법규의 준수성(compliance), 직원의 자질 등에 대한 정확한 통제와 관리가 요구되었다. 따라서 조직관리를 통해 행정효과성을 높이는 경우 책임성에 관한 논란의 소지는 줄어들고 조직의 성과도 높아지게 된다는 것이다. 그리고 사회복지조직에 대한 사회적 신뢰를 높이게 되고, 조직에 소속되어 있는 사회복지사들의 전문직에 대한 위신을 높여 주어 사회적인 후원이나 지지도를 향상시키게 될 것이다(정무성, 2007:31-32).

책임성은 사회복지 프로그램이 주어진 자원을 가지고 어떤 구체적인 목적을 얼마나 효과적 또는 효율적으로 달성했는가 하는 것을 객관적으로 증명할 것을 요구하고 있다. 책임성의 확보는 효율적이며 공정하고 윤리적인 활동을 가능케 하는 데 필수적인 요소이다. 또한 사회복지활동에서의 책임성 추구는 이용자, 그 가족, 그리고 국민들에게 신뢰를 가져오게 한다(정무성, 2007:33). 책임성의 개념을 두 가지 의미로 사용하고 있다(김영종, 2010:451).

(1) 특정한 업무수행에 책임을 진다는 의미로서 '무엇을 책임지는'(responsible for)것을 뜻한다.
(2) 어떤 집단이나 개인에 대해 책임을 진다는 의미로서 '누구에게 말할 수 있는'(accountable to) 것을 의미한다.

따라서 사회복지행정의 책임성(accountability)이란 누구에게 무엇에 대해 설명할 수 있음을 의미하고 있다.

2. 책임성의 요구

선진복지국가에서 사회복지분야의 책임성 위기가 제기된 가장 직접적인 요인은 사회복지비용의 증가에 있다. 사회문제를 해결하기 위한 비용이 엄청나게 증가하면서 시민들의 세금부담이 늘어나고, 정치인들은 유권자들을 의식하여 사회복지비를 삭감하려 시도하게 되었다. 이에 사회복지기관들에게 프로그램의 효과성을 보여주는 증거를 제시할 것을 요구하게 되었다(정무성, 2007:33).

미국에서는 사회복지전달체계에 있어서 서비스계약구매방식(Purchase of Service Contracting: POSC)이 일반화되고 있는데, 이는 민간의 계약기관이 서비스를 제공하고 그 비용은 정부가 부담하는 방식이다. 이러한 방식은 기관들로 하여금 서비스의 결과에는 관심을 갖지 않고 서비스제공 과정에만 치중하는 행태를 낳게 되었다. 결과적으로 정부보조금을 더 받기 위해 시설 수용기간이 길어지고, 서비스수혜의 수가 늘어나게 되었다. 이로 인해 책임성에 관한 논란이 제기되었다. 따라서 POSC방식의 책임성은 '과정(process)지향적 책임성'과 '성과(performance)지향적 책임성'으로 구분하고 있다.

1) 과정지향적 책임성

사회복지전달체계에 있어서 ① 수혜자격이 있는 클라이언트에게만 서비스가 전달되었는가, ② 계약된 서비스가 제대로 제공되었는가, ③ 서비스전달에 있어 사전에 계획된 방식을 준수하고 있는가, ④ 서비스의 질이 특정수준을 유지하고 있는가, ⑤ 서비스제공의 내용들이 정확하게 기록되고 보관되고 있는가 등의 문제를 다루고 있다.

2) 성과지향적 책임성

서비스제공의 최종 산출물을 파악하는 것으로서 ① 제공된 서비스의 총량, ② 서비스의 단위비용, ③ 클라이언트의 서비스 종결률, ④ 서비스 종결시 클라이언트의 상태변화, ⑤ 추후 시점에서의 클라이언트의 상태변화 등을 포함하고 있다(P. Kettner, et al., 1990). 따라서 최근 사회복지 책임성이 강조된 배경을 살펴보면 다음과 같다(정무성, 2007:34-35 원용).

(1) 사회복지 공급주체의 다원화로 기존 사회복지기관의 비효과적인 행태를 문제 삼는 세력들이 등장하였다. 즉, 사회복지기관 이외의 종교기관과 시민단체들을 중심으로 한 민간조직들이 사회복지활동의 참여가 확대되었다. 이는 한국사회의 사회복지 총량을 확대시키는 데 큰 기여를 한 것으로 여겨지며, 한편으로 제한된 예산과 대상을 놓고 서로 경쟁하는 관계 속에서 기존의 기득권을 확보하고 있는 사회복지기관들의 행태를 문제 삼는 사례가 늘어나고 있다.

(2) 사회복지서비스의 민영화 경향이다. 사회복지계에도 민간위탁이 더욱 많아지고 있는데, 위탁을 받은 법인들은 사업방향의 결정에 있어서 지역주민들의 욕구를 반영하거나 참여를 유도하는 노력보다는 정부의 결정에 더 많은 영향을 받는 경향이 있다. 즉, 사업행태가 타율적이고 정부의존적인 경우가 많다. 민간사회복지시설들의 경우 재정규모가 영세함에도 불구하고 사업들 간의 중복, 경합 등으로 인적·물적 자원의 낭비를 초래하는 경우가 많다.

(3) 사회복지사업법의 개정에 따라 민간사회복지기관, 시설들이 최소한 3년에 1회 이상 평가를 통해 책임성을 입증하도록 제도화한 것이다.

3. 책임성의 관리

1) 행정관리자의 역할

페퍼와 사란식(J. Pfeffer, & G. Salancik)은 사회복지행정의 관리자가 책임성 역할을 수행하는 방식 세 가지 유형을 제시하고 있다(김영종, 2010:452-453 재인용).

(1) 상징적(symbolic) 역할로서, 관리자가 조직의 성과에 아무런 영향을 주지 않는 것이다. 행정활동은 단지 상징적일 뿐이며, 외부 요소들에 대해 조직이 책임성을 수행하고 있다는 인상을 심어주는 역할만 수행한다.

(2) 반응적(reactive) 역할로서, 외부의 요구들에 수동적으로 반응하는 것이다. 외부에서 규정한 의무나 절차들만을 충실하게 수행하며, 자신과 조직의 안전을 최우선으로 하는 전형적인 관료의 역할을 수행한다.

(3) 재량적(discretionary) 역할로서, 관리자가 보다 적극적으로 외부환경과의 타협 내지는 개척까지를 모색하는 역할이다. 이상의 세 가지 유형 중에서 사회복지행정의 관리자는 재량적 역할을 취하는 것이 필요하다.

2) 책임성의 내부관리

책임성의 관리는 다음과 같이 구성된다(김영종, 2010:453-454 원용). ① 특정 상황에서 업무자가 취해야 할 반응은 어떤 것이어야 하는지를 파악한다. ② 업무자의 활동을 모니터링하고 모니터링된 현존 활동을 조직이 원하는 반응과 비교하여 사정한다. ③ 조직은 서비스제공자의 바람직한 행동을 유도하기 위해 다양한 유인적 동기와 제재수단을 갖춘다.

3) 제공자들의 통제

서비스 제공자의 활동을 통제하는 목적은 조직이 외부의 책임성요구에 부응하는 데 있다. 사회복지행정의 관리자가 사회복지사의 전문적 서비스 활동에 관여하는 것은 관리자의 외부 책임성에 기인하고 있다. 관리자는 자신의 행동 측면들에 대해서 통제할 수 있기 때문에 조직 내의 다양한 서비스제공자들(사회복지사, 심리상담가, 물리치료사, 재활교사, 특수교사, 영양사, 간호사, 자원봉사자 등)의 행동을 적절히 이해할 수 있어야 한다(김영종, 2010:454-456).

4. 책임성의 유형

책임성의 유형을 로시와 프리먼(P. H. Rossi, & H. E. Freeman)은 책임성의 유형을 여섯 가지로 제시하였고, 허들리와 미첼(Robert G. Hadley & Lynda K. Mitchell)은 윤리적 책임성, 이미지 책임성, 욕구 책임성 등을 제시하였다. 따라서 책임성의 유형 아홉 가지를 제시하면 다음과 같다(정무성, 2007:36-37 원용).

(1) 적용대상의 책임성(coverage accountability) : 사회복지서비스를 제공하고자 하는 대상들은 누구이며, 어떠한 특성을 가진 대상자를 선택할 것인지 그리고 그들에게 제공되는 서비스의 내용은 무엇인가 등의 대상자 적용에 관한 책임성을 의미한다.

(2) 서비스전달의 책임성(service delivery accountability) : 사회복지서비스가 계획에 따라서 진행되도록 하며, 자격이 있는 종사자에 의해서 서비스가 제대로 전달되도록 책임을 가지는 것을 의미한다.

(3) 영향의 책임성(impact accountability) : 서비스를 받은 대상들이 처음 의도한대로 바람직한 변화의 발생여부에 대한 책임을 의미한다.

(4) 효율의 책임성(efficiency accountability) : 제공된 서비스에 대한 비용의 효율성은 제대로 이루어졌는지에 대한 책임을 의미한다.

(5) 재정의 책임성(fiscal accountability) : 재무회계와 관련한 집행 및 보고에서 재정의 투명성에 대한 책임성을 의미한다.

(6) 법률의 책임성(legal accountability) : 모든 서비스는 법에서 요구하는 책임성이나 계약에 의한 조건들을 지켜야 한다. 즉, 개인의 비밀보장, 서비스제공에서 동등한 기회 부여 등이다.

(7) 윤리의 책임성(ethical accountability) : 법에서 요구하는 책임성이나 계약에 의한 조건들에 없는 경우에는 윤리적인 책임성이 요구된다. 즉, 사회복지사의 윤리강령에 나타나 있는 내용들이 여기에 포함될 수 있다.

(8) 이미지의 책임성(image accountability) : SRV(Social Role Valorization)이론에 의하면 이용자에 대한 사회적 이미지가 매우 중요하다. 이는 그들에 대한 사회적 이미지에 따라서 사회로부터 부당한 가치평가절하를 받을 수 있기 때문이다.

(9) 욕구의 책임성(need accountability) : 이용자의 욕구에 부응한다는 것은 가장 중요한 목표가 된다. 즉, 이용자 중심으로 서비스를 제공하기 위해서는 욕구에 대한 책임성이 요구된다.

제5절 사회복지행정의 변화전략

1. 변화의 유발요인

1) 외부요인

조직을 둘러싼 환경적 요인의 변화로서, 공공정책이나 행정규제, 법원의 명령, 예산삭감, 인구추세, 사회적 가치의 변화, 새로운 기술의 출현 등이 해당된다. 그리고 클라이언트를 포함한 각종 외부자원과 영향세력의 변화가 조직의 변화를 유발하는 요인이 되고 있다.

2) 내부요인

일선 업무자들이 보다 많은 재량권과 자율성을 요구하거나, 전문직들이 클라이언트 관점에서 서비스환경을 개선을 요구하는 쟁점이 발생하고 있다. 이에 조직은 변화에 대응하는 시도가 필요하다. 관리자는 자신의 변화를 요구하는 경우에 내부변화 요인이 된다. 즉, 관리자가 조직의 사기저하, 의사소통문제, 대인들 간의 갈등, 업무들 간의 비효과적인 조정 등의 문제를 감지하고 조직차원의 변화를 시도할 수도 있다(R. Patti, 1983:189-191).

2. 변화의 유발과정

변화의 유발과정은 다음의 두 가지를 제시할 수 있다(R. Patti, 1983).

1) 문제확인과 분석

변화과정은 문제에 대한 인식에서부터 시작되고 있다. 조직 내부 및 외부에서 발생하는 다양한 원인에 의해 현존 수준의 업무수행과 바람직한 업무수행 간의 격차가 발생하고 있음을 확인할 수 있다. 문제확인 이후에는 문제분석이 이루어진다. 문제분석은 확인된 격차를 유발하는 장애요소들을 찾아내는 데 있다. 문제분석은 비공식적으로 기존 자료나 개인적인 관찰을 활용하여 관리자 차원에서 수행할 수도 있다.

2) 변화의 수용과 저항

조직 내에서 문제해결을 시도할 경우에 변화의 당사자들이 이에 저항할 것인지, 수용할 것인지를 사전에 평가해야 한다. 조직의 변화가 도입될 때 나타나는 수용과 저항의 원인은 과거의 경험, 투자회수비용, 사회적 관계, 자원의 분배, 의사소통 등이 있다.

3. 변화의 전략선택

관리자가 조직의 변화를 유도하기 위해 선택하는 전략은 대부분 리더십과 관련이 되어 있다. 조직구성원에게 변화의 필요성을 인식하고 수용하게 하려면 주어진 상황에 가장 적절한 리더십의 선택이 필요하다. 조직변화를 위한 리더십전략의 선택에서 고려해야 할 사항은 다음과 같다(R. Patti, 1983:200-202; 김영종, 2010:460-462 재인용).

(1) 세력분포 : 변화를 추진하는 세력이 억제세력보다 강한 상황이면 리더십 선택은 보다 자유롭다. 이러한 경우에는 다양한 리더십 스타일을 사용할 수 있다. 그러나 억제하는 힘이 더 강하게 되면, 참여적 리더십 스타일이 더 효과적이다. 따라서 저항을 극복하고 헌신하도록 만들기 위해서는 참여적 리더십이 효과적이다.

(2) 시간여유 : 변화를 위한 주어진 시간이 촉박한 상황이면 지시적 리더십을 사용할 수밖에 없다. 이는 시간적 촉박함으로 하급자들의 의견

을 개진할 여유가 없기 때문이다.

(3) 문제본질 : 관리자가 분별력 있는 결정을 내리는 데 충분한 정보를 가지고 있는 상황이라면 하급자들의 지나친 참여는 불필요하다. 한편 문제가 불명확할 경우에는 하급자들을 참여시키는 리더십스타일을 통하여 변화에 필요한 정보를 제공받는 것이 효과적이다.

(4) 실천경험 : 어떤 리더십 스타일로 조직이 운영되어 왔는지에 대한 직원들의 생각이 상황변수가 된다. 통상적으로 지시적 스타일로 운영되다가 변화의 시점에서 갑자기 참여적 스타일로 전환하는 것은 오히려 의심을 유발할 수 있다. 한편 참여적 스타일로 운영되던 조직이 갑자기 지시적 스타일로 전환하면 자율성과 협조를 깨기 위한 것으로 의심받을 수 있다.

(5) 파워활용 : 관리자가 보상이나 제재의 파워를 가지지 못하면 하급자들의 변화를 통제하기 어렵다. 지시적 스타일에 계속 의존하는 관리자들은 하급자들의 소외를 유발시킬 수 있으며, 수동적인 저항, 의례적인 순응, 비관주의 등이 나타나게 된다.

(6) 실행과정 : 변화의 실행을 위해 직원들의 자발적이고 분별력 있는 협조가 필요할 경우에 참여적 스타일이 선호되고 있다. 그것이 직원들로부터 변화에 대한 헌신적 참여와 주체의식을 불러일으킬 수 있기 때문이다.

이상과 같은 변화전략들이 선택될 때에는 상황변수들이 어떤 것들이 있는지를 고려하여 판단해야 한다. 사회복지행정에서 참여적 리더십 전략을 중요시하는 경향이 있지만, 그것은 유일한 리더십이 아니며 일종의 수단으로 간주하고 있다.

생각해 볼 문제들(사회복지행정의 평가와 책임성)

1. 사회복지행정의 평가를 정의하시오.
2. 사회복지행정 평가의 유형을 간략히 제시하시오.
3. 사회복지 평가결과의 활용방안을 설명하시오.
4. 사회복지행정의 책임성 유형 아홉 가지를 제시하시오.
5. 사회복지평가의 변화전략을 간략히 설명하시오.

참고 문헌

김기원 (2001). 사회복지조사론. 서울: 나눔의 집.

김영종 (2010). 사회복지행정론(3판). 서울: 학지사.

김형식 외 (2009). 사회복지행정론(개정판). 파주: 양서원.

박차상 (2007). 사회복지행정론. 파주: 양서원.

박차상 외 (2008). 사회복지행정론. 서울: 창지사.

성규탁 (1994). 사회복지행정론. 서울: 법문사.

신복기 외 (2009). 사회복지행정론. 고양: 공동체.

양점도 외 (2010). 사회복지프로그램개발과 평가. 파주: 양서원.

정무성 (2007). 사회복지프로그램 개발론. 파주: 학현사.

지은구 (2007). 사회복지프로그램개발과 평가. 서울: 학지사.

허만형 (2004). 사회복지행정론. 서울: 법문사.

황성철 외 (2009). 사회복지행정론(개정판). 파주: 학현사.

Anderson, J. E. (1975). *Public Policy-Making*. New York: Praeger.

Hadley, Robert G. & Mitchell, Lynda K. (1995). *Counseling Research and Program Evaluation. Pacific Grove*. California: Books Cole.

Jones, Charls O. (1984). *An Introduction to the Study of Public Policy (3nd ed.)*. Monterrey, California: Books Cole Publishing Company.

Kettner, P. and Martin, L. (1993). *Performance, Accountability and Purchase of Service Contracting*. Adminstration in Social Work. 1.

Patti, R. (1983). *Social Welfare Administration : Managing Social Programs in a Developmental Context*. Englewood Cliffs. New Jersey: Prentice-Hall.

Pfeffer, J. & Salancik, G. (1978). *The External Control of Organization*. New York: Harper & Row.

Rich, R. (1977). "Use of Social Science Information by Federal Bureaucrats : Knowledge for Action vs Knowledge for Understanding," in Carol Weiss (ed.). *Using Social Research in Public Policy-making*. Lexington: Lexington Books.

Rossi, P. H. & Freeman, H. E. (1993). *Evaluation: A Systematic Approach (5nd ed.)*. Beverly Hills. CA: Sage Publications.

Sheldon, D. R. (1996), *Achieving Accountability in Business and Government : Managing for Efficiency. Effectiveness, and Economy*. Westport. CT: Quorum Books.

Smith, M. J. (1990). *Program Evaluation in Social Services*. New York: Springer.

York, R. A. (1982). *Human Services Planning: Concepts, Tool, and Methods*. Chapel Hill. North Carolina: The University of North Carolina Press.

York, R. O. (1983). *Human Service planning : Comcepts, Tools & Methods*. Chapel Hill: The University North Carona Press.

CHAPTER 14

사회복지조직의 마케팅과 홍보

Social Welfare Administration

사회복지조직의 마케팅과 홍보는 서비스를 고객을 향해 유통시키는 일련의 체계적인 시장지향활동이라 할 수 있다. 마케팅(marketing)의 내용은 기능적으로 전략정책, 제품생산, 시장거래, 판매유통, 판매촉진 등으로 분류할 수 있다. 그리고 마케팅의 분야로서 홍보(public relations)가 중요하게 인식되고 있다. 이에 사회복지조직에서도 클라이언트의 서비스 선택권 보장에 따른 마케팅과 홍보가 새롭게 요청되고 있다. 따라서 본 장에서는 첫째, 사회복지조직 마케팅의 개념, 둘째, 사회복지조직 마케팅의 필요성, 셋째, 사회복지조직 마케팅의 특성, 넷째, 사회복지조직의 홍보전략, 다섯째, 사회복지조직 마케팅과 홍보의 개선방안 등을 중심으로 살펴보고자 한다.

제1절 사회복지조직 마케팅의 개념

1. 마케팅의 정의

미국마케팅협회는 마케팅의 개념을 새롭게 정의하면서 마케팅의 상품으로 재화와 서비스로 한정하던 것에 새로운 아이디어를 더하였다(정무성, 1998). 즉, 비영리기관에서 마케팅이 기금모금뿐만 아니라, 대학교, 병원, 박물관, 도서관과 자원봉사 모집에서부터 정치운동에 이르기까지 다양한 분야에서 적용되어 왔다.

2. 마케팅의 영역

(1) 영리조직 : 영리조직은 이익을 창출하기 위해 존재하는 조직을 말한다. 가장 대표적인 영리조직은 기업이라 할 수 있다. 즉, 이윤과 고용창출을 위한 것이 기업의 대표적인 목적이 된다. 헐과 리오(Hull & Lio)에 의하면, 영리조직의 비전은 이해관계자들의 재무적인 가치를 최대화하여 수익을 증가시키는 것이며, 소유권과 책임감·시장을 전략의 대상으로 한다고 주장하였다(Hull & Lio, 2006). 그리고 영리조직의 재무적 가치는 인센티브와 수입이라고 강조하였다.

(2) 비영리조직 : 비영리조직은 이윤추구보다 공공의 이익을 목표로 설립되고 운영되는 조직을 말한다. 즉, 사회복지시설, 시민단체, 환경단체, 교육기관 등이 대표적인 조직의 형태이다. 헐과 리오는 비영리조직의 비전으로서 이상(ideals), 목표(goals), 상징(symbols) 등을 강조하였다. 그리고 비영리조직의 중요한 목표수행을 위해서는 특권과 공적사명이 필요하고 비전에는 영향력의 범위와 성과범위가 고려되어야 한다.

이상에서 영리조직과 비영리조직의 차이점은 이상적이고 실천적이며, 일반적이고 상대적이지만 절대적인 것은 아니라고 주장하였다. 즉, 예외가 있다는 것이다. 그러나 대부분 비영리조직은 영리조직에 비해 큰 책임성이 필요하고, 종업원의 동기부여와 보상이 요구된다. 그리고 조직의 주주가치를 최대화시키는 것이 조직목표가 아니라 고객에게 보다 질 높은 서비스를 제공하는 것이 차이점이라고 강조하였다.

3. 마케팅의 원칙

(1) 고객의 관리 : 사회복지수혜자의 측면에서는 자원의 분배가 중요한

부분이다. 그리고 기부자나 후원자의 측면에서는 자원을 어떻게 동원할 것인가가 관건이다. 이에 수혜자의 욕구충족은 물론, 기부자의 만족감 역시 동시에 충족되어야 한다.

(2) 다수의 목적 : 사회복지조직에서 추구하는 사업과 서비스는 클라이언트의 욕구충족 이외에 지역사회의 역량강화, 문제확인과 참여증진 등의 다각적인 목적에서 진행되고 있다. 이에 다양한 목적달성을 위해서는 우선순위와 중간목표 등이 구체적으로 다루어져야 한다.

(3) 서비스의 제공 : 사회복지서비스는 실체가 없고 다양하며 시간이 흐르면 없어지는 특징이 있다. 따라서 사회복지조직에서 수행하는 서비스가 대상자 중심으로 적합하게 제공되어야 한다.

(4) 준엄한 평가 : 사회복지조직은 직접적 및 간접적으로 지역주민들을 참여시키고 있다. 그리고 사회복지시설들은 운영위원회를 통해 자신들의 조직과 활동내용을 주민들에게 상세히 공개해야 한다. 즉, 좋은 평가를 받지 못할 경우 지역주민과 후원자들로부터 외면을 받을 수 있다. 최근 바우처사업이 확대되면서 사회복지조직의 평가는 더욱 중요성을 갖게 되었다.

4. 마케팅의 목표

마케팅의 중심개념은 교환이라 할 수 있다(이철, 2006). 사회복지조직은 영리를 목적으로 하지 않으며, 이타주의적인 성격이 강하다. 따라서 사회복지조직의 마케팅은 윤리성과 책임성을 견지하면서 실행되어야 한다. 사회복지조직의 자원봉사활동이 봉사자들의 자아실현이 목적이 되어야지, 조직의 인건비 절약의 수단으로 전락되어서는 안 된다는 것이다. 따라서 사회복지조직 마케팅의 목표 네 가지를 제시하면 다음과 같다(정익준, 1999 원용).

(1) 개인적 발전을 유도

(2) 문제해결을 위한 아이디어 제공

(3) 새로운 정보파악과 실천
(4) 행동변화 유도

제2절 사회복지조직 마케팅의 필요성

마케팅은 기업의 이윤추구 영역에서 비영리조직으로까지 확대되고 있다. 미국의 비영리조직이 비용상승과 수익감소로 심한 어려움을 경험하면서 마케팅이 강조되고 있다. 그리고 YMCA와 같은 비영리단체들의 회원이 급속하게 감소하면서 비영리조직 마케팅의 필요성이 제기되었다(Drucker, 1990). 따라서 사회복지조직의 마케팅 필요성 네 가지를 제시하면 다음과 같다(사회복지사1급 시험연구회, 2008 원용).

1. 책임성의 부각

사회복지조직은 정부의 보조금이나 각종 단체와 기업의 기부금이나 후원금으로 운영되므로 조직의 효율성과 효과성을 달성할 책임이 있다. 그렇지 못할 경우 사회적 비난은 물론 후원과 기부의 급격한 감소가 이루어질 것이다. 이러한 책임성으로 인해 전략적인 마케팅의 도입이 요구되고 있다.

2. 고객만족의 차원

일반 기업들은 고객만족의 차원에서 더욱 '고객의 오감만족'이나 '졸도'(고객이 놀라 졸도에 이를 정도의 만족을 제공하라는 의미)까지 요구하고 있다. 사회복지조직도 클라이언트와 기관의 이용자, 후원 및 기부자, 지역주민 등을 고객으로 인식하면서 만족도를 제고시켜야 한다. 특히 클라이언트의 욕구를 세분화한 후 세부적인 욕구를 만족시키는 해결방안이 요구되고 있다.

3. 환경적응의 차원

사회복지조직은 경제적, 사회적, 정치적, 문화적 환경으로부터 절대 자유로울 수 없다. 따라서 사회복지조직을 둘러싼 외부환경에 능동적으로 적응하기 위해서는 적절한 마케팅이 이루어져야 한다.

4. 재정확보의 차원

사회복지조직은 투입되어야 할 재정계획과 동원, 배분, 평가 등이 반드시 필요하다. 따라서 조직관리를 위해서 후원자 발굴과 기부자의 사례관리 등을 통해 기관재정의 안정성과 극대화를 이루어야 한다.

제3절 사회복지조직 마케팅의 특성

1. 마케팅의 특성

비영리조직의 마케팅은 일반 기업보다 이타주의적 성향이 매우 강하다. 이에 비영리조직은 비용효과성이 낮은 서비스를 제공해야 한다. 그리고 일반 기업보다 목표가 구체적이지 못한 경우도 있으며, 양질의 정보가 부족하여 마케팅 전략을 계획하는 데 있어서 기업보다 어려움이 있다(Yorke, 1984). 비영리조직의 마케팅은 윤리적인 문제를 충분히 만족시켜야 한다. 즉, 자유, 정의, 민주주의 등 사회복지의 가치를 추구하는 사회복지조직은 마케팅활동을 전개하면서 가치성을 무시해서는 안 된다.

사회복지조직의 마케팅 활성화를 위해서는 기관조직의 잠재적 후원자나 기부자가 후원이나 기부를 수행할 수 있도록 실행시키고 촉진시킬 필요가 있다. 따라서 로드(Lord)는 사회복지조직의 기부와 후원을 촉진하기 위한 마케팅기법에 대해 몇 가지 제시하고 있다(Lord, 1981).

(1) 잠재적 기부자와 기관의 욕구, 가치 등이 서로 일치하는 정도가 높을수록 잠재적 기부자는 기부가 현실화될 수 있다.

(2) 잠재적 기부자는 최우선적으로 해결되어야 할 사회문제를 해결할 수 있는 능력과 가능성을 갖춘 기관조직에 대해 기부와 후원을 할 가능성이 높다.

(3) 잠정적 기부자가 기부와 후원을 통해 심리적인 만족감을 충분히 느낄 수 있는 여건을 조성할 때 실제적 후원과 기부가 활성화될 개연성이 높다.

2. 마케팅의 과정

1) 환경분석

사회복지조직의 목표와 프로그램, 자원의 내용과 범위 등을 분석한다. 즉, 기관조직의 내외적 환경을 분석하기 위해서는 조직의 강점, 약점, 기회, 위협요인 등을 분석할 필요가 있다. 여기서 SWOT 분석은 강점(strength), 약점(weakness), 기회(opportunity), 위협(threat) 등으로 경영전략을 수립하기 위한 분석도구를 말한다. 내적 요인을 분석하는 강점/약점 분석과, 외적 환경을 분석하는 기회/위협 분석으로 구분하여 긍정적인 면을 보는 강점과 기회, 그리고 부정적인 면을 보는 약점, 위협 등을 저울질하는 도구이다. 일반적으로 X-Y축으로 2차원의 사분면에 하나씩 배치하여 연관된 사항들을 우선순위로 배치할 수 있다(위키토피아, 2010).

2) 욕구분석

사회복지조직과 관계된 클라이언트, 지역사회, 서비스의 종류와 질에 대한 전반적인 조사를 말한다. 예컨대, 하나의 사회복지 프로그램을 실행하기에 앞서 해당 프로그램의 지지와 후원자 현황(잠재적 후원자 포함), 후원의 방법 등에 대한 조사가 전제되어야 한다.

3) 목표설정

사회복지조직의 목표는 명확하고 구체적이어야 한다. 목표가 애매하다면 실행상의 시행착오를 줄일 수 없다. 이에 기관조직은 구체적(specific), 측정가능적(measuable), 결과지향적(result oriented), 시간구조를 갖는 틀(time frame), 실현가능적(attainable) 목표설정을 주장하였다(정무성, 2005).

4) 시장분석

사회복지조직은 대내외적으로 둘러싼 환경을 분석한다. 특히 기관조직의 운영을 위해서는 구체적인 시장분석이 이루어져야 한다.

5) 도구설정

사회복지조직은 어떠한 방법으로 목표를 수행해 나갈 것인지를 선택하는 것이 중요하다. 따라서 기관조직은 조직목표를 달성하기 위한 도구를 설정하여 접근할 필요가 있다.

6) 마케팅실행

사회복지조직은 기획했던 마케팅을 실제로 수행하는 것을 말한다. 기관조직의 특성을 고려한 마케팅 전략을 수립하여 실제로 활용해야 한다.

7) 마케팅평가

사회복지조직은 그동안 마케팅실행의 결과를 평가하여 기관조직의 향후 발전과 효과적인 마케팅 방안을 모색한다.

3. 마케팅의 사례

사회복지공동모금회의 대표적인 활동 중 하나가 모금활동이다. 공동모금회는 매년 12월과 1월, 두 달 동안 사랑의 온도계를 가동하고 있다. 이는 일정한 기간을 정해놓고 진행하는 모금활동으로서 연중 내내 모금활동을 전개하고 있다. 따라서 사회복지 마케팅의 사례로서 몇 가지 제시하면 다음과 같다(사회복지공동모금회법).

1) 연중모금

(1) 직접적 우편 : 직접적 우편(direct mail)은 대상자의 목록을 확보하여 편지를 발송하는 활동을 말한다. 이에 직접적 우편의 궁극적인 목적

은 후원자의 발굴에 있다.

(2) 고객관리 마케팅 : 고객의 특성을 알고 그들에게 해당하는 마케팅을 펼치는 것이다. 즉, 맞춤식 서비스를 행하는 것을 말한다.

(3) 기업연계 마케팅 : 사회복지조직의 새로운 주체로 등장한 기업을 연계시키는 마케팅이다. 즉, 기업의 사회복지활동은 기업이미지의 개선과 정체성 확보차원에서 적극적으로 강구되고 있다. 따라서 이런 추세를 적극적으로 활용하는 방안이 강구되어야 한다.

(4) 데이터베이스 마케팅 : 사회복지기관의 이용자를 통해 다양한 정보를 데이터베이스화하여 마케팅 전략을 펼치는 것을 말한다.

(5) 사회적 마케팅 : 사회적 마케팅은 지역사회를 중심으로 마케팅의 타깃을 삼고 전개하는 것을 말한다.

2) 기타모금

(1) 이벤트활동 : 이벤트는 후원의 특정적 동기를 부여하기 위해 특별한 장소에서 전개하는 활동을 말한다.

(2) 대중매체광고 : 대중매체의 미디어를 통해 모금광고를 펼치는 것을 말한다. 이는 대부분 효과성이 있지만 상대적 비용이 많이 든다는 것이 문제이다.

(3) 자동응답시스템 : 자동으로 전화를 걸면 통화당 일정금액이 후원금으로 전화요금에 부과되는 방법을 말한다. 이는 IMF 이후에 일반화된 방법으로 알려져 있다.

(4) 인터넷모금 : 인터넷을 통한 모금운동을 전개하여 후원금을 확보하는 것을 말한다. 그리고 인터넷을 통한 후원자개발이 확대일로에 있다.

(5) 모바일모금 : 휴대전화를 통해 모금운동을 전개하는 것을 말한다. 이는 다소 생소하지만 기하급수적으로 확산되는 장점이 있다. 즉, 스마트폰을 중심으로 결재기능이 간편화되고, 결재금액의 상향화로 상당한 활성화가 이루어질 것으로 전망된다.

제4절 사회복지조직의 홍보전략

1. 홍보의 의미

홍보란 일반인에게 널리 정보를 알리는 일이다. 기업·단체·관공서 등의 조직체가 자신들의 생각·계획·실제 활동 등을 널리 알리는 것을 의미한다. 즉, 일반인의 인식이나 이해 또는 신뢰감을 높이고 민주적인 기초 위에 양자의 관계를 원활히 하려는 의도에서 실시한다고 되어 있다. 따라서 홍보활동의 수단으로는 신문, 라디오, 텔레비전, 영화 등이 주로 활용되고 있으며, 이 밖에 포스터, 팸플릿, 달력, 게시판, 박람회, 전시회, 강연회 등을 통해 이루어지고 있다.

최근 사회복지조직에서 홍보의 필요성이 부각되고 있다. 대부분 홍보는 언론매체에의 노출로 인식하는 경우가 많다. 즉, 부정적인 사건에 연루된 사회복지기관들이 언론에 거론되면서 '언급되지 않는 것이 상'이라는 부정적인 견해가 지배적이었다. 그러나 이러한 풍조는 변화되어 가고 있다. 이제는 일반 기업과 마찬가지로 사회복지조직의 정체성과 지역주민의 평판이 중요한 변수로 자리매김하고 있기 때문이다.

2. 홍보의 중요성

1) 공중관계와 홍보

공중관계(public relations)는 개방적인 의사소통 구조를 가지고 있으며 공중(公衆)과 관계를 맺는다는 의미이다. 이는 서양에서 생겨난 말로서 대중홍보와 밀접한 관계가 있다. 오두범은 PR이란 조직과 공중 사이에서 호혜를 목적으로 사용되는 조직자체의 제반 의사소통 활동과 그를 대행하거나 조력하는 제반 활동이라고 정의하였다.

일본의 한 생명보험회사에서는 PR을 팬 만들기라고 규정하였다. 그리고 아사히 맥주는 조그마한 먹구름을 발견해 최고경영진에게 전달하는 것이라고 정의하였다.

넓은 의미로서 PR은 마케팅에 대응하는 개념으로 이미지의 증진을 위한 제반 활동을 말한다. 좁은 의미는 언론 관련의 대응을 의미하는 퍼블리시티(publicity)의 의미로 사용하고 있다. 즉, PR팀, PR부, 해외PR, PR회사, PR지, PR협회 등의 용어를 쓰고 있다. 그리고 홍보(弘報)는 PR의 번역어지만 본래 의미보다는 퍼블리시티의 개념으로 인식되어 왔다. 퍼블리시티는 보도자료의 배포 등 대 언론활동이라는 좁은 의미의 PR개념을 지니고 있다. 아직까지 많은 사람들이 홍보라고 하면, 언론의 섭외를 포함한 대 언론활동으로 받아들인다. 즉, '언론 플레이'라고 명명하기도 한다.

좁은 의미로서 PR은 1990년대 들어 와서 변화를 겪게 되었다. 즉, 홍보의 중요성이 부각되면서 '홍보'라는 용어가 선진국에서의 PR개념과 동일한 의미로 받아들이고 있다. 즉 기업이나 단체의 홍보실에서는 사내보, 사내방송, 대외홍보용 간행물, PR이벤트, 홍보영화, 자문위원회운영, 기업광고, 대외정보업무, 로비활동, 사회공헌활동 등 다양한 업무를 담당하고 있다. 이는 홍보가 종합의사소통의 영역으로 자리매김하고 있음을 보여주는 변화이다. 따라서 홍보는 기업, 단체, 정부가 다양한 계층과의 포괄적인 관계형성을 통해 이해의 폭을 넓히고 사랑 받기를 추구하는 일련의 의사소통 활동이라 할 수 있다.

2) 홍보의 모형

(1) 선전 : 선전은 내용이 없으면서 포장만 그럴듯하게 하는 형태를 말한다. 예컨대, 정치인들이 회담의 성과가 전혀 없음에도 불구하고, 이벤트성으로 외국 정치인들과 사진을 찍고 이를 언론을 통해 과시하는 것을 볼 수 있다.

(2) 공보 : 공보는 공중에게 정보를 주는 형태를 말한다. 즉, 과거 국민들의 의식수준이 낮았을 때, 관주도의 공보가 전개된 사항을 알 수 있다.

(3) 설득 : 설득은 공보에서 한 단계 발전되는 형태를 말한다. 즉, 반대자나 비우호적 집단을 표적으로 설득하는 것을 알 수 있다.

(4) PR : PR은 국가의 갈등요인을 해소하는 데 가장 윤리적이고 적합한 형태를 말한다. 즉, 알릴 것은 알리고 틀린 것은 바로잡으며, 상대방의 태도와 의식에 변화를 주는 것을 의미한다. 특히 PR은 설득이나 선전, 홍보가 일방적인 것과는 달리 양방향이다.

제5절 사회복지조직 마케팅과 홍보의 개선방안

1. 욕구의 정책반영

현존 사회가 다변화 되면서 공중들은 어떠한 사안에 대해 점점 다양하고 배타적인 관점을 갖게 된다. 사회복지조직이 이들과 의사소통하고 조직의 관점에 따르도록 설득하는 일은 간단한 일이 아니다. 특히 기관조직의 홍보실무자들은 공중보다 더욱 현명해야 한다. 언론관계에 있어서는 기자보다 현명하고, 주주관계에 있어서는 주주보다 현명하고, 소비자관계에 있어서는 소비자보다 현명하며, 사원관계에 있어서는 사원보다 한 단계 앞서야 한다. 그리고 사회복지기관은 사회적 약자들과 관계망을 형성하여 이들을 대변하는 기본적인 업무 이외에 그들의 욕구를 제대로 파악해 알리는 역할을 담당해야 한다. 또한 클라이언트의 욕구를 사회정책에 반영시키도록 최선의 노력을 강구해야 한다.

2. 전략적인 홍보

사회환경이 급변하는 시대에는 목표보다 과정이 더욱 중요하다. 따라서 기관홍보의 수행과정에 입각하여 홍보를 수행하는 것이 좋은 전략이다. 홍보전략은 공중보다 현명한 것으로서 목표를 달성하기 위한 구체적인 방법이다. 이에 PR 실무자들은 여러 가지 전략들을 구상하게 되는데, 모든 것을 시행하려면 예산이 많이 소요되기 때문에 이 중에서 가장 현실적이고 달성 가능한 것을 선택해야 한다. 그리고 전술이란 PR 프로그램별 메시지와 매체의 선택과 활용 방안이다. 특히 메시지는 구체적인 변화의 계획을 기반으로 작성하되 구호에 그치지 말아야 한다. 따라서 홍보전략의 수행과정 일곱 단계를 제시하면 다음과 같다.

(1) 문제진단 : 문제진단, 문제발견, 홍보기획
(2) 상황분석 : 문제성격의 분석, 조직활동의 파악, 홍보목표의 설정, 연구문제의 설정, 조사연구의 디자인
(3) 조사수행 : 연구문제의 확인, 연구대상의 설정, 설문지의 제작, 설문방법의 구상, 인터뷰의 수행, 데이터의 분석, 연구결과의 정리, 홍보전략의 제안, 홍보프로그램의 기대효과
(4) 후속 자료수집 및 분석 : 후속적인 자료수집, 자료분석
(5) 실행전술의 디자인 : 총점검, 목표설정, 소수공중설정, 전략구상, 세부사항기획
(6) 홍보수행 : 홍보활동전개
(7) 평가 : 홍보결과의 평가

대부분의 공공기관에서는 언론에 얼마나 많이 보도되었는가를 보고하는 정도로 결과를 평가한다. 그러나 언론에 보도가 많이 되었다고 해서 효과적인 홍보를 했다고는 볼 수 없다. 평가는 평가실무자가 무엇을 하였는지, 혹은 얼마나 사람들이 동원되었는지의 여부보다는 홍보의 대상인 공중이 어떻게 변화하였는가에 초점을 맞추어야 한다. 따라서 홍보프로그램의 목표는 공중의 태도와 행동을 어떻게 변화시켰는가에 두고 평가가 이루어져야 한다.

3. 홍보와 마케팅의 강화

홍보와 지역사회와의 관계는 지역사회의 복잡한 개념을 반영하고, 지역사회의 환경에서 각 요소들 사이의 사회적 연결들을 확인하고 관계성을 발전시켜 간다. 사회학자 니스벳(Nisbet)은 대규모 지향적인 사회가 인간

이 추구하는 인정, 동료애, 안전, 소속감 등의 욕구를 충족시켜 주지 못할 것이라고 주장하였다. 사회적 소외에 대한 유일한 대안은 '규모는 작지만 구조가 튼튼한 공동체'인 지역사회라는 것이다. 지역공동체만이 사회재건의 시발점임을 강조하고 있다. 따라서 지역사회와 같은 공동체가 같이 일하고 생활하고 경험하며 존재하려는 인간의 근본적인 욕구를 충족해 줄 수 있다.

4. 홍보와 마케팅 프로그램

(1) 지역사회의 쟁점들에 대해 능동적으로 관심을 갖고 문제해결에 도움을 주어야 한다.
(2) 지역사회 내의 스폰서 역할을 통해 지역의 청소년활동에 후원자로 참여해야 한다.
(3) 지역사회 내 자치단체의 행정에 참여자와 후원자로서 역할을 담당해야 한다.
(4) 지역사회 내의 비즈니스 및 서비스조직 단체들과 능동적으로 관계를 형성해야 한다.
(5) 지역사회 내에서 가능하면 지역기업이 생산한 재료나 조달품을 구매해야 한다.
(6) 지역사회의 조직단체에게 기업건물 및 장비를 사용할 수 있도록 배려해야 한다.
(7) 지역사회의 자선단체 및 비영리조직과 지역주민의 활동이나 행사에 참여해야 한다.
(8) 지역사회의 교육과 문화발전을 위한 여타 단체들을 후원해야 한다.

5. 인터넷마케팅의 강화

인터넷은 수용자의 관여도가 높다는 장점이 있다. 그리고 인터넷은 정보의 함유능력이 매우 높다. 즉, 홈페이지에 담는 정보의 양은 무제한이며 단계적으로 제공하는 것도 가능하다는 점이다. 따라서 인터넷마케팅을 통하여 상호작용성을 높이고 장점을 적극 활용하는 방안이 강구되어야 한다.

생각해 볼 문제들

1. 사회복지조직 마케팅의 개념을 설명하시오.
2. 사회복지조직 마케팅의 필요성 네 가지를 제시하시오.
3. 사회복지조직 마케팅의 특성을 간략히 설명하시오.
4. 사회복지조직 홍보의 모형 네 가지를 제시하시오.
5. 사회복지조직 마케팅과 홍보의 개선방안을 간략히 설명하시오.

참고 문헌

경실련 (2008). 새정부 국정과제. "희망복지 129센터에 바란다". 공적 서비스 전달체계 개편에 대한 결신련 의견서.

김영종 (2004). 사회복지행정. 서울: 학지사.

______ (2006). 사회복지전달체계의 현황과 개선과제. 한국사회복지정책학회 학술대회발표논문집.

김인춘 (2007). 스웨덴 모델, 독점자본과 복지국가의 공존. 삼성경제연구소.

김형식 외 (2007). 사회복지행정론. 서울: 양서원.

남일재 외 (2007). 사회복지행정론. 서울: 학현사.

박연호 외 (1999). 현대행정관리론. 서울: 박영사.

백종만 (2002). "비영리민간부문 활용의 근거: 사회복지서비스를 중심으로". 사회복지정책. 제15권.

______ (2007). 사회복지지방분권: 1년의 평가와 대안. 서울: 상황과 복지.

신복기 (1984). 사회사업행정의 발달과정에 관한 연구. 사회과학논총 제3권 제1호, 부산대학교 사회과학대학.

오세영 (2010). 사회복지행정론. 서울: 신정.

원석조 (2007). 사회복지행정론. 서울: 양서원.

최성재·남기민 (2006). 사회복지행정론. 서울: 나남출판.

황성철 외 (2009). 사회복지행정론. 서울: 학현사.

Drucker, P. F. (1990). *Managing the Non profit Organization*. New York: Harper.

Kortler, P. (1985). *Marketing for Nonprofit Organizations*. Englewood Cliffs. New Jersey: Prentice. & Company.

Rapp, Charles A. & John Poertner. (1992). *Social Administration : A Client-Centered Approach*. Longman Pub. 정무숭·박차상 (역) (2002). 사회복지기관행정. 서울: 나눔의 집.

Yorke, D.A. (1984). *Marketing and Non-Profit-Making Organizations*. European Journal of Marketing 18.

CHAPTER 15

사회복지행정의 미래전망

Social Welfare Administration

사회복지행정은 사회환경의 변화에 따라 기관조직의 업무를 효율적이고 효과적으로 수행해야 한다. 이제 사회복지행정도 경쟁은 불가피하게 되었으며 막대한 재정과 인력이 투입되는 행정업무의 책임성이 더욱 고조되고 있다. 최근 아이를 낳지 않고 노인들의 수명이 급격히 늘어나는 저출산·고령화 사회도 사회복지행정의 흐름을 바꿔놓고 있다. 이에 사회복지행정은 사회복지서비스의 질을 향상시키고, 자원의 동원능력을 고취시키며, 높은 윤리성을 확보해야 할 과제를 안고 있다. 따라서 본 장에서는 첫째, 사회복지행정의 환경변화, 둘째, 사회복지행정의 책임성, 셋째, 사회복지행정의 경쟁력, 넷째, 사회복지행정의 혁신, 다섯째, 사회복지행정의 발전방안 등을 중심으로 살펴보고자 하다.

제1절 사회복지행정의 환경변화

1. 변화하는 복지환경

1) 사회복지재정의 팽창

사회복지재정의 규모와 비중이 크게 증가한 원인은 일차적으로 정부의 정책의지와 선택에 기인하지만, 한편은 사회복지재정의 확대를 요구하는 몇 가지 강한 사회적 수요가 원인으로 작용하고 있다.

(1) 선진형 사회복지수요 증가 : 경제성장과 소득증가에 따른 국민의 선진형 사회복지수요가 급부상한 점을 지적할 수 있다. 과거에는 잘 사는 나라들의 제도로서 부러움을 샀던 노인장기요양보험제도가 확대하여 시행되었고, 장애인의 장기요양보험제도도 국민적 당위성을 얻고 있다. 지난 2010년 7월부터 시행되는 장애인연금보험제도 역시 수급액이 과거 수준에 불과하다며 연금거부운동을 장애인단체에서 벌이고 있지만 재정의 증가를 초래할 것이 분명하다.

(2) 지방과 중앙의 재정분담 : 사회복지재정의 운용과정에서 중앙과 지방 간에 적절한 재정분담과 재정수단의 선택이 이루어지지 못할 경우 국가재정의 비효율적인 활용결과가 초래될 수 있다. 중앙정부와 지방자치단체가 각자에게 부여된 역할과 기능에 부합하지 않는 방식으로 정부 간 재정분담이 이루어지고 있다. 그리고 사회복지분야의 재정지출이 지방자치단체 수준에서 주도적으로 이루어지고 있다. 이러한 배경에는 사회복지서비스의 전달체계에서 중요한 역할을 하는 사회복지공무원의 대부분이 시·군·구의 읍, 면, 동에 배치되어 있고(배득종, 2007), 이들 단위를 중심으로 실질적인 서비스 공급이 이루어지고 있다.

(3) 저출산과 고령화 : 유래 없이 빠른 속도로 진행 중인 고령화문제와 저출산문제는 사회복지재정에 대한 사회적 수요를 촉발시키는 중요한 요인으로 대두되고 있다.

(4) 중산층 붕괴와 소득양극화 : 지난 1977년 외환위기 이후 심화되고 있는 중산층의 감소현상과 소득양극화 현상이 새로운 수요 요인으로 등장하여 정부를 강하게 압박하고 있다. 그리고 중산층들이 사회안전망의 부족으로 사회적 위기를 당면했을 경우 차상위계층이나 정부의 도움을 받아야 할 기초생활수급자로 전락하는 경우가 많다.

2) 국고보조금의 정비사업

사회복지행정의 개입은 1980년대 사회복지서비스의 팽창이 이루어진 시대적 여건에 기인하고 있다. 그리고 1990년대의 지방자치제의 실시로 사회복지서비스의 전달을 보다 체계적으로 관리할 필요성이 높아졌다. 이에 국고보조금의 정비사업도 사회복지전달체계를 변화시키는 요인이 되었다. 그동안 국고보조금 정비사업이 중앙집권적이라는 비판에서 시작되었고, 국가보조금의 사업운용은 지방자치단체의 자율성이 제한되어 왔다.

3) 공공복지와 민간복지

전통적인 공공복지와 민간복지는 구분이 모호해지고 있다. 대부분의 민간 사회복지기관들이 많은 부분에 있어 공공의 보조금과 계약에 의해 운영되는 것이 현실이다. 1990년대 후반에는 급격한 사회변화가 나타나면서 현장에서의 행정수요가 급증했을 뿐만 아니라, 학계에서도 많은 연구가 이루어지게 되었다(김영종, 1999 원용).

4) 체계적 서비스전달

사회복지서비스의 전달은 체계적으로 이루어져야 한다. 만약 서비스전달이 비체계적일 경우 행정의 비효율성과 비용의 과다지출을 필연적으로 초래하게 된다. 따라서 지역사회에 적합한 서비스의 성격과 내용에 부합할 수 있는 전달체계를 갖추는 것이 바람직하다.

5) 사회복지행정의 종합화

사회복지행정과 일반행정 사이의 공통점과 차이점들을 열거하는 수준에서 벗어나야 하며, 분석적 과정을 거친 사회복지행정의 종합적인 개념정리가 필요하다. 이에 트래커(Trecker)는 다양하게 제시된 실천적 원리를 종합하여 다음과 같이 제시하고 있다.

(1) 소셜워크의 가치 : 사회복지의 전문적 가치들은 서비스가 개발되고

그것이 필요한 사람들에게 이용할 수 있도록 하는 과정에서 가장 근본이 된다.

(2) 클라이언트의 욕구 : 사회복지기관은 항상 클라이언트와 지역주민 및 개인들의 욕구에 대한 프로그램 제공의 기초가 된다.

(3) 기관의 목적 : 사회복지기관의 사회적 목적은 분명하게 공식화되어 진술되고 이해되고 활용되어야 한다.

(4) 문화적 환경 : 사회복지기관과 지역사회의 문화적 환경은 욕구가 표현되고 서비스가 인정·지지·활용되는 방식에 영향을 미치는 한도 내에서 이해되어야 한다.

(5) 합목적적 관계정립 : 사회복지관의 행정가, 이사회, 직원, 지역주민들 간에 효과적이고 합목적적인 업무관련성이 확립되어야 한다.

(6) 기관 전체성 : 사회복지기관은 전체성의 관점에서 이해되어야 한다. 그것은 상호 연관된 부분들로 이루어진 살아있는 매개체로 활용되어야 한다.

(7) 전문적 책임성 : 사회복지기관의 행정가는 전문적 실천의 기준에 근거한 고품질의 전문적 서비스의 제공에 책임성을 가져야 한다.

(8) 참여 : 사회복지기관은 동태적인 참여의 지속적인 과정을 통해 이사회, 직원, 지역주민의 적절한 기여가 모색되고 활용되어야 한다.

(9) 의사소통 : 사회복지기관은 인적 자원의 완벽한 기능을 위해서 개방적인 의사소통의 통로가 되도록 노력해야 한다.

(10) 리더십 : 사회복지기관의 목표달성 및 전문적 서비스의 제공을 위해 행정가는 기관의 리더십에 대한 주된 의무를 다해야 한다.

(11) 기획 : 사회복지기관은 지속적인 기획의 과정을 통해 가치 있는 서비스 개발의 근본을 이루도록 최선을 다해야 한다.

(12) 조직화 : 사회복지기관의 업무는 조직화의 방식에 따라 수행되어야 하고, 또한 책임과 관계가 명확히 규정될 수 있도록 구조화되어야 한다.

(13) 위임 : 사회복지기관의 업무에 대한 위임은 여타 전문가들에 대한 책임과 권위에 따라 필수적으로 이루어져야 한다.

(14) 조정 : 사회복지기관의 주된 임무는 모든 에너지가 적절하게 집중될 수 있도록 많은 구성원들의 업무들이 알맞게 조정되어야 한다.

(15) 자원활용 : 사회복지기관의 예산, 장비, 인적자원 등은 기관의 사회적 신뢰를 유지하면서 신중하게 형성되고 보존되며 적절히 활용되어야 한다.

(16) 변화 : 사회복지기관이나 지역사회와 모든 구성원들은 사회적 환경 변화의 과정에 적응하고 대처할 수 있어야 한다.

(17) 평가 : 사회복지기관은 프로그램실행에 대한 합리적인 평가를 통해 기관목표의 실현에 기여해야 한다.

(18) 성장 : 사회복지기관은 도전적인 업무배정, 세심한 슈퍼비전, 개인과 집단의 학습을 위한 기회 등을 제공하여 모든 구성원들이 성장하도록 노력해야 한다.

제2절 사회복지행정의 책임성

1. 책임성의 개념

1) 책임성의 의미

책임성은 업무수행의 결과에 대한 책임과 과정의 정당성을 모두 포함하고 있다. 사회복지행정의 책임성은 효과적으로 수행되어야 하고 그 방법의 정당성에 대한 행정적 및 도의적 책임성이 포함되어 있다. 사회복지조직은 클라이언트와 기관 혹은 사회복지사와의 관계 같은 조직내부에서의 상호작용 뿐 아니라 조직과 외부 지역사회와의 관계에서 정당성을 지녀야 한다(정무성, 1999).

책임성의 의미는 두 가지로 분류할 수 있다. ① 특정한 업무를 수행하는 것에 대한 책임을 진다는 것이고, ② 어떤 집단이나 개인에 대해 책임을 진다는 의미이다(김영종, 1998). 그리고 책임성은 특정 업무에 대한 책임보다는 집단이나 개인에 의한 책임으로 이해되는 것이 바람직하다(김형식 외, 2007). 책임성의 의미는 조직뿐 아니라 조직 내의 전문가에게도 적용될 수 있고, 사회복지조직에서 책임성은 프로그램의 평가와 서비스 전달과정에 관한 조사를 통해 파악될 수 있다(Skidmore, 1995).

사회복지행정의 책임성은 문제확인, 목표설정, 예산집행 등에 이르기까지 모두 포함하고 있다. 즉, 책임성은 현존 사회문제를 감소시키고 사람들을 변화시키는 데 있어 효율성과 효과성에 대한 문제점을 집중적으로 제기하게 된다(Newman & Turem, 1974).

2) 책임성의 특성

사회복지행정의 책임성이 갖는 특징 네 가지를 제시하면 다음과 같다(박연호 외, 1999 원용).

(1) 사회복지행정의 책임은 일정한 행동을 해야 할 의무를 전제로 한다. 복지사회의 건설과 삶의 질 향상이라는 대전제를 중심으로 국가의 사회복지에 대한 적극적인 참여와 관리는 그 어느 때보다 강한 당위성을 갖는다.

(2) 사회복지행정의 책임은 일정한 재량의 여지가 있는 경우에만 발생한다. 책임의 논란은 행정관리자의 재량권과 관련이 있다. 재량권의 정도는 더욱 확대될 것이며, 이로 인한 책임성 문제는 더욱 첨예화될 것이다.

(3) 사회복지행정의 책임은 객관적 기준과 결과에 따라야 한다. 모두가 인정하는 기준에 따른 업무운영과 결과에 대해 정확한 평가가 필요하다.

(4) 사회복지행정의 책임은 통제와 참여를 통해 확보될 수 있다. 실천적인 방안은 기술적인 통제방법과 관련 당사자의 자발적인 참여가 필요하다.

3) 책임성의 관리

사회복지행정의 책임성을 관리하기 위해서는 경제성, 효과성, 효율성을 들 수 있다.

(1) 경제성 : 경제성의 원칙은 경제원칙, 즉, 최소비용에 최대효과의 원칙, 최소비용의 원칙 또는 최대효과의 원칙을 의미한다. 즉, 경제성의 목적을 합리적으로 추구하는 행위, 또는 경제상의 합리성을 말한다.

(2) 효율성 : 효율성은 제한된 자원을 가장 잘 활용했을 때의 상태를 말한다. 즉, 사전적인 의미는 투입된 힘에 대하여 실제로 나타난 효과의 비율을 의미한다.

(3) 효과성 : 효과성은 투입된 내용에 대한 최선의 결과가 도출된 상태를 말한다.

2. 책임성에 영향을 주는 요인

1) 내적 요인

데이와 클라인은 일반조직의 성과를 다양성, 복잡성, 불확실성 등으로 측정할 수 있다고 주장하였다. 사회복지행정에서는 서비스의 다양성, 기술의 복잡성, 목표의 불확실성 등으로 정리할 수 있다(김형식 외, 2007 원용). 최근 사회복지서비스를 맞춤식 복지를 표방하면서 서비스의 다양성이 더욱 강조되고 있다. 다양한 서비스를 제공하기 위해서는 복잡한 기술이 필요하다. 사회복지행정에서는 인간이 투입요소이자 산출요소가 된다. 인간은 사회복지의 실천과정에 있어 일방이 아닌 양방향의 반응이 이루어진다. 이는 정확한 예측을 어렵게 하는 요인이 되기도 하지만, 이를 극복하는 방법으로 사회복지행정의 기획을 들 수 있다. 현존문제의 다양한 원인을 가정하고 철저한 개입전략을 수립하기 위해서는 책임성이 따르는 행정과정이 요구되고 있다.

2) 외적 요인

사회복지기관의 책임성을 강조하게 된 배경은 법적, 제도적, 경제적, 사회적 환경변화로 설명할 수 있다(정무성, 1998 원용).

(1) 사회복지 공급주체의 다원화로 사회복지기관의 효과성에 대한 문제가 제기되고 있다. 비민주적인 운영, 후원금관리의 투명화, 모금에 대한 경비지출 등이 그 대표적인 사안들이다.

(2) 사회복지서비스의 민영화로 서비스를 위탁 받은 법인들의 책임운영이 강조되고 있다. 이는 기관운영의 재정을 지원하는 관으로부터 자유롭지 못하기 때문에 발생하는 문제이다. 서비스의 우선순위가 지역주민들의 욕구보다 관의 관점에 따라 결정되고 있다. 이러한 경우 다분히 비효율적인 사회복지서비스가 이루어질 수밖에 없다.

(3) 사회복지기관에 대한 평가를 통해 책임성을 입증하고 있다. 사회복지시설의 평가는 1999년부터 시작되었는데 약 59개의 정신요양시설과 약 36개소의 장애인복지관이 평가를 받았다. 2002년부터 2004년까지 정신요양시설, 사회복지관, 아동복지시설, 장애인생활시설 등에서 평가를 받은 시기가 2차 평가기간이다. 3차는 2005년부터 2007년, 4차는 2008년부터 2010년까지 이루어졌다.

제3절 사회복지행정의 경쟁력

1. 경쟁력의 의미

힘(power)이란 자신의 의견이나 정책방향과 다르거나 반대하는 세력을 이겨내고 본래의 의도대로 관철시킬 수 있는 능력을 의미한다. 이에 가끔 정치적인 영향력까지 가미되기도 한다. 사회복지행정에 있어서 경쟁력은 클라이언트의 다양한 가치와 욕구분출을 수용하고 그들의 문제를 어떻게 효과적으로, 적절한 시기에 해결하는 능력을 말한다. 예컨대, 중세시대의 전투에서 창과 칼, 방패, 말 등이 승패를 좌우하는 요소였다면, 현대의 전쟁은 총의 사거리나 정확도 등이 경쟁력이 될 수 있다. 즉, 경쟁력은 시대에 따라 달라 질 수 있다는 의미이다. 시대가 요구하고 해결해야 할 명제를 얼마나 잘 수행하느냐가 곧 경쟁력이다.

경쟁력 가치의 변화를 살펴보면, 기존에 강조하던 공익으로부터 시민지향적 가치로 변화되는 추세이다. 또한 통제에서 규범준수로, 비용중시에서 가치전달로, 규정중심에서 문제해결중심으로 변화되고 있다(Barzelay, et.al., 1992; Joyce, 2000). 그리고 경쟁력의 변화는 '기본적 욕구충족'에서 '생활의 질 향상'으로, '권력의 집중'에서 '권력의 분산'으로, '작업조건 향상요구'에서 '여가활용 욕구'로 이어지고 있다(Bogason, 2000).

2. 사회복지조직의 경쟁력

사회복지조직의 경쟁력을 네 가지로 제시하면 다음과 같다(황성철, 2009 원용).

(1) 적정한 비용 : 다른 시설보다 저렴한 가격으로 서비스를 제공할 수 있어야 한다. 그렇다고 해서 서비스의 질이 수준 이하라면 곤란하다. 그 정도의 가격에 그런 서비스를 받았다니 만족할 수 있다는, 이른바 가격대비 만족도가 높아야 한다.

(2) 서비스의 품질 : 클라이언트를 얼마나 만족시키는 서비스인가의 여부이다. 즉, 이용자 중심의 서비스, 차별화된 서비스, 특색 있는 서비스, 쌍방향의 서비스 등이 요구된다.

(3) 접근성 : 아무리 서비스가 좋고 가격이 적정해도 찾아가기가 어려우면 아무 소용이 없다. 접근성이 확보되지 않으면 서비스 만족도가 떨어진다. 즉, 서비스를 이용할 때의 시간과 신속성은 반드시 고려되어야 할 요인이다. 그리고 심리적인 거리감도 반영되어야 하는데, 기관에 대한 편견이나 그릇된 인식은 접근을 꺼리게 하는 요인이다. 예컨대, 장애인과 비장애인이 함께 이용하는 수영장이나 헬스장의 경우

비장애인들이 이용을 줄이는 사례가 현실에서 발견된다. 이에 기관의 관계자들은 이러한 편견해소에 노력을 기울여야 한다.

(4) 자원동원의 능력 : 변화하고 있는 복지환경과 다양화되는 클라이언트의 복지수요와 욕구에 부합하기 위해서는 과거보다 많은 정보와 인적·물적 자원이 요구된다.

3. 사회복지행정의 경쟁력 제고

1) 윤리성의 확보

사회복지행정가들은 항상 윤리적 정당성을 갖는 의사결정을 요구하는 도덕적 딜레마에 직면하고 있다. 공공정책과 제도적 이데올로기로 방향감각을 얻긴 하지만, 어려운 도덕적 선택을 해야 하는 상황과 직면하고 있다. 즉, 그들은 기관의 자원을 가장 심각한 욕구를 가지고 있는 취약한 인구집단에 집중하느냐, 아니면 욕구는 덜 긴급하지만 재활의 잠재적 가능성이 큰 인구집단에게 집중하느냐 하는 문제이다. 그리고 매우 거시적인 수준에서부터 부모에게서 그 친권을 박탈할 것인가, 장애를 가진 사람들을 가족에게 돌려보낼 것인가 아니면 너싱홈에 보내어 케어할 것인가 등의 문제와 타협해야 한다.

2) 이해관계의 조정

사회복지행정가들은 사회복지조직의 업무를 수행하기 위해 다양한 집단들의 지원과 협조에 의존하고 핵심적인 사안들에 있어서 일방적으로 행동할 수 있는 입장에 있지 않다(Gummer, 1990). 이러한 집단들과 조화로운 관계를 유지하고 발전시키는 것도 큰 경쟁력이 된다. 사회복지기관의 역량과 업적에 대한 이해관계는 아무리 강조해도 지나치지 않다. 사회적 약자들에 대한 배려와 관심이 사회정책과 서비스에 어느 정도 반영되었는가의 여부는 매우 중요하다. 항상 불리한 위치에 있는 서비스대상 집단들에 대한 고정관념이나 그러한 집단의 욕구에 관한 공공의 우선순위를 변화시키기 위해 더욱 노력해야 한다. 즉, 이해관계의 조정을 통해 소외계층의 대변자라는 인식을 심어 주어야 한다.

3) 타기관과의 협력

사회복지행정은 여타 기관들 간의 협동을 개발하고 유지하는 데 일조할 필요가 있다. 특히 사회복지기관의 프로그램을 개발하고 유지하며 향상시키는 데 필요한 자원을 얻기 위해서는 많은 집단들에 의존할 수밖에 없다. 어떤 기관의 소비자들에게 실현된 결과는 서비스전달체계에 포함된 다른 기관들이 보충적으로 제공한 지원서비스에 좌우되기도 한다. 그리고 클라이언트에게 있어 바람직한 영향은 여러 기관들이 어떤 하나의 목적을 위하여 협동할 때 비로소 실현될 수 있다. 즉, 사회복지서비스들 간의 틈을 메우고 접근성을 높이며 경제성을 실현시키는 전략이 요구된다.

4) 역량강화의 개발

사회복지기관의 관리자는 여타 기관의 관리자들보다 기관목표를 구체적으로 세워 추진해 나가야 한다. 특히 관리자는 개인적 의미를 갖는 가치와 목적들을 구심점으로 기관조직 전체의 구성원들을 동원하여 목표달성을 이루어야 한다(Brody, 1993; Patti, Poertner, & Rapp, 1988). 그리고 사회복지행정가는 직원의 지지와 역량강화를 위한 일련의 과정들을 개발해야 한다. 이는 기관의 조직구성원들이 창의적이고 유기적인 활동을 통해 전염성 높은 경쟁력을 높일 수 있다. 조직구성원의 역량강화는 행동, 태도, 기술, 그리고 환경적 조건들에서 변화가 있어야 한다. 모든 변화는 구성원들의 적극적인 참여를 필요로 한다. 일방이 아닌 쌍방향의 참여를 통해 조직의 역량을 강화하여 열린 행정으로서 경쟁력을 높여야 한다.

5) 성과지표의 표준화

사회복지행정가는 재원이나 정책의 주체가 요구하는 책임성의 기준에 잘 부응할 수 있는 조직성과의 측정치들을 추구한다. 즉, 가용한 자원, 서비스 생산기술이 갖는 예측할 수 없는 효율성, 그리고 서비스 제공자들과 소비자들의 선호 등과 조화시키려는 노력이 필요하다. 조직성과의 정의와 측정은 언제나 복잡한 작업이지만, 최근 사회정책과 재원의 주체들은 자신들이 제공하는 지원에 대한 보답으로 소비자에게 주어지는 바람직한 결과들을 명확하고 구체화하는 데 더욱 적극적인 태도를 보여 왔다(Martin & Kettner, 1996). 사회복지기관은 이윤을 추구하는 기업과는 달리 보편적으로 수용할 수 있는 성과지표를 갖고 있지 않다. 그리고 다양한 사회서비스 분야들에 공통적으로 적용되는 기준들도 없다. 이에 사회복지기관들은 성과의 결과를 규정하고 설명하도록 압력을 받고 있다. 따라서 비영리 및 정부 부문에 있는 사회복지기관들로 하여금 점점 더 세련된 성과기준을 개발하고 충분히 설명해 줄 필요가 있다(Martin & Kettner, 1996:11-14).

제4절 사회복지행정의 혁신

1. 혁신의 의미

혁신은 사전적 의미로서 사물, 생각, 진행상황, 서비스 등의 점진적인 혹은 급진적인 변화를 일컫는 말이다(한글 위키토피아, 2010). 혁신적이라고 하는 것은 많은 영역에서 이전의 상태보다 확연히 다른 것이어야만 한다는 것이다. 혁신의 목표는 임의의 사람 및 사물의 긍정적인 변화가 수반되는 데 있다. 아매빌러(Amabile, 1988)는 혁신이란 창의적 아이디어를 선택하고, 이를 유용한 제품, 서비스 혹은 공정으로 전화시키는 과정이라고 주장하였다. 종합적인 의미로서 혁신은 새로운 아이디어를 유용한 제품, 서비스, 공정 등으로 변환하는 과정인 동시에 아이디어의 실천과 확산을 실행하는 것을 말한다(최만기 외 1999).

혁신은 크게 '조직수준의 혁신'과 '개인수준의 혁신'으로 구분할 수 있다. 여기서 개인수준의 혁신은 개별구성원이 담당하고 있는 과업과 관련된 역할에 초점이 맞추어진다는 점에서 조직수준의 혁신과 구별된다(이지우 외, 2003). 개인수준의 혁신에 영향을 주는 것은 지식, 기술적 능력, 리더의 특성이 있다. 즉, 리더의 근속년수, 교육배경, 직무와 관련된 경험과 같은 리더의 인구통계적 변수들이 혁신에 영향을 미친다. 리더는 부하들의 혁신 아이디어의 채택과 실행여부를 결정하는 역할을 수행하므로 리더가 가지고 있는 비전제시, 추진력, 다양한 이해관계 등을 조정하는 능력이 중요시 된다(Kanter, 1983). 그리고 조직차원에서 혁신에 영향을 주는 요인으로는 조직의 구조, 문화, 나이와 같은 조직차원의 특성 등이 포함된다.

2. 혁신의 내용

1) 리더십의 변화

리더십은 조직 내에서 리더가 구성원들의 행동과 상호관계를 엮어 주는 일종의 사회적 영향력 행사과정이며, 궁극적으로 현상을 유지하고 관리하는 차원을 넘어 성과의 변화를 추구한다(류은영 외, 2008). 일반적인 리더십의 이론은 특성이론, 행동이론, 상황이론 등에 근거한 연구가 주류를 이루어 왔으나, 1980년대 이후 환경이 급변함에 따라 새로운 리더십 이론이 개발되고 있다(이상호, 2001). 즉, 거래적 리더십(transactional leadership)은 변혁적 리더십과 대비되는 개념으로 전통적인 보상과 처벌 혹은 상호 교환관계에 근거하는 리더십 스타일을 의미한다(Selter & Bass, 1990).

따라서 리더는 하급자에게 업무에 몰입시켜 성과를 내도록 하기 위해 노력한 만큼, 자신이 원하는 것을 가질 수 있다는 믿음을 주기 위해 노력한다는 것이다. 또한 리더는 잘한 일에 대해서는 보상을 제공하되, 하급자가 자신의 생각과 다른 방식으로 업무수행하는 것을 허용하지 않는다. 과업수행에 있어 변화나 혁신적인 아이디어보다 과거의 업무관행을 유지하는 부하를 선호한다.

2) 조직문화의 쇄신

조직문화는 한 조직의 구성원들이 공유하는 신념, 규범, 관행 등으로 조직구성원들의 의사결정과 행동에 방향을 결정한다. 이는 혁신행동에 영향을 주고 있다(김일천 외, 2004). 혁신행동과 보상 간에 연계가 높게 인지될수록 조직구성원은 보다 혁신적인 행동을 많이 하게 된다(김성국 외, 1998). 그리고 조직의 규모가 조직의 혁신에 영향을 미친다는 연구가 보고되고 있다(Damanpour, 1996).

제5절 사회복지행정의 발전방안

현존사회는 불확실성이 증가하고 사회복지환경의 변화로 더욱 예측하기 어려운 상황에 직면하고 있다. 최근 세계화와 정보화의 여파로 신속성과 정확성을 그 어느 때보다 더 요구하고 있다. 이에 사회복지행정의 역할과 위상의 변화가 불가피한 것이 사실이다. 즉, 클라이언트의 욕구를 제대로 파악하여 그 욕구를 최대한 충족시키는 기술개발과 정보활용이 이루어져야 한다. 따라서 사회복지행정의 발전방안을 몇 가지 제시하면 다음과 같다.

1. 전달체계의 개선

사회복지 전달체계는 2007년부터 주민생활지원서비스로 인해 구축되고 있다. 전달체계는 주민의 욕구충족을 시키는 행정능력의 확보를 위해서 다음의 네 가지 변화가 수행되어야 한다(이현주, 2007).

1) 서비스기획의 제고

지역복지계획에 지역주민들의 복지욕구를 충분히 반영하는 방안을 강구해야 한다. 주민의견의 수렴에서부터 의사결정과정, 그리고 집행에 이르기까지 소외되고 배제된 계층이 없도록 해야 한다.

2) 서비스의 전문화

사회복지서비스는 다양하고 세분화된 복지욕구를 해소시키기 위한 해결방안으로 전문화가 우선과제이다. 전문적인 서비스를 제공할 수 있도록 전문가 확보와 양성, 준전문가의 교육 등 새로운 방안이 요구된다. 전문가 확보를 위한 중장기계획의 수립도 필요하다.

3) 연계서비스의 통합

연계서비스가 필요한 제공주체들의 조직적인 결합이나 공공과 공공, 공공과 민간, 민간과 민간 간의 협업을 통한 서비스가 제공되어야 한다.

4) 주민욕구의 부합

기존의 사회복지서비스는 공급자 중심의 시대였다면, 이제는 복지수요자 중심의 시대로 변화되고 있다. 즉, 클라이언트의 특성에 따라 맞춤식 서비스, 찾아가는 서비스, 예방차원의 서비스, 경쟁력 있는 서비스 등을 제공해야 한다.

2. 행정의 품질제고

사회복지행정의 목적은 행정고객의 요구에 부응하여 최고 품질의 서비스를 제공함으로써 클라이언트 만족을 창출하는 데 있다. 이러한 차원에서 품질행정체계의 출발은 '고객'(customer)이라는 개념부터 새롭게 정의해야 한다. 시장에서 고객은 자신이 선호하는 물건을 기호에 따라 선택하는 권한이 부여되어 있다. 이에 사회복지행정에서 고객은 시장에서의 고객과는 정반대의 입장에 있어 왔지만, 이제 새로운 개념의 고객에 대한 정의는 품질행정에서 더 이상 존재할 수 없다. 즉, 클라이언트의 욕구충족과 서비스 선택을 요구하는 고객으로 정의가 내려져야 한다. 따라서 행정의 품질제고를 위한 방안을 몇 가지 제시하면 다음과 같다.

1) 목표관리제(Management By Objectives: MBO)

목표관리제는 미국의 민간부문에서 활용된 성과중심의 인사관리시스템을 말한다. 목표관리제의 장애요인은 도덕적 해이, 목표관리제의 적극적이고 긍정적인 방향으로의 활용동기 부족, 목표달성도의 측정과 평가 곤란 등이다. 이에 관리자들은 이러한 장애요인을 제거하여 바람직한 조직운영이 이루어지도록 해야 한다. 대부분의 중앙정부와 지방정부의 고위직에서 시행되고 있는 MBO가 성공을 거두기 위해 성과급과 연계시키고 있다.

2) 총체적 품질관리(Total Quality Management: TQM)

총체적 품질관리는 무엇보다 고객의 요구에 부응하는 품질을 결정할 뿐만 아니라, 품질을 설계하고 창출하며 나아가 모든 구성원의 적극적인 참여를 통해 품질을 개선해 가는 것을 말한다. 그리고 품질관리는 프로세스 중심의 관리방식으로서 의사결정, 자원관리, 조직관리, 목표수립 등 많은 면에서 전통적 관리와 차이가 있다(김기식, 1999). 미국에서 TQM은 'Fortune지'가 선정한 1000대 기업 중 약 80%가 운용하고 있을 정도이며(박영택, 1997), 공공부문에서 TQM에 대해 관심을 끌게 된 계기는 정부조직 운영의 비능률성과 민영화 추세가 전통적인 행정관리 방식의 위협으로 작용한 결과의 반영으로 파악할 수 있다.

3) 시민헌장제도(Citizen's Charter)

시민헌장제도는 정부와 공공부문의 개혁을 위해 가장 많이 채택되고 있는 제도이다. 시민헌장제도는 영국 마가렛 대처(Margaret Thatcher) 수상의 집권당시 창안된 넥스트 스텝(Next Steps), 마켓 테스팅(Market Testing)과 더불어 영국의 국가경쟁력을 제고시켰다. 행정서비스의 헌장이 성공을 거두려면 일선공무원뿐만 아니라, 국민의 요구사항을 반영하기 위한 방안이 모색되어야 한다. 즉, 시민으로 구성된 위원회구성과 불만제기, 해소명시, 헌장실행 등에 대한 체계적인 평가와 보상체계는 물론 전담기구의 위상제고 등이 제안되고 있다(주재현 외, 2000).

4) 책임기관제도(Executive Agency)

책임기관제도는 주어진 가용자원 내에서 정부관리의 증진과 공공서비스의 효과적인 전달을 통하여 소비자, 납세자, 공무원 등의 편익을 증진시키기 위한 행정개혁을 말한다.

5) ISO인증제도

ISO품질체계는 「국제표준화기구」(International Organization for Standardization)가 제품 및 서비스의 국제적 유통을 촉진코자 국제적 기준을 제정하여 보급하고 있다. 특히 기술빌전을 위한 정보지식을 국제석으로 교류할 목적으로 적용대상별 기준으로서 개발한 것이다. 이는 행정서비스 만족도 제고, 행정업무의 효율성 향상, 행정의 투명성 및 신뢰성 향상, 책임행정 구현, 평가제도의 체계화, 수평적 의사소통의 원활화 등을 이룩하였다. 그리고 행정서비스의 개선사례로는 고객중심의 행정구현, 행정의 효율성 제고, 행정의 투명성과 신뢰도 제고, 행정의 지속개선 등의 결과를 획득하였다(한국공공행정품질협의회, 2002). 따라서 행정문화는 계급적 요소가 지배해 왔고 현재도 많이 잔재해 있기 때문에 계급제적 요소를 제거하고 직위분류제로 전환하는 일이 필요하다. 또한 ISO체계는 직위분류제적 조직에서 발전된 제도이므로 제도를 전면적으로 전환하여 행정의 효율성을 확보해야 한다.

3. 미래예측

미래예측은 불확실성 시대에 변하지 않는 것은 아무것도 없다는 것을 염두에 두고 있다. 사회복지행정의 중요성은 적은 인력과 자원을 가지고 다양한 복지욕구와 수요를 만족시킬 수 있는 기능강화의 증대에 있다. 최근 정보사회의 도래와 함께 사회구조가 급변하면서 다양하고 새로운 사회적 욕구가 분출되고 있다. 이에 대처하기 위해서는 기존의 조직들이 해결하기에는 모든 것이 역부족 상태이다. 특히 사회복지서비스 분야에서는 과제의 성격상 관료제적 접근을 초월하여 서비스의 수혜자와 공감하고 감정이입할 수 있는 능력이 요구되고 있다. 따라서 미래예측을 위한 대안을 몇 가지 제시하면 다음과 같다.

1) 전달체계의 변화와 대응

사회복지 전달체계는 사회적 흐름과 함께 변화되고 있다. 정부나 지방자치단체가 재정적인 지원을 하더라도 서비스의 전달업무는 시민자원봉사자들이 실행하거나 NGO 등을 통해 대집행하는 사례가 늘고 있다. 즉, 비공식적인 원조의 네트워크나 사회공동체가 수행하던 역할을 대신 수행함으로써 결과적으로 사회적 약자의 사회적응을 돕고 사회로부터의 일탈을 막아 사회통합과 안정에 기여하는 방안들이 강구되고 있다.

2) 의사결정방식의 변화

정보사회는 사회관계의 속도성, 복잡성, 다양성, 역동성 등을 급격히 신장시켰다. 이와 같은 변화속도에 비해 행정의 관료적 의사결정은 변화의 속도를 따라가지 못하고 있다. 이는 행정의 중추를 담당해 왔던 관료제가 안정성과 자급자족성에 기초해 고안되었기 때문이다. 관료제는 조직의 모든 정보를 중앙에 집중시키며, 중앙에서 결정이 이루어진 후에는 그 결과가 변방으로 전달될 때 까지 조직구성원은 아무런 행동도 취할 수가 없다. 따라서 사회문제에 즉각 대응하기 위해서는 의사결정의 중추를 현장에 접근시켜 전환과정의 시간비용을 절약하는 방안이 강구되어야 한다. 이것을 '협력적 거버넌스'(collaborative governance)라고 한다. 즉, 기존의 행정담당자와 전문가적 식견과 일반시민의 정치적 선호 사이에서 일종의 타협적 접점을 추구하는 작업을 말한다.

3) 현장중심의 서비스

사회복지행정에서 현장 중심의 서비스는 매우 중요하다. 최근 모바일의 기능은 하루가 다르게 변화하고 있다. 특히 스마트 폰 하나면 클라이언트의 각종 정보에서부터 이들이 필요한 서비스의 질과 양을 신속하게 결정짓고, 연결해 줄 수 있다. 인터넷에서 행하던 모든 정보와 흐름이 모바일로 옮겨 오면서 기존의 사무기능 인력은 대폭 감소하고 현장 중심의 의사결정과 서비스 실행이 강화될 것으로 예상하고 있다. 따라서 인구의 고령화는 사회·경제적으로 다양한 영향을 미친다(이상용·이효, p. 2-3, 7). 고령자는 일상생활 중 소득창출, 의료보장, 고용 확보 등에서 어려움을 겪을 것으로 예상되며 이에 대해 정부는 소득보장제도, 의료보장제도, 생활장애보장 등 각종 사회보장 및 복지제도로 대응해 주어야 한다. 고령자가 직면하는 생활상의 문제는 각각 개별적으로 접근하기보다는 생활보장, 생활불안을 해소할 수 있도록 종합적이고 포괄적인 접근을 할 필요가 있다.

생각해 볼 문제들

1. 사회복지행정의 환경변화를 간략히 설명하시오.
2. 사회복지행정의 책임성에 대해 설명하시오.
3. 사회복지행정의 경쟁력 네 가지를 제시하시오.
4. 사회복지행정의 혁신내용을 제시하시오.
5. 사회복지행정의 발전방안을 간략히 설명하시오.

참고 문헌

김영종 (2004). 사회복지행정. 서울: 학지사.

______ (2006). 사회복지전달체계의 현황과 개선과제. 한국사회복지정책학회 학술대회발표논문집.

김인춘 (2007). 스웨덴 모델, 독점자본과 복지국가의 공존. 삼성경제연구소.

김형식 외 (2007). 사회복지행정론. 서울: 양서원.

노우영 외 (2008). "지방행정의 과제와 전망 : 동 통합추진논리와 결과분석-사회복지기능을 중심으로". 한국정책학회 동계학술대회 및 정기총회.

문계완 외 (2009). 리더십 유형과 조직문화가 혁신행동에 미치는 영향. 산업경제연구. 제22권 제6호.

박성복 (2009). 사회복지행정의 개념적 특성과 실천적 과제. 한국행정논문(2009). 제21권.

박연호 외 (1999). 현대행정관리론. 서울: 박영사.

박재창 (2008). "행정학에서의 정치와 행정 : 과거, 현재, 미래". 한국정책학회 하계학술대회.

백종만 (2002). "비영리민간부문 활용의 근거: 사회복지서비스를 중심으로". 사회복지정책. 제15권.

백종만 (2007). 사회복지지방분권: 1년의 평가와 대안. 서울: 상황과 복지.

신복기 (1984). 사회사업행정의 발달과정에 관한 연구. 사회과학논총. 제3권 제1호, 부산대학교 사회과학대학.

이왕재 (2005). "사회복지행정 품질에 관한 담론". 사회과학연구. 상명대학교 사회과학연구소.

이종수 (2010). "조직혁신문화가 조직구조와 직무만족에 미치는 영향". 국가정책연구. 중앙대학교 국가정책연구소.

임성일 (2007). "사회복지수용증대에 따른 지방재정의 대응전략 : 사회복지재정의 환경변화에 따른 중앙". 지방정부간 재정관계. 한국지방재정공제회.

최봉기 (2008). "건국 60주년에 고찰해보는 지방행정의 과거, 현재미래: 한국지방자치의 미래조망". 지방행정. 대한지방행정공제회.

최성재·남기민 (2006). 사회복지행정론. 서울: 나남출판.

한세억·정덕주 (2009). 정보격차 해소정책의 가치와 전망 : 균형과 통합의 정보사회.

황성철 외 (2009). 사회복지행정론. 서울: 학현사.

Damanpour, F. (1991). *Organizational Innovation : A Meta Analysis of Effects of Determination Moderators*, Academy of Management Journal. (34). 555-590.

Gummer, B. (1996). *Total Quality Management : Organizational Transformation or Passing Fancy*. Administration in Social Work. 20.

Kettner, P. and Martin, L. (1993). *Performance, Accountability and Purchase of Service Contracting*. Adminstration in Social Work. 1.

NewMan. E. and Turem, J. (1974). *The Crisis of Accousntability*. Social Work. 19.

Rapp, Charles A. & John Poertner. (1992). *Social Administration : a Client-Centered Approach*. Longman Pub. 정무승·박차상 (역) (2002). 사회복지기관행정. 서울: 나눔의 집.

Skidmore. R. (1983). *Social Work Administration : Dynamic Management and Human Relationship*. Englewood Cliffs. New Jersey: Prentice-Hall Inc.

Trecker, H. (1971). *Social Work Adminstration : Principles and Practices*. New York: Association Press.

찾아보기

《주요단어》

《국내저자》

《외국저자》

저자 소개

박 용 순

성결대학교 사회복지학과 졸업(학사)
숭실대학교 대학원 사회사업학과 수료(문학석사)
숭실대학교 대학원 사회사업학과 수료(문학박사)

현재 성결대학교 사회복지학부 교수

저서 및 논문 사회복지개론, 지역사회복지론, 사회문제론 외 저서 다수
사회복지조직 내에서 상하간의 갈등현상에 관한 분석연구 외 논문 다수

김 성 철

서울신학대학교 사회복지학과 졸업(문학사)
서울신학대학교 신학대학원 신학과 졸업(신학석사)
중앙대학교 대학원 사회복지학과 졸업(문학석사)
숭실대학교 대학원 사회복지학과 졸업(문학박사)
인천대학교 대학원 경영학과 박사과정 수료

현재 백석대학교 보건복지대학원 복지경영학과 교수

저서 및 논문 사회복지개론, 노인복지론 외 저서 다수
이타주의가 사회복지 사상에 끼치는 영향에 관한 연구 외 논문 다수

김 세 원

홍익대학교 경영학과(문학사)

한남대학교 일반대학원(사회복지학 석사)

대전대학교 일반대학원(사회복지학 박사)

현재 혜천대학 사회복지학과 교수

저서 및 논문 사회복지정책론

사회복지정책 속의 여성에 관한 초보적 논의 외 다수

이 명 남

서울신학대학교 신학과 졸업(문학사)

한양대학교 사회학과 졸업(문학사)

서울신학대학교 신학대학원 졸업(신학석사)

서울신학대학교 사회복지대학원(문학석사)

건국대학교 일반대학원 사회복지학과 박사과정수료

현재 현 박문각 사회복지사연구회 사회복지법제론 대표교수

현 에듀모아(이야기평생교육원)사회복지법제론 주임교수

현 에듀나인 사회복지법제론, 사회복지행정론 대표교수

현 건국대학교 미래지식교육원 사회복지학과/동서울대 실버복지과 외래 교수

저서 및 논문 사회복지법제론, 사회복지사상, 사회복지법제론 2009 1급 사회복지사 기본 외 저서 다수

일자리 창출을 위한 실버강사 프로그램 개발 외 논문 다수

사회복지행정론

초판 1쇄 발행 2010년 8월 27일
초판 3쇄 발행 2014년 7월 15일

지 은 이 | 박용순·김성철·김세원·이명남
펴 낸 이 | 김기섭
책임편집 | 박소정
펴 낸 곳 | 창지사 www.changjisa.com
121-809 서울시 마포구 대흥동 161
전화 (02) 719-2211~3
팩스 (02) 701-9386
등 록 | 1977년 4월 28일 · 제1-421호

ISBN 978-89-426-2210-8 (93330)

값 18,000원